Sameet Kumar

Der achtsame Weg durch Sorge und Grübelei

Sameet Kumar

Der achtsame Weg durch Sorge und Grübelei

Wie wir Seelenruhe finden und Angst
und depressive Gedanken hinter uns lassen

aus dem Englischen übersetzt von Bettina Wehner

arbor

Arbor Verlag
Freiburg im Breisgau

Die Originalausgabe erschien unter dem Titel:
The mindful path through worry and rumination: letting go of anxious and depressive thoughts, New Harbinger

1. Auflage 2011

Titelfoto: © tilla eulenspiegel/photocase
Lektorat: Lothar Scholl-Röse
Gestaltung: Anke Brodersen
Druck und Bindung: Kösel, Krugzell

Dieses Buch wurde auf 100 % Altpapier gedruckt und ist alterungsbeständig.
Weitere Informationen über unser Umweltengagement
finden Sie unter www.arbor-verlag.de/umwelt.

www.arbor-verlag.de

ISBN 978-3-86781-044-9

Inhalt

Zuallererst ist dieses Buch allen Patienten, Klienten und Lesern gewidmet, denen ich im Laufe der Jahre begegnet bin und die mich so vieles über die menschliche Widerstandskraft, über Mitgefühl und inneres Potential gelehrt haben. Jedes Ihrer Leben ist in der Tat kostbar, und ich bin dankbar für das Privileg, in Momenten der Einsicht und des Staunens in Ihrem Leben präsent gewesen zu sein.

Dieses Buch ist ebenfalls den Früchten Ihrer Lebensreise und all der Freude gewidmet, die Ihnen im Leben möglich ist.

Die Lehre des Buddha, der Dharma, ist so unermesslich wie Sandkörner am Meeresstrand. Obwohl mein Wissen begrenzt und meine Praxis alles andere als vorbildlich ist, hoffe ich dennoch, durch meine Einsichten zu Ihrer inneren Entwicklung und zur Verwirklichung Ihres inneren Potentials beitragen zu können.

Sarve mangalam – mögen alle Wesen glücklich sein!

Einleitung

Während ich hier an meinem Schreibtisch sitze und schreibe, steht unsere Welt auf der Kippe: Die Zukunft unserer Umwelt, unserer globalen Wirtschaft, unserer Sicherheit und unserer Gesundheit erscheint ungewiss. Es gibt großen Anlass zur Sorge und vielerlei Gründe für Zukunftsängste, Depressionen und sorgenvolle Grübeleien. Aufgrund all der Ungewissheit in unserer heutigen Welt ist dies der beste Zeitpunkt, um mit der Suche nach einem sinnvolleren, positiveren Lebensstil zu beginnen. Die Geschichte hat uns gezeigt, dass gerade in Zeiten großer Not die Samen für neue Möglichkeiten, Versprechungen und Veränderungen gelegt werden.

Dieses Buch soll Ihnen diese Erkenntnis in unseren bedrückenden Zeiten erleichtern. Es soll Ihnen den Ausweg aus Ihrem gegenwärtigen seelischen Zustand zeigen und den Weg in das Potential Ihrer Zukunft weisen. Dieses Buch verlangt nicht von Ihnen, dass Sie Ihre Probleme ignorieren oder angesichts der Herausforderungen des Lebens in Passivität verfallen sollten. Es fordert Sie vielmehr auf, sinnvolle und bewusste Entscheidungen zu treffen, die zu Ihrer anhaltenden Zufriedenheit und Ausgeglichenheit führen werden. Sie selbst sollen die Kontrolle übernehmen über jene Wahlmöglichkeiten, die die Funktionen Ihres Gehirns und Ihres Denkens beeinflussen – und damit auch Ihr Lebensgefühl.

An wen sich dieses Buch richtet

Wenn Sie Ihr eigenes Denken wie eine Last empfinden, die Sie mit sich herumschleppen, dann ist dieses Buch für Sie gedacht. *Zwanghaftes Grübeln* – das heißt, immer und immer wieder über dasselbe nachzudenken, sich Sorgen über die Zukunft oder die Vergangenheit zu machen oder aufgrund von Ängsten und Befürchtungen die ganze Nacht lang wach zu liegen, bis man in eine depressive Phase rutscht – all das kann einem das Gefühl geben, als trage man das Gewicht der ganzen Welt auf seinen Schultern. Es nimmt einem die Luft zum Atmen und verhindert klares Denken und Handeln.

Doch trotz der Last von Sorge und Grübelei sind Sie zu Großem fähig – auch dazu, sich besser zu fühlen. Der achtsame Weg, der in diesem Buch angeboten wird, fällt kein Urteil über Sie oder über Ihre Gedanken. Er bietet Ihnen vielmehr die Möglichkeit zu einer anderen, ganz neuen Beziehung zu Ihrem Geist und zu Ihrer Umwelt. Der achtsame Weg will Ihnen helfen, das höchste Potential Ihres Geistes zu verwirklichen und sich nicht mehr durch seine unkonstruktiven Angewohnheiten niederhalten zu lassen.

Darüber hinaus sind die Informationen, die ich hier wiedergebe, nicht einfach etwas, was ich selbst für eine gute Idee halte, sondern sie gründen sich auf Techniken, die seit Jahrtausenden von Praktizierenden erprobt worden sind und die in jüngerer Vergangenheit auch strengen wissenschaftlichen Untersuchungen standgehalten haben. Obwohl viele der Gedanken in diesem Buch im Buddhismus entstanden sind, wendet sich das Buch nicht nur an Buddhisten. Ich verwende die Sprache des Buddhismus, weil ich sie kenne. Das soll nicht heißen, dass der Buddhismus der beste oder der geeignetste Weg sei; es bedeutet lediglich, dass ich damit vertraut bin.

Sie brauchen kein Buddhist zu sein, um von den Vorteilen des achtsamen Weges zu profitieren. Wenn Sie einen eigenen religiösen Glauben besitzen, dann können die Praktiken, die ich hier vorstelle, zu einer vertieften Gebetserfahrung beitragen. Wenn Sie Atheist sind, wird an keiner Stelle von Ihnen verlangt, dass Sie irgendwelche religiöse Anschauungen übernehmen müssten. Wirklich jeder kann von einer freudevolleren, erfüllteren Sinnempfindung im eigenen Leben profitieren. Sie können das, was Ihnen vertraut ist, nutzen, um die in diesem Buch vorgestellten Konzepte zu verstehen. Machen Sie sie zu Ihren eigenen.

Wenn Sie sich durch eine solche Chance zu Wachstum und innerer Wandlung angesprochen fühlen, dann lesen Sie bitte weiter.

Wie Sie dieses Buch nutzen können

Meine Aufgabe als Psychotherapeut und Autor ist es, dafür zu sorgen, dass Sie mich nicht brauchen. Meine Aufgabe ist es, Ihnen beim Erwerb derjenigen Fähigkeiten und Weisheiten zu helfen, mit denen Sie eigenständig ein unabhängiges und gesundes Leben führen können. In diesem Buch präsentiere ich diejenigen Fertigkeiten, deren Erfolg ich immer wieder bei Menschen mit unterschiedlichem Hintergrund und aus allen erdenklichen Schichten beobachten konnte – Menschen mit unterschiedlicher Religionszugehörigkeit, aus unterschiedlichen sozialen Schichten und mit unterschiedlichen persönlichen Lebensgeschichten. Dabei lege ich Wert darauf, dass diese Fertigkeiten auch in die Praxis umgesetzt werden müssen. Dieses Buch zu lesen genügt nicht – Sie müssen es in die Tat umsetzen.

Es genügt nicht, zu sagen, man praktiziere Achtsamkeit, und sie nur dann zu praktizieren, wenn es im Buch gesagt wird oder wenn man gerade Lust dazu hat. Es genügt nicht, zu sagen, man ernähre sich gesund, weil man in der letzten Woche einmal etwas

Gesundes gegessen hat – oder zu sagen, man treibe Sport, bloß weil man einmal im Monat einen Spaziergang macht – ohne mehr dafür zu tun. Der achtsame Weg fordert uns auf, diese Tätigkeiten in einer therapeutisch wirksamen Dosis auszuüben: So wie eine vom Arzt verschriebene Medizin wirken diese Fertigkeiten nur, wenn man sie zu den richtigen Zeiten und in der richtigen Menge anwendet.

Dieses Buch soll Sie zu einem tieferen Verständnis dessen führen, wie sich Ihr denkender Geist zu dem entwickelt hat, was er heute ist, und wie Sie ihn verändern können. Die meisten Konzepte werden zweimal besprochen. Die erste Hälfte dieses Buches besteht aus einem Überblick. Im 1. bis 5. Kapitel erhalten Sie die Informationen, mit denen Sie Ihre als solche erkannten Probleme besser verstehen können, so dass die Lösungen einen Sinn ergeben. Sie werden erfahren, was die Wissenschaft über den Kreislauf des Grübelns weiß und inwiefern sich Achtsamkeit besonders gut dazu eignet, die Funktionen Ihres Gehirns so zu verändern, dass es Ihnen besser geht.

Die zweite Hälfte dieses Buches (6. bis 10. Kapitel) soll Ihnen helfen, Ihr Wissen und Ihre Weisheit in den Alltag zu integrieren – sie in die Praxis umzusetzen. Achten Sie besonders auf die „Kernpraktiken" in jedem Kapitel, die Sie jederzeit nutzen können, um sich auf den Weg der Achtsamkeit zu besinnen. Ohne Praxis bleibt eine Fertigkeit reines Wissen. Aber Wissen allein reicht zur Veränderung nicht aus – zur Veränderung ist Handeln erforderlich.

Man kann hart daran arbeiten, das Ausmaß von Sorge und Grübelei im eigenen Leben einzuschränken, aber was dann? Der erste wichtige Schritt besteht darin, die Sorgenlast zu verringern, aber dazu gibt es viele Wege. Die Methode, für die Sie sich entscheiden, sollte auch dazu beitragen, dass Sie sich wohler und gesünder fühlen. Mit Hilfe der Übungen und Fertigkeiten, die Sie in diesem Buch erlernen werden, können Sie einen Raum in Ihrem Leben schaffen, der Sie darin unterstützt, gesünder, glücklicher und mitfühlender zu werden, als Sie es momentan sind. Achtsamkeit ist ein entscheidender Schritt, wenn Sie sichergehen wollen, dass die Entscheidungen in Ihrem Leben zu denjenigen sinnvollen Ergebnissen führen, die Sie sich erhoffen. Der achtsame Weg ist die Vorgehensweise, Raum zu schaffen für Ihr Glück, und er beginnt im Hier und Jetzt.

Treffen Sie die Wahl, dem Weg der Achtsamkeit in ein glücklicheres Leben zu folgen.

Kapitel 1

Das Grübeln und die Emotionen

Wie man durch übermäßiges Nachdenken in Depressionen, Ängste und Wut hineinrutscht

In diesem Kapitel werden wir uns ansehen, was wir über das übermäßige Grübeln und Sorgen wissen und wie dieses unser Leben beeinträchtigen kann.

Das Wesen des menschlichen Geistes ist es, hierhin und dorthin zu schweifen. Manchmal sind die Orte, an die unsere Gedanken wandern, angenehm und schenken uns Momente der Freude und des Glücks, doch zu anderen Zeiten sind diese Orte bedrückend und bringen uns Unruhe, Depressionen, Angst und Frustration.

Man kann den eigenen Geist nutzen, um etwas zu durchdenken und dadurch froher zu werden. Man kann sich dem Nachdenken hingeben, um das eigene Verhalten zu verbessern, Probleme zu lösen und Pläne für die Zukunft zu schmieden. Bei dieser Art, den Geist einzusetzen, gibt es jedoch einen großen Nachteil, weil er durch diese natürlichen und manchmal sehr hilfreichen Neigungen auch Unheil anrichten kann.

So haben Sie vielleicht schon festgestellt, dass Sie sich häufig noch bedrückter fühlen, wenn Sie versucht haben, etwas zu durchdenken oder grübelnd eine Lösung zu finden. Vielleicht geben Sie sich dann selbst die Schuld an all Ihren Problemen, verspüren noch mehr Wut oder Ärger auf andere oder fühlen sich im Gedankengebäude, das Sie selbst errichtet haben, hilflos und gefangen. Als besonders frustrierend empfinden Sie vielleicht, dass andere Leute aus Ihrem Bekanntenkreis anscheinend ständig irgendwie Glück haben, während sich Ihnen das Glück dauernd entzieht – trotz all Ihrer Bemühungen, es zu erlangen.

Ihr Denken scheint sich auf seiner endlosen Reise in einer Weise festgefahren zu haben, über die Sie keine Kontrolle mehr haben. Sie fühlen sich im Leben nicht nur verunsichert, bedrückt, verärgert oder verängstigt, sondern Ihre Gedanken wollen auch nicht mehr aufhören, um jene Dinge zu kreisen, die Sie so belasten. Die bedrückenden Gedanken und Gefühle scheinen sich voneinander zu ernähren. Wenn Sie je nachts wach gelegen haben, haltlos über irgendwelche Geschehnisse nachgegrübelt oder vorausgedacht und sich dabei in eine besinnungslose Erregung hineingesteigert haben, dann wissen Sie um die Fähigkeit Ihres Geistes, zwanghaft und unkonstruktiv, ja manchmal destruktiv, zu kreisen.

Was ist zwanghaftes Grübeln?

Forscher, die das Grübeln von Berufs wegen erkunden, unterscheiden zwei Arten des Nachdenkens: das reflektierende Nachsinnen, das relativ angenehm sein kann, und das *Brüten* (*rumination*)* (Treynor, Gonzalez und Nolen-Hoeksema, 2003). An und für sich ist Nachdenken nicht unbedingt etwas Schlechtes. Eine unserer lohnendsten geistigen Fähigkeiten ist die Leistung, auf diejenigen Dinge in unserem Leben zurückschauen zu können, die uns größte Freude,

* Der englische Begriff „rumination" bedeutet ursprünglich „Wiederkäuen", hier im psychologischen Sinne also ein unkonstruktives Wiederholen von gedanklichen Kreisläufen, im Deutschen am ehesten durch „Grübeln" oder „Brüten" übersetzt; A. d. Ü.

Befriedigung und Erfüllung gebracht haben, uns im Stillen an die Geschichte unserer glücklichsten Momente zu erinnern oder uns auf zukünftige Quellen von Glück und Zufriedenheit zu freuen.

Wenn wir unseren Geist ausschalten würden, könnten wir die schönsten Momente unseres Lebens nicht mehr genießen, ob diese nun schon vergangen wären oder ihre Blüte erst noch in der Zukunft erwarteten. Und wir wären auch nicht mehr in der Lage, den gegenwärtigen Augenblick auszukosten. Das Leben wäre dann vielleicht frei von Kummer, es würde allerdings auch keine Freude mehr enthalten.

Brüten bzw. Grübeln ist sicherlich weit mehr als bloßes Nachdenken über immer die gleichen Themen. Beim Brüten, der problematischen Seite des Nachdenkens, erlebt man Gespräche und Interaktionen gedanklich und emotional erneut. Man nimmt die Zukunft gedanklich vorweg und zerbricht sich den Kopf über anstehende Entscheidungen. Das alles geschieht in einem Maße, dass die eigene Fähigkeit, erwünschte Ziele planmäßig zu erreichen, empfindlich gestört wird. Man nimmt zwar einen beachtlichen Zeit- und Energieaufwand in Kauf, um über die Dinge nachzudenken, die einen beschäftigen, doch diese Investition zehrt oftmals alle Vorräte auf, die einem helfen könnten, ein glücklicheres Leben zu führen. Man hat vielleicht das Gefühl, man stünde kurz vor dem Durchbruch zu einer Lösung, doch dann scheint sich der Geistesblitz wieder zu entziehen und man beackert gedanklich das gleiche Feld wie eh und je. Im Endeffekt ist man stärker mit den Problemen beschäftigt als mit deren Lösungen.

Das Denken vieler Menschen, die sich mit unkonstruktivem Grübeln beschäftigen, ist zum großen Teil durch eine kritische Haltung eingefärbt. So haben auch Sie vielleicht schon festgestellt, dass Sie nicht nur empfänglich für die Kritik durch andere, sondern häufig der schärfste Kritiker Ihrer selbst und Ihrer Mitmenschen sind. Dafür kann es mehrere Gründe geben, die wir später noch erkunden werden, doch zunächst ist es für Sie wichtig, zu wissen, dass Sie in der Lage sind, diese Einstellung zu verändern.

Momentan mögen Sie zwar das Gefühl haben, Ihr denkender Geist sei irgendwie Ihr Feind, doch in gewisser Weise haben Sie dadurch, dass Ihr Geist sehr rege ist, auch mehr Möglichkeiten, ihn sich zum Freund zu machen. In diesem Buch werden Sie erfahren, wie Sie diejenigen Aspekte Ihres Geistes, die Sie gegenwärtig am meisten belasten, nutzen können, um mit ihrer Hilfe ein erfreulicheres, erfüllenderes Leben zu führen.

Worüber grübeln wir?

Viele Leute stellen fest, dass sie irgendwelche Bemerkungen, die sie Kollegen, Freunden oder Familienangehörigen gegenüber gemacht haben, im Geiste erneut durchspielen. Fast immer erscheinen die Gespräche in solchen Fällen, durch grübelndes Nachdenken verzerrt und verstärkt, in einem negativen, übermäßig kritischen Licht. Anstatt zu versuchen, aktiv nach Lösungen für die als solche wahrgenommene Spannung in der jeweiligen Beziehung zu suchen, lassen sich Grübler von einer Flut von Details vereinnahmen, die ihnen an der Unterhaltung aufgefallen sind – entgegen ihrem Willen und ihren eigentlichen Wünschen.

Zu dem ist es oft so, dass man die eigenen Gedanken und das eigene Verhalten größtenteils in einem negativen Rahmen wahrnimmt, für die Zukunft die schlimmstmögliche Entwicklung erwartet und stundenlang irgendwelche bösen Folgen voraussieht, die vielleicht nie eintreten und die rational nicht gerechtfertigt sind.

Wenn diese beiden Tendenzen zusammenkommen, kreist man gedanklich nicht nur um die kleinsten Einzelheiten, sondern diese sind womöglich auch noch verzerrt – und schaffen weiteres Material, über das sich nachgrübeln lässt. Zudem ist es so, als gäbe es umso mehr, was man bedenken müsse, je mehr man versucht, denkend einen Ausweg aus seiner Lage zu finden. Dadurch erscheinen auch die Risiken für mögliche Fehler auf dem Weg umso größer.

Sie ertappen sich vielleicht oft dabei, wie Sie über eine zurückliegende Unterhaltung brüten, Scham oder Schuld wegen einer eigenen Äußerung oder Handlung empfinden oder über eine Bemerkung vonseiten eines anderen verärgert oder verunsichert sind. Sie opfern möglicherweise kostbare Stunden für die Beschäftigung mit Details, die mit jeder vergehenden Minute größer und schlimmer erscheinen. Wenn manches, worüber man in dieser Weise nachdenkt, auch wichtiger erscheinen mag, bedeutet das noch lange nicht, dass es das auch wirklich ist. Am Ende legen Sie vielleicht sogar ein Verhalten an den Tag, das eher etwas mit Ihrer Grübelei zu tun hat als mit der Person oder Situation, die tatsächlich vorhanden ist. Ihre Grübelei kann zu Ihrer eigenen privaten Welt werden; einer Welt, die andere Menschen nicht verstehen oder von der sie gar nichts wissen.

Donnas Bürde

Eine meiner Klientinnen hatte sich in diesem Teufelskreis des negativen Denkens verfangen. Donna, eine 53-jährige Frau, die gerade von einer heilbaren Form von Brustkrebs genas, kam wutschnaubend zu einer Sitzung, bloß weil sie von einer Freundin gefragt worden war, wie es ihr denn ginge. Als wir Donnas Wutgefühle in der Therapiesitzung näher untersuchten, erfuhr ich, dass seit dieser Unterhaltung bereits mehrere Tage vergangen waren. Weil Donna wusste, dass ihrer Freundin ihre Krebserkrankung bekannt war, hatte sie deren Frage nach ihrem Befinden als Herablassung empfunden. Andererseits war Donna, da sie ja Krebs hatte, darüber beunruhigt, dass ihre Freunde sie nicht öfter anriefen, um ihr beizustehen. Sie verbrachte oft Stunden allein in ihrem Krankenzimmer, hob nicht ab, wenn das Telefon klingelte, und hakte stattdessen in einer Liste all diejenigen Leute ab, von denen sie sich im Stich gelassen fühlte. Nun erkannte sie, dass ihr Zorn ein Eigenleben angenommen hatte, und zwar in einem Maße, dass sie die höfliche Begrüßung einer Bekannten, die sich nur nach ihr hatte erkundigen wollen, nicht mehr vernünftig als solche deuten konnte. Sie sah ein, dass nichts, was ihre Freundin täte oder sagte, sie würde zufriedenstellen können, wenn sie selbst diese Denkungsart beibehielte. Donnas ganze Wut war vollkommen einseitig und unnütz gewesen. Als wir den mentalen Prozess herausarbeiteten, welcher bei Donna stattgefunden hatte, erkannten wir, dass sie so allein war, weil ihre Unzufriedenheit über die beiläufigen Bemerkungen einiger Leute sie verärgert hatte, was wiederum dazu führte, dass sich wohlmeinende Bekannte von ihr fernhielten.

So wie in Donnas Fall hilft einem die Grübelei nicht, schwierige oder fordernde Situationen zu meistern; im Gegenteil, sie sperrt einen in der Regel in das Hamsterrad von passiver Negativität und verhindert eine positive, aktive Lösung oder Einigung. Wenn dies geschieht, steckt man in der Vergangenheit oder Zukunft fest und kann im gegenwärtigen Moment nichts machen. Noch dazu ist der Zeitaufwand, den man fürs Grübeln aufbringt, oftmals nicht zu unterschätzen. Man kann Stunden, Tage, Wochen, ja sogar Jahre für den Vorgang des Grübelns opfern – kostbare Lebenszeit, die zu vergeuden man sich eigentlich nicht leisten kann.

Judiths Fantasiegespinst

Judiths Geschichte veranschaulicht uns, was Grübelei bewirken kann. Judith, eine Witwe von über neunzig Jahren, war von ihrem Onkologen zu mir geschickt worden. Obwohl sie selbst an Krebs erkrankt war, war es nicht ihre eigene Sterblichkeit, die ihr Sorgen bereitete. Sie verbrachte jeden Abend Stunden in der Überzeugung, die Ehe ihrer Tochter stünde kurz vor dem Zusammenbruch, bloß weil ihre Tochter einmal flüchtig erwähnt hatte, dass ihr Ehemann sie einmal am Tag vom Büro aus anriefe. Als Judiths Mann noch gelebt hatte, hatten beide viele Jahre lang im gleichen Betrieb gearbeitet. Sie hätte sich nicht vorstellen können, auch nur einen einzigen Moment lang von ihrem Mann getrennt zu sein. Daher war die Tatsache, dass ihre Tochter tagsüber nur einmal mit ihrem Mann sprach, für Judith der klare Beweis dafür, dass deren Ehe unheilbar zerrüttet wäre. Zu dem Zeitpunkt, als sie meine Hilfe suchte, hatte sie über viele Wochen hinweg bereits unzählige Stunden über den Einzelheiten der scheinbar kurz bevorstehenden Scheidung ihrer Tochter gebrütet – einschließlich der möglichen Anwaltskosten und der Sorgerechtsregelung hinsichtlich der Kinder. Als ich während eines der Besuche ihrer Tochter einmal persönlich mit ihr über die Kümmernisse ihrer Mutter sprach, war sie überrascht zu hören, dass ihre gesunde Ehe für ihre Mutter solch einen Quell der Sorge darstellte. Hierbei ist wichtig festzuhalten, dass Judiths Ängste zwar nicht real begründet waren, dass die Depression, die sich aufgrund der wochenlangen sorgenvollen Grübeleien eingestellt hatte, jedoch nur allzu real war.

Judiths Geschichte ist kein Einzelfall. Obwohl nicht jeder über die gleichen Inhalte nachgrübelt, werden durch die vielen grübelnd verbrachten Stunden diejenigen Gedankenmuster verstärkt, die zu Depressionen und Angsterkrankungen führen. Wenn man den negativen Annahmen über sich selbst, über die Umwelt und über die Zukunft immer wieder neue Nahrung gibt, sorgt man nicht nur dafür, dass die Grundlage für eine Depression gelegt wird, sondern auch dafür, dass eine solche im eigenen Leben weiter andauert. In einer Atmosphäre ständigen Selbstvorwurfs und Bedauerns oder andauernder Wachsamkeit und Angst vor zukünftigen Folgen zu leben ist außerdem ungeheuer belastend. Es raubt einem die Energie, die man sonst für die Entwicklung hilfreicherer innerer Fertigkeiten aufwenden könnte, welche zu einem zufriedeneren, sinnvolleren Leben führen. Nach der Theorie einiger Forscher (Noelen-Hoeksema 2000) leiden grübelnde Menschen mit höherer Wahrscheinlichkeit unter depressiven Episoden sowie unter sozialer Ängstlichkeit und anderen Angststörungen. Und unglücklicherweise sind häufig Grübelnde nicht nur anfälliger für Depressionen und Angstzustände, sondern sie erleben diese auch in weitaus schwererer Form.

Das Gefühl von Sorge und Bedrückung kann zur Normalität werden

Vielleicht weil die Bahnen der Negativität in ihrem Gehirn stärker ausgeprägt sind und öfter benutzt werden als die positiveren Alternativen, können Grübler letztendlich zu dem Schluss gelangen, dass Depression und Angst ein normaler Teil ihres Lebens sind. Das kann so weit gehen, dass sie sich nicht mehr vorstellen können, dass das Leben Alternativen in der Form von Freude, Glück und Zufriedenheit für sie bereithält. Das, was das zwanghafte Grübeln zum Teil so schwer behandelbar macht, ist die Tatsache, dass man Depressionen und Angstgefühle nicht nur häufiger und schwerer erlebt als andere Menschen, sondern dass man unbewusst auch eher die deprimierenden, angsterregenden Aspekte im eigenen Leben sucht und findet als sonst irgendetwas. Das gehört zur natürlichen Tendenz des Geistes, Stabilität anzustreben, selbst wenn diese Stabilität zutiefst ungesund ist oder unglücklich macht.

Stellen Sie sich vor, dass Sie in einer Weise mit anderen Menschen umgehen könnten, die es zulässt, dass diese Ihnen gegenüber spontane Äußerungen tun können, und dass Sie selbst den anderen gegenüber spontane Äußerungen tun können. Stellen Sie sich vor, dass solche Interaktionen im Hier und Jetzt anfangen und auch wieder aufhören und dass Sie mit einem zuversichtlichen Gefühl aus einer solchen Begegnung herausgehen. Stellen Sie sich weiter vor, dass Sie keine Zeit mehr dafür aufwenden, sich innerlich für Ihr Verhalten den anderen gegenüber zu kritisieren; dass Sie Ihr Denken nicht mehr dafür einsetzen, sich selbst Vorwürfe zu machen. Und stellen Sie sich vor, dass das Zusammensein mit anderen ein Anlass zu müheloser Freude ist. Mit Hilfe dieses Buches können Sie eine neue Stabilität finden, die sehr viel erfreulicher und angenehmer ist als jene, an die Sie sich gewöhnt haben.

Ein Trauma ist etwas anderes

Wenn das, woran Sie immer wieder denken müssen, ein traumatisches Ereignis ist, das vor langer Zeit geschehen ist, etwa ein Autounfall, ein Kriegserlebnis, ein körperlicher oder sexueller Übergriff, oder wenn Sie mit angesehen haben, wie jemand schwer verletzt oder getötet wurde, dann leiden Sie eventuell unter posttraumatischem Stress. In diesem Falle kann Ihnen dieses

Buch zwar in gewissem Maße helfen, doch sollten Sie es dabei nicht bewenden lassen. Suchen Sie sich bitte auch die Hilfe eines Therapeuten, der Erfahrung in der Behandlung der *Posttraumatischen Belastungsstörung (PTBS)* hat. Sie brauchen möglicherweise eine medikamentöse Unterstützung und zusätzliche Therapie zur Verarbeitung des Traumas, das Sie erlitten haben.

Wer grübelt?

Wenn Sie hier lesen, was beim Grübeln vor sich geht und was diejenigen kennzeichnet, die unter „gedanklichem Wiederkäuen" leiden, empfinden Sie möglicherweise Hilflosigkeit, Frustration oder Wut. Vielleicht meinen Sie, Sie hätten ohnehin keine Chance und es gäbe nichts, was Sie tun könnten, um Ihre Geschichte oder Ihre Zukunft zu ändern. Weit gefehlt! Wenn ich hier die typischen Merkmale des Grübelns und der Grübelnden aufzeige, ist meine Absicht dabei nicht die, Sie in Hilflosigkeit zu versetzen, sondern Ihnen ein Verständnis dessen zu vermitteln, was wir über das grübelnde Denken und dessen mögliche Auswirkungen auf unsere Gesundheit wissen. Ebenso wenig möchte ich Sie in eine bestimmte Schublade oder Kategorie stecken, sondern ich möchte Sie wissen lassen, dass Sie in Ihrem Leiden nicht alleine sind. Es gibt bereits eine Kartierung dessen, woran Sie leiden, und deshalb brauchen wir nicht erst bei null anzufangen, wenn wir herausfinden wollen, was Ihnen helfen könnte.

Denken Sie auch daran, dass es sich hier um sehr breit gefasste Charakteristika handelt. Es gibt keine ehernen Gesetze, die festlegen würden, dass die Forschungsergebnisse oder die Erfahrungen anderer Menschen genau auf Sie zutreffen. Jeder Mensch ist einzigartig. Ihre Geschichte und Ihr Geist sind ein Teil dessen, was Sie so einzigartig macht; es gibt niemanden, der genau so wäre wie Sie, und es wird nie so jemanden geben. Deshalb werden Sie sich vielleicht durch einige der Beispiele, die ich hier anführe, in gewisser Weise angesprochen fühlen, während Sie sich mit den besonderen Einzelheiten der Fälle nicht identifizieren können. Das ist vollkommen in Ordnung. Selbst wenn Sie mit den spezifischen Erlebnissen der anderen nichts anfangen können, sollten Sie überprüfen, ob Sie sich nicht mit deren Gefühlen identifizieren können. Auch wenn die jeweiligen Umstände bei jedem anders sind, können Sie vielleicht zu den Erfahrungen anderer, die die gleichen Probleme haben wie Sie, einen Bezug herstellen. Eventuell stellen Sie fest, dass Sie vieles gemeinsam haben.

Typische Merkmale bei zwanghaft Grübelnden

Ausgedehnte Forschungen haben gezeigt, dass einige allgemeine Aussagen darüber gemacht werden können, wer Sie sind und wie Sie denken, wenn Sie unter häufigem Grübeln leiden. Zunächst scheint es sich bei den Inhalten des Grübelns hauptsächlich um Fragen der Beziehung zu anderen zu handeln (Vassilopoulos 2008). So können Gespräche, Erwartungen, beiläufige Bemerkungen und unterstellte Absichten von ihrer Intensität und Häufigkeit her Ihre Gedanken über die Beziehungen zu anderen dominieren. Vermutlich denken Sie oft und intensiv über diejenigen Momente in Ihrem Tagesablauf nach, in denen Sie mit anderen Menschen zu tun haben.

Außerdem konzentrieren Sie sich, wenn Sie über Ihr Verhältnis zu anderen Menschen nachdenken, wahrscheinlich eher auf die negativen oder belastenden Aspekte Ihrer Interaktionen, was soweit führen kann, dass Ihnen positive Aspekte derselben entgehen (Lyubomirsky und Nolen-Hoeksema 1995). Das Gegrübel über die Rolle, die Sie selbst in Ihren Beziehungen einnehmen, kann oft die Wahrnehmung Ihres eigenen Parts ebenso sehr aufblähen wie die Wahrnehmung vermeintlich negativer Gefühle, die andere Ihnen entgegenbringen. Das Grübeln vermittelt Ihnen auch den Eindruck, dass andere oft und viel über Sie nachdenken – Letzteres im Allgemeinen in einem negativen Licht. Dieses Gefühl von negativer Wichtigkeit lässt Sie zwar zum Mittelpunkt Ihrer eigenen Aufmerksamkeit werden, macht Sie aber nicht glücklicher.

Infolgedessen mag man sich vielleicht sogar selbst davon überzeugt haben, dass es an geselligen Situationen nur negative Aspekte gibt und sonst nichts. Das geht so weit, dass man Wege findet, das Zusammensein mit anderen ganz zu vermeiden – aus der Angst heraus, was dabei geschehen könnte und insbesondere, was dabei schiefgehen könnte. So sind eventuell auch Sie im Zusammensein mit anderen empfänglicher für Unsicherheit und Beklemmung als für die Freude und Entspannung, die Freunde und Familie Ihnen bringen könnten. Dieses Muster besteht vielleicht schon so lange bei Ihnen, dass Sie überzeugt sind, man könne es nur schwer mit Ihnen aushalten, man könne Sie nicht lieben oder zum Freund haben. Sie empfinden gesellige Situationen nicht nur als stressig, sondern Sie sind häufig auch kritisch hinsichtlich Ihres eigenen Beitrags zu jedweder zwischenmenschlichen Interaktion und hinsichtlich Ihrer Fähigkeit, gut mit anderen auszukommen. Bei vielen Menschen sind soziale Interaktionen und Ängstlichkeit so sehr miteinander verwoben, dass sie sich nicht mehr voneinander trennen lassen.

Wer sich als Grübler identifizieren lässt, ist mit höherer Wahrscheinlichkeit weiblich (Nolen-Hoeksema, Larson und Grayson 1999). In der Forschung über das Grübeln hat man übereinstimmend festgestellt, dass Frauen stärker zum Grübeln neigen als Männer. Allgemein anerkannt ist, dass doppelt so viele Frauen wie Männer unter kreisendem Denken leiden und dass es inhaltlich dabei meist um Beziehungsfragen geht (ibd.). Wissenschaftler haben unterschiedliche Theorien darüber, weshalb Frauen mehr zum Grübeln neigen als Männer. Es könnte biologische Unterschiede geben, die den Frauen das Grübeln erleichtern, aber es grübeln auch genügend Männer, so dass eine biologische Erklärung für sich allein unzureichend erscheint. Es könnte sein, dass in der Gesellschaft mehr Druck auf Frauen ausgeübt wird, umgänglich und gesellig zu sein, als auf Männer; aus diesem Grund empfinden Frauen eventuell in Verbindung mit geselligen Situationen eine größere Belastung. Größere gesellschaftliche Erwartungen können Stress erzeugen, der bewirkt, dass viele Frauen ihre zwischenmenschlichen Bezüge bis ins kleinste Detail hinein auseinandernehmen und überprüfen.

Wenn Sie also zu dem einen Drittel der Problemgrübler gehören, das männlich ist, haben auch für Sie soziale Interaktionen aufgrund Ihres spezifischen Hintergrunds, Ihrer Lebensumstände oder Ihrer Persönlichkeit eine besondere Bedeutung angenommen, die Sie unzufrieden und oftmals unsicher macht. Sie können sich zwar gut von Stress ablenken, müssen aber feststellen, dass der Stress durch zwischenmenschliche Interaktionen immer wiederkommt. Sie haben tatsächlich ein höheres Risiko, sich zu isolieren, als grübelnde Frauen, weil das Gehirn von Männern offenbar stärker zum sozialen Rückzug neigt als das von Frauen. So sind Sie eventuell auch noch ein introvertierter Typ und haben das Gefühl, nicht zu den anderen Männern zu passen, die Sie kennen. Dieses Gefühl begleitet Sie möglicherweise schon sehr lange in Ihrem Leben – eventuell schon seit der Grundschulzeit.

Neueste Forschungsergebnisse, die wir später noch genauer besprechen werden, haben gezeigt, dass das Beziehungsmuster, das Sie in sehr jungen Jahren, vielleicht sogar schon im Mutterleib, zu Ihren Eltern hatten, einen gewaltigen Einfluss auf all Ihre weiteren Beziehungen im Leben nehmen kann (Waters et al. 2000). Doch verlieren Sie jetzt nicht den Mut; dieselbe Forschungsrichtung hat auch erkannt, dass diese Muster nicht ein für alle Mal in Stein gemeißelt sind. Ihre Beziehungsmuster lassen sich sehr wohl verändern, und die Fähigkeiten, die Sie mit Hilfe dieses Buches erlernen werden, können Ihnen dabei helfen. Nichtsdestotrotz, wenn Sie ein Problem mit dem Grübeln haben, ist die Wahrscheinlichkeit hoch, dass die Beziehung zu Ihren Eltern nicht so gut war, wie Sie es sich gewünscht hätten. Ja, Ihre Eltern hatten vermutlich selbst eine schwierige Beziehung zu ihren eigenen Eltern! Aber denken Sie daran: Obwohl dieses Muster der schwierigen Eltern-Kind-Beziehung über Generationen zurückreichen kann, ist es dennoch veränderbar und kann neu gestaltet werden. Sie können zwar Ihre Vergangenheit nicht mehr ändern, doch Sie können die Richtung verändern, in die Ihre Zukunft geht.

Aus der Forschung über das Grübeln geht auch hervor, dass Sie in der Vergangenheit wahrscheinlich schon einmal eine Depression oder eine Panikattacke hatten oder öfters krank waren

(Cox et al. 2001). Vielleicht lesen Sie dieses Buch ja gerade, weil Sie gegen einen erneuten Rückfall in eine Depression ankämpfen. Wenn man bereits einmal eine Depression hatte, ist das Risiko für eine erneute depressive Phase höher. Das Gleiche gilt auch für die Panikattacke. Jedoch sind diese Tendenzen ebenso wenig für alle Zeiten festgelegt wie Ihre Beziehungsmuster. Es ist nicht Ihre Bestimmung, Ihr Leben lang unter Depressionen zu leiden. Aus den Forschungen geht nämlich auch Folgendes hervor: Wenn Sie derzeit depressiv sind oder es in der Vergangenheit einmal waren, werden Depressionen oder Angstzustände, sollten diese erneut einmal in Ihrem Leben auftreten, nicht mehr so intensiv oder langwierig verlaufen wie zuvor, sofern Sie die in diesem Buch präsentierten Fertigkeiten erlernt haben und diese eigenständig praktizieren können (Teasdale et al. 2000).

Das gemeinsame Merkmal bei den soeben beschriebenen Symptomen – der sozialen Ängstlichkeit, den depressiven Schüben und den Rückfällen – ist das Grübeln. Von anderen Faktoren einmal abgesehen, ist die Angewohnheit des Grübelns, wenn Sie ein Erwachsener sind, derjenige Faktor, der all diese Symptome zusammenhält. Nun verfallen Sie womöglich wieder in Selbstvorwürfe, wenn Sie von diesen Tendenzen hören. Doch das ist vollkommen unangebracht. Ob Sie nun männlich oder weiblich sind, all diese hier beschriebenen Eigenschaften lassen sich verändern, und Sie selbst können dafür sorgen, dass diese Veränderungen eher eintreten, indem Sie bestimmte Praktiken und Methoden ausüben, deren Erfolg ich schon viele Male beobachten konnte.

Führen Sie sich vor Augen, dass nicht Sie selbst oder das Grübeln das eigentliche Problem sind, sondern vielmehr die Tatsache, dass Ihre Gedanken in stärkerem Maße um negativ Wahrgenommenes und um belastende Gefühle kreisen als um positive Wahrnehmungen und um die Gefühle von Freude oder Zufriedenheit.

Mit dem eigenen Geist arbeiten

Was empfinden Sie, wenn Sie über die soeben beschriebenen typischen Merkmale nachsinnen? Fühlen Sie Anspannung? Gibt es Stellen in Ihrem Körper, wo Sie Enge oder unangenehme Gefühle empfinden, etwa im Kiefergelenk, im Magen, in der Brust oder im Rücken? Empfinden Sie sich selbst gegenüber Scham, Traurigkeit, Mitleid oder Wut? Sind Ihre Gedanken beim Lesen dieses Abschnitts öfter abgeschweift? Mussten Sie diese Seiten ein paarmal erneut durchlesen?

Wenn Sie ungefähr spüren, was Sie gerade im Moment empfinden, dann besitzen Sie die Fähigkeit, sich zu verändern. Falls Sie Schwierigkeiten haben, Ihre Gefühle in diesem Moment zu identifizieren, dann können Sie dieses Buch nutzen, um Ihre Gefühle klarer wahrzunehmen, und dadurch einen Weg finden, wie Sie Ihr Denken in Richtung Glück und Zufriedenheit bewegen können. Wenn Sie die vorhin beschriebenen Merkmale – die Art, wie Sie von sich selbst denken und die Ihrer Erfahrung von Glück im Wege steht – durch Beispiele aus Ihrem eigenen Leben illustrieren können, dann besitzen Sie die Fähigkeit, Ihre eigenen geistigen Vorgänge zu beobachten.

Der erkenntnisfähige Geist, der gelernt hat, sich auf Negatives zu konzentrieren, kann dazu umerzogen werden, dass er sich stattdessen auf Freude konzentriert. Diese innere Weisheit ist eine unentbehrliche Fähigkeit zur Umwandlung von negativen Gefühlen in positive – eine Fähigkeit, die wir im Laufe dieses Buches gemeinsam immer weiter entwickeln werden. Meine Absicht mit diesem Buch ist die, Sie darüber aufzuklären, was in Hinsicht auf die Neigung zum Grübeln für Ihren Geist hilfreich ist und was nicht. Außerdem möchte ich Ihnen Fertigkeiten beibringen, die es Ihnen, wie die Geschichte und die Wissenschaft zeigen, im Endeffekt beträchtlich leichter machen, ein glückliches, mit anderen verbundenes und sinnerfülltes Leben zu führen. Wenn Sie eines Tages die vorhergehenden Seiten lesen und dabei Annahme, ja sogar Liebe zu sich selbst und zu Ihrem erschöpften Geist empfinden können anstelle von Stress und negativen Gefühlen, dann werden Sie wissen, dass die Werkzeuge, die Sie sich im Laufe dieses Buches angeeignet haben, wirklich funktionieren.

Den Geist in seiner Fähigkeit zu üben, in liebevoller Güte nachzudenken und Stabilität in der Freude, statt in der Angst zu finden, das ist ein weitaus produktiverer und nützlicherer Weg, mit der Wirklichkeit in Bezug zu treten, und auch eine sehr viel schönere Lebensweise. Jede Lösung für das zwanghafte Grübeln oder Brüten muss so beschaffen sein, dass sie den denkenden Geist nicht abschaltet, sondern dass sie ihn dahin gehend umerzieht, dass er seine angeborene Fähigkeit zur Selbstfürsorge verwirklichen kann, anstatt sich selbst in die Enge zu treiben. Das Brüten über negative Ereignisse, Erfahrungen und Gefühle führt zu negativen Ergebnissen. Sich auf das Hier und Jetzt zu konzentrieren und in Ruhe Lösungen zu finden, die die Zukunft in die richtige Richtung lenken, und dabei auch noch zu besserer physischer und psychischer Gesundheit und zu größerem Mitgefühl mit sich selbst und anderen zu gelangen, das sind Gewohnheiten, in deren Anwendung Sie Ihren Geist schulen können. Und genau das kann Ihnen dieses Buch beibringen.

Die Wissenschaft von Veränderung und Glück

Viele Jahre lang hat man, wenn man untersuchen wollte, warum unser denkender Geist so funktioniert, wie er funktioniert, nach einer einzigen, simplen Erklärung gesucht. Erst kürzlich hat sich eine realistischere Sichtweise auf den menschlichen Geist entwickelt. Anstatt nach einfachen Antworten zu suchen, die das Ganze immer nur teilweise erklären, berücksichtigt man nun viele verschiedene Faktoren, die dazu beitragen, dass Muster entstehen und so bleiben, wie sie sind. Diese Sicht von komplexen Interaktionssystemen bietet uns nicht nur ein besseres Verständnis dessen, wie wir so geworden sind, wie wir sind, sondern auch dessen, was wir beachten müssen, wenn wir nachhaltige Veränderungen bewirken wollen.

Wissenschaftler, die die Dynamik des Grübelns erforschen, untersuchen auch die Mechanismen, die diese Dynamik verändern. Im Laufe der Jahre sind bereits zahlreiche unterschiedliche Strategien entworfen und ausprobiert worden. Heute können wir uns ein realistisches Bild davon machen, wie sich das zwanghafte Grübeln erfolgreich behandeln lässt. Wir besitzen auch ein sehr viel größeres Wissen darüber, wie das Gehirn, das Denken und die Seele miteinander interagieren und dadurch Einfluss darauf nehmen, wie wir die Höhen und Tiefen in unserem Leben erleben.

Einfach nicht daran denken?

Die psychologische Forschung hat nahezu übereinstimmend festgestellt, dass der Versuch, einfach nicht an etwas zu denken – auch *Gedankenunterdrückung* genannt – für sich allein genommen größtenteils nicht funktioniert (Wegner et al. 1987). Die Gedankenunterdrückung steht in einer paradoxen Beziehung zum Grübeln: Je heftiger man versucht, nicht an etwas zu denken, desto schwerer scheint es sich auf Dauer vermeiden zu lassen. Das, worüber man nachdenken möchte, lässt sich nicht unterdrücken.

Es scheint hingegen auf Dauer besser zu funktionieren, wenn man lernt, diese Gedanken geschehen zu lassen und anders darauf zu reagieren (Broderick 2005). Eine besonders gut erforschte und erfolgreiche Methode besteht darin, die Gedanken zu beobachten, wenn sie aufkommen, ohne ihnen weitere Nahrung zu geben, und dabei die eigene Aufmerksamkeit größtenteils auf den eigenen Atem zu richten. Diese auch Achtsamkeit genannte Vorgehensweise scheint negative Denkgewohnheiten wie das Grübeln und die Bedrückung, die es häufig mit sich bringt, konsequent zu bessern.

Unser Wohlbefinden

Bevor wir tiefer in das Thema Achtsamkeit eintauchen, erscheint es hilfreich, uns einmal näher anzusehen, wie unser Ziel eigentlich aussieht. Was wissen wir über das Glücklichsein, über die

Zufriedenheit im Leben und über das Gefühl von anhaltendem Wohlbefinden? Glücklicherweise leben wir in einer Zeit, in der wir auf Forschungsergebnisse zurückgreifen können, um eine Vorstellung dessen zu entwickeln, was uns zu größerer Zufriedenheit und Gelassenheit im eigenen Leben verhelfen kann.

Die Gene Überraschenderweise kann ein Großteil unseres Gefühlslebens auf unsere Gene zurückgeführt werden (Lyubomirsky, Sheldon und Schkade 2005). Anscheinend gibt es bei jedem Menschen einen Fixpunkt, auf den er ausgerichtet ist, so wie die Temperatureinstellung bei einem Thermostaten. Während unseres Lebens bewegen wir uns um diesen Fixpunkt herum und kehren nach Höhen und Tiefen dorthin zurück. Wenn Ihre Eltern zu Depressionen und Ängsten neigten, ist die Wahrscheinlichkeit groß, dass Ihre Gene ebenfalls auf Depression und Angst eingestellt sind. Doch unser Wissen darüber, inwiefern unsere Gene für die Langzeitwirkung unserer Gehirn- und Körperfunktionen verantwortlich sind, ist ebenso gewachsen wie die Kenntnis von unserer Fähigkeit, über unser Fühlen und Handeln trotz alledem selbst entscheiden zu können. Aus diesem Grunde sagt ein und dieselbe wissenschaftliche Forschung nicht nur aus, dass unsere emotionalen Fixpunkte wahrscheinlich genetisch bedingt sind, sondern auch, dass die Art und Weise, wie wir mit unseren Lebensumständen und unseren Zielsetzungen umgehen, einen gewaltigen Einfluss darauf nehmen kann, wie unsere Gene diese Fixpunkte zum Ausdruck bringen. Unsere Gene beherrschen nicht unseren Geist, sondern unser Geist kann mitbestimmen, wie sich unsere Gene auswirken.

Unsere Ziele Um die Funktionsweise unseres Denkens zu verändern, brauchen wir ein Ziel, auf das es hinarbeiten kann. Anderenfalls läuft man Gefahr, zu stranden bzw. ziellos dahinzuwirren, ohne merkliche Fortschritte auf das Leben hin zu machen, das man eigentlich leben möchte. Um uns für die Bewältigung des Grübelns realistische Ziele setzen zu können, müssen wir uns auch mit dem Thema Glück und innere Zufriedenheit beschäftigen. Glück ist kein Lichtschalter, den man einmal anschalten kann und dann angeschaltet lässt. Es gleicht mehr einer Kerzenflamme im Luftzug, die oft ausgeht und dann immer wieder neu angezündet werden muss. Wenn wir lernen, wie wir die Flamme neu entzünden können, werden wir mit der Zeit mehr Freude empfinden und uns unserer Fähigkeit sicherer werden, allein und mit anderen zusammen Glück empfinden zu können.

Merkmale des Glücklichseins

Innerhalb der Bereiche der Gehirn- und Geistesforschung gibt es einige Übereinstimmung hinsichtlich der vorherrschenden Merkmale, die Menschen mit dem höchsten Grad an Glück und Wohlbefinden aufweisen. Ebenso wie Menschen, die eine höhere Depressionsrate aufweisen, neigen auch die „glücklichen" Menschen zu einer unrealistischen Sichtweise ihrer zwischenmenschlichen Beziehungen. Während Grübler und Depressionsanfällige ihre Interaktionen mit anderen eher in negativem Lichte sehen, scheinen sich glücklichere Menschen eine illusionäre Welt aufgebaut zu haben, die ihnen dabei hilft, zufrieden zu bleiben, anderen leichter zu vergeben und gerne mit anderen zusammen zu sein (Taylor und Brown 1994).

In gleicher Weise, wie Ihre negative Weltsicht Ihr Leben so beeinflussen kann, dass es mit der Zeit tatsächlich negativer wird oder zumindest so erscheint, könnte die positive Illusion der zufriedeneren Menschen deren Gefühle von Erfolg und Glück verstärken. Die Ironie ist die, dass depressive Menschen zwar ein unrealistisches und unzutreffend negatives Bild von sich haben, dass ihr Bild von der Welt jedoch in gewissem Sinne zutreffender ist als das der glücklichen Menschen (Ackermann und DeRubeis 1991). Zu Depressionen neigende Menschen sind also ungenau, wenn sie über sich selbst nachdenken, aber realistischer, wenn sie über die Welt nachdenken; zu Glück und Zufriedenheit neigende Menschen sind unrealistisch, wenn sie über die Welt nachdenken, aber zutreffender, wenn sie über sich selbst nachdenken.

Worte wie „zutreffend" oder „realistisch" mögen Ihnen vielleicht nun den Eindruck vermitteln, dass man ein zu 100 Prozent richtiges Bild von sich selbst und der Welt haben könne. Doch nur die Wenigsten von uns besitzen jemals eine vollkommen akkurate Wahrnehmung der Realität. Vielmehr scheint es so zu sein, dass unsere Sicht von der Welt und von uns selbst ein subjektiver Prozess ist, der auf mehreren Ebenen gleichzeitig stattfindet.

So können wir uns selbst auf die eine Weise, unsere Erfahrungen auf die andere Weise und unsere Beziehungen und unsere Umwelt wieder auf einer anderen Ebene wahrnehmen. Die Tatsache, dass diese unterschiedlichen Ebenen auf unserer eigenen Erfahrung von der Realität beruhen und nicht auf der objektiven Realität selbst, schenkt uns in Wahrheit eine gewisse Wahlfreiheit hinsichtlich dessen, wie wir uns von Tag zu Tag fühlen. Unser Geist besitzt eine größere Freiheit in der Frage, wie er funktionieren soll, als wir in jedem anderen Bereich unseres Lebens besitzen. Wir können uns unsere Eltern nicht aussuchen. Wir können uns unseren Körper nicht aussuchen. Zum größten Teil können wir uns gewiss auch nicht aussuchen, wie die Dinge im größeren Weltgeschehen laufen sollen. Ein Beispiel, das Seine Heiligkeit der Dalai Lama in vielen seiner Vorträge anführt, liegt hier nahe (Gyatso 2003). Er erläutert darin, dass die Pflege der seelischen Gesundheit fürs Glücklichsein entscheidender sei als die Pflege der körperlichen Gesundheit, denn selbst bei körperlichem Schmerz könne man Glück empfinden. Das Gegenteil träfe nicht zu; körperliche Gesundheit bringe nicht unbedingt auch Glück und Zufriedenheit. Der Geist besäße also eine weitaus größere Macht.

In vielerlei Hinsicht scheint es tatsächlich so, als sei das Glück eine Entscheidung, die nicht immer von der Realität oder der Welt um einen herum abhängig ist. Glücklichere Menschen scheinen die Welt auf eine inakkurate Weise zu erfahren und wahrzunehmen, um dadurch glücklicher zu bleiben, als man es von ihnen erwarten würde. Bei meiner Arbeit mit Hunderten von todkranken Krebspatienten bin ich immer wieder über die Tatsache erstaunt, dass der Grad an Krankheit, an Schmerzen und an Leid manchmal gar nichts mit den Gefühlen der Patienten und ihrer Angehörigen zu tun hat. Sie müssen vielleicht mit ungeheuer schmerzvollen Situationen fertig werden, entscheiden sich aber, sich auf die winzig kleinen Körnchen der Freude zu konzentrieren, die sie nur finden, wenn sie das ganze schmerzhafte Leid durchsieben. Am Ende des Tages erinnern sie sich am stärksten an diese kostbaren Körnchen und nehmen ihr Leid fast wie selbstverständlich hin.

Wir können von diesen „fröhlich unrealistischen" Menschen auf der Welt viel lernen. Sie zeigen uns, dass wir alle in Welten leben, die größtenteils aus Illusionen bestehen. Negative Illusionen verhelfen uns zu einem negativeren Leben, während positive Illusionen uns helfen, positiver zu leben. Wenn Sie dieses Buch lesen, können Sie selbst entscheiden, wo Sie sich auf der Skala des Glücklichseins ansiedeln möchten – vielleicht ja fast auf halbem Weg zur „Seligkeit der Unwissenden". Sie haben eine Entscheidung zu treffen, eine Wahl, wie Sie sich an Ihre Tage erinnern möchten. Wollen Sie glücklich sein? Ich glaube schon.

Ein Verständnis vom Glück ist der modernen Wissenschaft relativ neu. Es gibt jedoch einige Gruppen von Menschen, die seit Jahrtausenden die Schulung des Geistes studieren und ein umfassendes Wissen darüber besitzen, was für die Kultivierung von anhaltendem Glück und Wohlbefinden für uns alle hilfreich ist und was nicht. In den spirituellen Traditionen der Erde wird von jeher über die Lage des Menschen und seinen Kampf um ein glückliches, erfülltes Leben im Angesicht einer manchmal grausamen und gleichgültigen Welt gesprochen. Diejenige Tradition, über die ich aus eigener Erfahrung berichten kann und die wir auch anhand von wissenschaftlicher Forschung beleuchten können, ist der Buddhismus. Seit seinen Anfängen in den Mönchsgemeinschaften und den Universitäten des alten Indien haben sich buddhistische Mönche und weltliche Praktizierende auf der ganzen Welt dem lebenslangen Prozess der geistigen Wandlung als spiritueller Praxis gewidmet.

Auf meinen zahlreichen Reisen in Länder, in denen der Buddhismus von breiten Teilen der Bevölkerung praktiziert wird, bei Gesprächen mit Dutzenden von Mönchen und während meiner Schulungen bei einigen herausragenden buddhistischen Meistern habe ich niemals auch nur einen einzigen Menschen getroffen, der darauf bestanden hätte, dass man ein Buddhist werden müsse, um sich mit buddhistischen Praktiken beschäftigen oder um davon profitieren zu können. So wenig man einen Doktortitel benötigt, um von der modernen Medizin profitieren zu können, so sehr ist das Wissen über geistige Transformation ein Teil der gesamtmenschlichen Erfahrung. Es gibt kein Patent darauf, noch kann irgendjemand sie zu seinem alleinigen Besitz erklären. Das Recht auf inneres Wohlergehen ist unser grundlegendes Menschenrecht.

Der Buddhismus und der Geist

Wenn ich vom Buddhismus spreche, habe ich nicht die Absicht, dafür Werbung zu machen oder ihn als anderen spirituellen Traditionen überlegen darzustellen. Ich erläutere den Buddhismus nur deshalb so ausführlich, weil eine große Vielzahl wissenschaftlicher Forschungen denjenigen Ideen und Praktiken recht gibt, welche in seinen Traditionen hoch entwickelt worden sind. In diesem Buch beziehe ich mich hauptsächlich auf Praktiken, die von wissenschaftlichen Studien unter vorrangig nichtbuddhistischen Praktizierenden gestützt werden. Wir werden auch die Bedingungen untersuchen, unter denen diese Praktiken erstmals entstanden sind, ebenso den Rahmen, in dem sie genutzt wurden, um Ihnen ein besseres Verständnis dafür zu vermitteln, welche Bedeutung sie heute in unserem Leben haben können.

Die Bedürfnisse des Geistes

Meinem Eindruck nach sind viele buddhistische Lehrer im Laufe der Jahrhunderte zu der Einsicht gelangt, dass der menschliche Geist gewisse Strukturen braucht, um geschult werden zu können. In vielerlei Hinsicht braucht der Geist feste Überzeugungen und Annahmen über seinen Ort in dieser Welt, damit er herausfinden kann, wie man gut in ihr leben kann. Wir brauchen unsere Illusionen, um unsere Erfahrung von der Welt zu organisieren und zu verankern. Ohne diese selbst gemachten Strukturen, auf die wir uns stützen können, würden wir alle schließlich ziellos, ja sogar chaotisch durch die Welt irren. Wir brauchen einen Rahmen für unsere Reise zum Wohlbefinden, damit wir uns Ziele setzen und unseren Fortschritt auf diese Ziele hin überprüfen können. Seit Jahrtausenden sind positive Zielsetzungen das Gebiet der verschiedenen Religionen und spirituellen Praktiken dieser Welt.

Der Buddhismus ist vor etwa 2500 Jahren entstanden, als sich Siddhārtha Gautama, ein Edelmann aus dem Shākya-Clan in Indien, zum Buddha oder „zum Erwachten" erklärte, nachdem er ein tiefes Erleuchtungserlebnis gehabt hatte, das eine Woche lang andauerte. Während dieser mystischen Erfahrung, so wird überliefert, soll er das Wesen des Lebens und der Wirklichkeit selbst erfahren haben. Als er aus diesem Erlebnis wieder auftauchte, war er wochenlang wie in Ehrfurcht erstarrt und konnte nicht mehr sprechen und nicht mehr handeln. Als er seine früheren Gefährten – Asketen wie er selbst – schließlich aufsuchte, begann er mit einer Lehrtätigkeit, die er sein ganzes Leben lang weiterführte, und zwar darüber, wie jeder Einzelne von uns auf seinem eigenen, einzigartigen Weg zur Erleuchtung vorgehen kann, beginnend und endend mit einer Reihe von Techniken zur Schulung unseres Geistes.

Die richtige Motivation entwickeln

Den Lehren des Buddha zufolge brauchen wir, wenn wir uns auf die Suche nach geistiger Disziplin machen, die richtige Motivation. Wenn wir Glück und Zufriedenheit nur als Flucht vor dem Leiden anstreben, dann wird das Glück, das wir finden, sehr flüchtig sein, denn Kummer und Leid sind ein natürlicher, allgegenwärtiger Bestandteil unseres Lebens. Das Glück kann dann zwar eine Linderung bedeuten, aber keine, die auch einen tieferen Sinn innehat. Wie Seine Heiligkeit der Dalai Lama gelehrt hat, stellt sich die Frage, was unser eigenes Glück denn für die Welt Gutes bringe, wenn wir zwar die Erleuchtung für uns selbst erlangten, andere aber weiter leiden müssten? Wir müssen also nach mehr streben als nur nach unserem eigenen, individuellen Glück. Dabei bildet unsere eigene innere Zufriedenheit allerdings durchaus die wesentliche Grundlage zur Linderung des großen Kummers und Leids, die in unserer Welt nur allzu gegenwärtig sind.

Dauerhaftes Glück ist ein Glück, das nicht bloß eine vorübergehende Erleichterung darstellt, sondern vielmehr auch eine grundlegende Veränderung in der Sicht unseres Lebenssinns und unserer Lebenserfahrungen. Wir müssen danach streben, die Motivation zu unserem eigenen Glück zu einer Motivation der Ehrfurcht und Achtung vor unserem eigenen Leben und dem Leben anderer werden zu lassen. Eine geistige Schulung als spirituelle Disziplin heranzuziehen bedeutet, unser eigenes Wohlergehen dem der anderen zu widmen, um auf diese Weise sowohl unser eigenes Leben als auch das Leben anderer zu verbessern.

Ein Gefühl von Ehrfurcht vor unserem Leben zu entwickeln, während wir uns gerade mitten in einem emotionalen oder seelischen Schmerz befinden – das kann sich irgendwie unrealistisch anhören. Es klingt ja gerade so, als sollten wir den Schmerz auch noch gutheißen. Doch das ist nicht der Fall. In seinen ersten Reden lehrte der Buddha, dass Leid universal sei – dass es uns in scheinbar unendlich vielen Formen ständig umgebe. Die erste der Vier Edlen Wahrheiten, die er lehrte, sagt aus, dass Kummer, Leid und Elend die häufigsten und garantiertesten Erfahrungen aller lebenden Wesen sind. Freude, Glück und innere Zufriedenheit erfordern Anstrengung; im Gegensatz zum Leid sind sie nicht von selbst gegeben. Frieden und Freude müssen kultiviert werden.

Die Kostbarkeit eines menschlichen Lebens

Freude zu kultivieren bedeutet, wirklich zu verstehen, dass das Leiden und dessen Aufhebung zwei Seiten ein und derselben Medaille sind. Diese Medaille ist unser Leben, ein Geschenk, das über jeden materiellen Wert hinausgeht. Nach dem traditionellen Glauben des Buddhismus können wir alle potentiell in einer Vielzahl von verschiedenen Lebewesen wiedergeboren werden, von ätherischen Geistern über Tiere und Menschen bis hin zu göttlichen Wesenheiten, die in paradiesischen Himmeln leben. Doch nur die

Menschen besitzen die Fähigkeit, Erleuchtung auf der Ebene der höchstentwickelten Lebewesen, der Buddhas, zu erlangen. Deshalb ist es eine seltene und kostbare Gelegenheit, zu einer Geburt als Menschenwesen zu gelangen; eine erstaunliche Chance, tiefste Freude und tiefstes Glück im Universum zu finden.

In einem traditionellen buddhistischen Text, dem *Chiggala Sutta* (Thanissaro Bhikkhu 2007; Samyutta-Nikāya 56.48), wird eine äußerst ausdrucksstarke Metapher verwendet, um zu beschreiben, wie ungeheuer wertvoll ein menschliches Leben ist. Wir sollen uns einen Planeten vorstellen, der ganz von Wasser bedeckt ist. Auf der Oberfläche dieses Planeten gibt es nichts außer einer einzigen schwimmenden Reuse, die auf dem Ozean treibt. Die Chance, als Mensch geboren zu werden, so heißt es, ist genauso groß wie die, dass eine einäugige Wasserschildkröte, die alle 100 Jahre einmal auftaucht, mit ihrem Hals in diese Reuse gerät. Ein Menschenleben ist so schwer zu erlangen, dass man es, wenn man es erlangt hat, nicht als selbstverständlich hinnehmen, sondern vielmehr jede Gelegenheit wahrnehmen sollte, die es einem bietet, um dauerhaftes Glück zu erlangen.

Das Leid von Sorge und Grübelei

Ob Sie mit der vorhergehenden Metapher etwas anfangen können oder nicht, so können wir doch mit Sicherheit sagen, dass jedes menschliche Leben aufgrund der Möglichkeiten, die es bietet, einzigartig und kostbar ist, und dass das Ihre mit in dieser Kategorie enthalten ist. Damit Sie besser für sich selbst Sorge tragen können, müssen Sie zu würdigen lernen, wie einzigartig Sie selbst sind und warum diese Einzigartigkeit genährt und geschützt werden muss, selbst wenn Sie mit Kummer konfrontiert sind. All das sorgenvolle Grübeln, in dem Ihr Geist so geübt ist, lässt Sie doppelt leiden: zuerst aufgrund dessen, worüber Sie sich sorgen und grübeln, und zweitens durch die Tatsache, dass Ihr sorgenvolles Grübeln so leicht ein Eigenleben annimmt und Sie der Erfahrung von Freude, Wohlbefinden und eines besseren Lebens beraubt. Dies ist das Leid, in dessen Linderung Sie sich schulen können.

Wenn in einer Mine ein Diamant gefunden wird, sieht er in seiner Rohform zunächst wie ein schmutziges Steinchen aus. Doch wenn er dann einmal geschliffen und poliert worden ist, reflektiert der Diamant das Licht auf die einzigartige Weise, die ihn zu einem Edelstein macht; er funkelt und glänzt. Ebenso mag auch Ihr einzigartiges Leben nicht so geschliffen sein, wie Sie es gerne hätten. Der Ruß eines sorgenvollen, beladenen Geistes, der so leicht in Stress gerät, überdeckt Ihr Funkeln und Glänzen. Um ihm jenes einzigartige Strahlen und Leuchten wiederzugeben, bedarf es der Anstrengung, nicht nur der Reflexion.

Die Schulung in geistiger Disziplin

Das bewusste Arbeiten mit Ihrem Geist ist ein Vorgang, der Übung und Disziplin erfordert. Für die meisten von uns erscheint die Vorstellung, unseren eigenen Geist zu schulen, eher merkwürdig. Uns allen ist beigebracht worden zu lesen, zu schreiben, die Toilette zu benutzen und uns Informationen zu merken, aber uns wird nicht beigebracht, wie wir unseren Geist schulen können, so dass er zu unserem Freund wird. Unser Geist ist wie ein Segelboot mit zerrissenen Segeln, das auf hoher See dahintreibt und der Gnade der Meeresströmungen ausgeliefert ist, die es hierhin und dorthin treiben lassen, während die Besatzung verzweifelt nach einem sicheren Hafen Ausschau hält. Ohne eine Steuerung besteht keine Möglichkeit, die eigene Richtung zu finden; ohne einen Anker ist man der Willkür des Ozeans bei stürmischem Seegang hilflos ausgeliefert. Die Achtsamkeit kann Ihr Anker werden, und Ihr Atem Ihr Steuerruder, so wie es seit Jahrtausenden von Millionen von Menschen praktiziert wird.

Traditionell glauben Buddhisten, dass von all den Formen, in denen ein Wesen inkarnieren kann, allein ein Mensch zur Erleuchtung finden kann. Zu dieser Anschauung gehört auch, dass es die Pflicht eines jeden Menschen ist, aktiv nach Erleuchtung zu streben, anstatt darauf zu warten, dass sie vom Himmel fällt. So wie ein Diamant geschliffen werden muss, erfordert auch diese Aufgabe des Menschen Übung, Geschick und diszipliniertes

Bemühen. Zu diesem Zwecke ist die Praxis der Achtsamkeit eine tragende Säule, wenn wir das Geschenk des Lebens zum höchsten Wohle aller und der Welt nutzen wollen.

Kapitel 2

Der achtsame Weg

Seit Tausenden von Jahren praktizieren Millionen von Menschen Achtsamkeit, um Linderung von ihrem Leid zu erfahren und ein glucklicheres, friedvolleres Leben führen zu können. In jüngster Vergangenheit hat die Achtsamkeit nun aufgrund ihrer offensichtlich positiven Auswirkungen ein großes Maß an wohlwollender wissenschaftlicher Erforschung und Beachtung erfahren. Bei einer Vielzahl von krank machenden körperlichen und seelischen Störungen scheint Achtsamkeit zu helfen, so dass die Betroffenen weniger seelisches Leid und mehr Freude erleben und wieder besser schlafen können.

Seelisches Leid tritt in vielen verschiedenen Formen auf. Die Psychologie unterscheidet bei seelischem Leid hauptsächlich drei einander überlappende Emotionen: die Depression, die Angst und die Wut. Alle drei scheinen bei den Betroffenen die Gedanken, Gefühle und Annahmen über die eigene Person und die Welt im Ganzen negativ einzufärben. Diese drei miteinander verwobenen Gemütszustände beziehen ihre Nahrung aus dem Treibstoff von Sorge, Grübelei und Stress. Achtsamkeit nun scheint in der Lage zu sein, diese Dreiheit mitsamt der Wurzel auszumerzen, indem sie dem seelischen Leid den Treibstoff entzieht, den es zum Überleben braucht – und der einen zum Wahnsinn treibt.

Der Ursprung der Achtsamkeit

Bevor wir die Praxis von Achtsamkeit und die wissenschaftlichen Beweise für ihren Nutzen weiter besprechen, wollen wir zunächst untersuchen, was Achtsamkeit eigentlich ist.

Als sich der indische Prinz Siddhārtha Gautama vor 2500 Jahren am Fuße einer Pappelfeige niederließ, schwor er sich, nicht eher wieder aufzustehen, bis er gestorben oder aber spirituell erwacht sein würde. Als er sich schließlich als Buddha oder „der Erwachte" wieder von seinem Meditationsplatz erhob, blickte er in der Ehrfurcht vollkommener Glückseligkeit darauf zurück. Dem buddhistischen Glauben zufolge hatte er sich einen festen Punkt ausgesucht, der der körperlichen Strenge seiner Erleuchtungserfahrung standhalten konnte. Der Meditationsplatz musste so hart wie ein Diamant sein, denn die Erleuchtung selbst glich in ihrer unzerstörbaren Klarheit einem Diamanten. Er wurde danach als der „diamantene Thron" bekannt – ein Fleckchen Erde und Wurzeln, das zum strahlenden Sitz der Erleuchtung geschliffen worden war.

Es ist interessant, dass sich der Buddha gar nicht sicher war, ob er überhaupt Erleuchtung erlangen würde. Wie Sie und wie jeder andere hatte er da seine Zweifel. Er war sich nur sicher, dass er mit seinen geistigen Beschränkungen nicht länger weiterleben wollte. Er hatte die vorhergehenden sechs Jahre ein streng enthaltsames Leben geführt, hatte seine Familie und sein Zuhause aufgegeben, hatte wochenlang gefastet und weitere, noch strengere Formen der Askese praktiziert, die aber alle nur zu körperlicher Schwäche und zu noch mehr geistiger Verwirrung, Bedrückung und Angst geführt hatten. Bei seinem allerletzten Versuch, Erleuchtung im Schatten einer Pappelfeige (Bodhibaum) zu erlangen, reduzierte er diese Praktiken auf die grundlegendste und reinste Form: die stille, bewusste Wahrnehmung seines Atems, d. h. die Achtsamkeit. Aus dieser ersten Erleuchtungserfahrung heraus und mit der Achtsamkeitsmeditation als Grundlage aller späteren Praktiken lehrte er dann jahrzehntelang eine Vielzahl weiterer Meditationen, Yogapraktiken und anderer Richtlinien für ein spirituelles Leben.

Die praktische Umsetzung derjenigen Lehren des Buddha, die mit dem Geist und der Meditation zu tun haben und einen Bezug zum Phänomen des Grübelns haben, soll unser Schwerpunkt in diesem Buch sein. Insbesondere werden wir uns auf diejenige Praxis konzentrieren, die der Buddha als grundlegendste und universal anwendbare Meditationsform gelehrt hat: die Achtsamkeit. Wie der Hauptstamm eines Banyanbaumes ist sie die Hauptform, aus der alle anderen Meditationsformen erwachsen. Und in ähnlicher Weise wird sie Ihnen als Fundament und Basislager auf Ihrer Reise hin zu mehr Zufriedenheit, Ausgeglichenheit und Sinnerfüllung dienen.

Achtsamkeit heißt nicht, den Geist leer zu machen

Achtsamkeit ist eine Meditationstechnik; man kann sagen, dass sie die grundlegendste aller Meditationstechniken ist. Es gibt zwar viele verschiedene Anwendungsmöglichkeiten für Achtsamkeit, doch alle diese haben einige grundlegende Aspekte gemeinsam. Lassen Sie uns die Achtsamkeit einmal von anderen Meditationsformen unterscheiden, von denen Sie vielleicht gehört oder die Sie selber schon praktiziert haben. Dabei können wir zunächst einmal festhalten, was Achtsamkeit *nicht* ist. Achtsamkeit bedeutet nicht, den Geist zu entleeren oder ihn zu bereinigen. Das wäre eine übermenschliche Aufgabe, denn es geht gegen die Natur des menschlichen Geistes, leer zu sein.

Bedenken wir die Tatsache, dass unser Schädel ein schalenförmiges Behältnis ist, das unser Gehirn enthält. Im übertragenen Sinne ist auch unser Geist eine Schale, die unsere Gedanken enthält. Diese Schale ist nicht dazu gedacht, leer zu sein, und sie füllt sich auch schnell auf. Besonders wenn es um den grübelnden Geist geht, ist es so gut wie unmöglich, den Geist von Gedanken zu entleeren, und obwohl das manchen als Erleichterung erscheinen könnte, wäre es doch unglaublich stumpfsinnig. Darüber hinaus ist das Streben nach einem leeren Geist ein Ziel mit fragwürdigem, möglicherweise unschönem Beigeschmack – warum nach einem sterilen geistigen Ödland streben, wenn man doch auch eine friedliche, ausgeglichene Wertschätzung aller Elemente des Lebens erreichen kann? Machen Sie es sich also zum Ziel, einen ruhigen, wachen und bewussten Geist zu haben, anstatt einen „leeren Geist" zum Maßstab Ihres Erfolgs zu machen.

Mit Ablenkungen arbeiten

Die meisten Menschen, die ich in Achtsamkeit unterrichtet habe, hatten sich schon vorher einmal in Meditation versucht, aber wieder aufgegeben, weil sie der Meinung waren, ihre Gedanken sollten nicht mehr abschweifen, und weil ihr Meditieren diese Neigung nicht beheben konnte. Doch die Achtsamkeit ist nicht zuletzt gerade deshalb so gut zum Umgang mit dem Grübeln geeignet, weil bei ihrer Praxis die Tatsache betont wird, dass die Gedanken *abschweifen werden.* Das wird sich auch nicht ändern. Sehr wohl ändern wird sich jedoch, *wohin* die Aufmerksamkeit abschweift, wie Sie auf diese Ablenkungen *reagieren* und wie Sie sich daraufhin *fühlen werden.* Sie werden die Fähigkeit erlangen, die Richtung Ihrer Gedankengänge liebevoll zu beobachten und zu lenken. Auf diese Weise schränken Sie sich nicht ein, indem Sie gar nichts mehr denken oder fühlen, sondern Sie erlangen die Fähigkeit, das Beste an Ihnen selbst und in Ihrem Leben voll und ganz auszukosten.

Achtsamkeit ist nicht von den Vorgaben irgendeiner Visualisierung abhängig, sondern davon, dass man Zeuge der eigenen Gedanken ist und dabei die Aufmerksamkeit immer wieder auf den eigenen Atem lenkt. Einige Achtsamkeitspraktizierende nennen dies *reine Aufmerksamkeit* – das Bewusstsein, dass das, was im Augenblick des Praktizierens geschieht, das einzig Geschehende ist. Es gibt kein Bemühen, das zu vertuschen, was im eigenen Geist oder in der Umgebung vor sich geht; vielmehr ist da die Freiheit des Annehmens, eine Freiheit, die an die Stelle der Anspannung tritt, wenn man seine Umgebung anders haben, die Heizung neu einstellen, sich am juckenden Ohr kratzen oder dem Nachbarn befehlen möchte, die Musik leiser zu machen. Lass zu, dass alle Ablenkungen von dir bezeugt werden können – das ist die Quintessenz der Achtsamkeitspraxis.

Wenn ich in einer größeren Gruppe Achtsamkeit lehre, dann merke ich am Anfang unserer Sitzungen immer an, dass die Teilnehmenden sich auf Ablenkungen und Störungen gefasst machen sollen. Und prompt setzt in dem Augenblick, in dem wir die Gruppenmeditation beginnen, wie auf Kommando der Krach von Baumaschinen, lärmenden Menschen oder heulenden Sirenen ein. Als ich mit meiner eigenen Achtsamkeitspraxis begann, war ich zunächst von diesen scheinbar vorsätzlichen Ruhestörungen genervt. Im Laufe der Jahre bin ich jedoch zu der Einsicht gelangt, dass diese lärmenden Ablenkungen in Wirklichkeit die Flammen sind, in denen der Stahl unserer Entschlossenheit zur Achtsamkeitspraxis gehärtet wird. In der Tat deuten diese Störungen auf die Essenz der Achtsamkeitspraxis hin; es sind aus den Umgebungsgeräuschen bestehende Metaphern für unseren eigenen inneren Lärm. Sie bringen Bewusstheit in unseren Geist, so wie Eiswasser uns unseren Mund, unsere Zunge und unseren Hals bewusst werden lässt, wenn wir es trinken.

In gewisser Hinsicht sind diese äußerlichen Ablenkungen leichter zu überwinden als unsere innerlichen bzw. gedanklichen Abschweifungen. Normalerweise können wir die Geräusche aus der äußeren Welt ebenso wenig unter Kontrolle bringen, wie wir den Fluss der Gedanken und Gefühle in unserem Kopf abstellen können. Aber wir können sehr wohl kontrollieren, wie wir auf beides reagieren. Jamgön Kongtrul Lodro Thaye, der tibetische Meister aus dem 19. Jahrhundert, von dem ich so viel gelernt habe, hat es folgendermaßen beschrieben:

> Gedanken über Vergangenes, Gegenwärtiges und Zukünftiges
> sind wie Wellen auf dem Wasser und hören niemals auf.
>
> Ohne sie zu verfolgen, was auch immer
> der Gegenstand der Konzentration sein mag,
>
> genau darauf, wie ein meisterhafter Weber,
> der sein Garn spinnt,
>
> nicht zu fest und nicht zu lose,
> sondern genau richtig für den Stoff,
>
> richten die Weisen den Beobachtungsposten
> ihrer Achtsamkeit immer wieder aus.
>
> Wenn man sich ein wenig daran gewöhnt hat,
> wird die Achtsamkeit immer stärker. ...
> (Harding and Thrangu Rinpoche 2002,48)

Beachten Sie, dass Jamgön Kongtrul Lodro den Ausdruck „ein wenig daran gewöhnt" verwendet. Dieser außergewöhnliche Meditationsmeister und spirituelle Lehrer will uns damit sagen, dass es, selbst in seiner eigenen Erfahrung, keinen Endpunkt im endlosen Wandern des Geistes gibt. Ich selbst finde es immer sehr ermutigend, wenn fortgeschrittene Meister wie dieser erzählen, dass ihre Gedanken immer noch wandern, ganz gleich, wie lange oder wie gut sie schon praktiziert haben. Es ist ganz einfach die Natur des Geistes, sich so zu verhalten; vielleicht ist es ein Naturgesetz, das so allgemeingültig ist wie die Erdanziehungskraft.

Schlicht und einfach gesagt: Es wird immer irgendwelche Ablenkungen geben. Man kann beschließen, in ihrer Gegenwart verärgert oder verunsichert zu sein, doch sie lehren einen auch, dass man nicht darauf warten kann, bis die ganze Welt Frieden gefunden hat, ehe man selbst inneren Frieden findet. Die Ablenkungen werden nicht aufhören, auch nach Jahrzehnten der Achtsamkeitspraxis nicht. Allerdings kann sich unser Umgang mit diesen Ablenkungen verändern. Oftmals kann es sogar so erscheinen, als würde unsere Umwelt umso chaotischer, je mehr wir nach Frieden streben, gerade weil wir uns unserer Welt immer bewusster werden. Wenn wir damit anfangen, Ruhe in unser Inneres zu bringen, wird uns vielleicht bewusst, wie viel Arbeit vor uns liegt und wie schwierig die Aufgabe werden kann. Das ist eine ganz wesentliche Seite der Praxis: die Tatsache zu akzeptieren, dass man einen aktiven menschlichen Geist hat, der manchmal wie eine schwere Bürde erscheint, jedoch unser einziges Fortbewegungsmittel auf dem Weg zu Frieden und Gelassenheit ist.

Die grundlegendste Form der Achtsamkeit kann man sich – wie die Behältnisse unseres Schädels und des Geistes selbst – als eine Schale der bedingungslosen Annahme vorstellen, die zulässt, dass alles in ihr enthalten sein darf. In dieser Hinsicht ist der stärkste Verbündete der Achtsamkeit das Mitgefühl. Der schlichte Akt des Präsentseins mit den eigenen Gedanken, wenn diese am zerstreutesten sind, ist im Grunde eine Übung in Mitgefühl. Es ist, als sei man das Herrchen eines ausgelassen spielenden Welpen: Man muss entschlossen, aber geduldig, streng, aber liebevoll sein.

Anleitungen zur Achtsamkeitspraxis

Sie können nicht auf den perfekten Ort, das perfekte Meditationszubehör oder die perfekte Tageszeit warten, um mit der Achtsamkeitspraxis zu beginnen. Nicht jeder von uns ist mit einem „diamantenen Thron" gesegnet wie der Buddha, aber jeder Ort, an dem Sie Meditation üben, kann sich in einen ganz besonderen Ort verwandeln, wenn auch nur für einen Augenblick. Die einfachste Erklärung, wie Achtsamkeit praktiziert wird, lautet, auf den Fluss des eigenen Atems zu achten. Wenn Sie sitzen können und wenn Sie atmen können, dann können Sie auch Achtsamkeit praktizieren. Das ist schon alles. Alle weiteren Anweisungen sind nur dazu gedacht, Sie hierin zu unterstützen, während Ablenkungen endlos auftauchen und wieder verschwinden.

Der Grundpfeiler der Achtsamkeitspraxis ist die Bauchatmung. Auch als Zwerchfellatmung bekannt, ist dies die Technik, bei der man den Bauch, genauer gesagt den Bereich um den Bauchnabel, benutzt, um ruhig und gleichmäßig einzuatmen. Diese Art der Atmung ist genau das Gegenteil der knappen, flachen Atemzüge im Brustraum, die bei Angstzuständen, Depressionen und am augenfälligsten bei Panikattacken auftreten.

Zum Üben der Bauchatmung:

1. Legen Sie eine Hand auf die Brust und die andere auf den Bauchnabel.
2. Atmen Sie so, dass die Hand auf Ihrem Bauch beim Einatmen nach außen geschoben wird, während Sie einatmen und Ihre Lunge füllen.
3. Beim Ausatmen senkt sich der Bauch wieder, während die Luft aus der Lunge hinausströmt. Während des gesamten Atemzugs sollte die Hand auf Ihrer Brust relativ ruhig liegen bleiben und sich, wenn überhaupt, nur minimal heben oder senken. Das Ziel besteht hier darin, zu lernen, den Bauch das Atmen machen zu lassen.

Dieser Atemablauf erfordert zunächst etwas Übung, und eventuell werden Sie es leichter finden, ihn im Liegen zu erlernen. Praktizieren Sie allerdings besonders am Anfang nicht die Achtsamkeitsmeditation selbst im Liegen, weil Sie wahrscheinlich einfach einschlafen werden und den Lohn der Praxis im Wachen versäumen.

Die folgenden Richtlinien für die Praxis helfen Ihnen, die Bauchatmung aufrechtzuerhalten.

1. Halten Sie den Rücken stets möglichst gerade. Das heißt nicht, steif oder so aufrecht, dass Sie sich nach hinten durchdrücken – das Rückgrat sollte sanft gerade gehalten werden, doch nicht zu angestrengt und auch nicht zu schlaff. Vergewissern Sie sich, dass Ihre Schultern nicht angespannt sind. Lassen Sie

sie fallen. Eine zusammengesunkene Haltung quetscht den Bauch ein und behindert das Zwerchfell beim Atmen.

2. Halten Sie den Kopf gerade und richten Sie die Augen auf einen Punkt etwa 60 bis 90 Zentimeter direkt vor Ihnen. Wenn Sie anfangen, mit dem Blick weiter nach oben zu wandern, verändert sich die Haltung Ihrer Halswirbelsäule, die Schultern verspannen sich und irgendwann gehen Sie ins Hohlkreuz. Die nach hinten gelehnte Haltung erschwert die Bauchatmung. Wenn Ihr Blick weiter nach unten geht, verfallen Sie in eine zusammengesunkene Haltung, die ebenfalls die Bauchatmung behindert. Wenn Sie Ihren Blick hingegen auf einen bestimmten Punkt gerichtet halten, können Sie auch besser überprüfen, ob Ihr Kopf sich bewegt.

3. Falls Ihr Blick zu wandern beginnt, werden ebenso Ihre wandernden Gedanken einen kräftigen Schub erhalten, sie werden sich schneller und schneller bewegen, bis sie sich vollständig von Ihrer achtsamen Bewusstheit entfernt haben. Denn wenn sich die Augen bewegen, fängt der Geist mit Denken an und sieht Stress kommen, anstatt sich im Hier und Jetzt auf die Realität der Achtsamkeitspraxis zu konzentrieren. Daher kann es hilfreich sein, wenn Sie sich einen Punkt an der Wand, ein beruhigendes Bild oder eine Stelle am Horizont suchen, die Sie als visuellen Ankerplatz für Ihren Geist benutzen können. Der Blick sollte nicht starr und die Augen sollten auch nicht ganz geschlossen sein. Vielleicht werden Sie feststellen, dass es die hilfreichste Strategie ist, die Augen halb geöffnet zu halten. Auf diese Weise können Sie die Bewegungen Ihrer Augen ebenso verfolgen wie die Haltung Ihres Kopfes.

Die Anweisungen für die richtige Haltung von Kopf, Rücken und Augen sind ganz wesentlich. Ich habe im Laufe der Jahre festgestellt, dass der Geist seine eigenen „Bewegungen“ viel schneller zur Kenntnis nimmt, wenn die verschiedenen Körperteile wie eben Kopf, Rückgrat und Augen so ruhig wie möglich gehalten werden. Anderenfalls verliert sich die Bewusstheit von Bewegung an den Körper und die Meditationssitzungen verlaufen mental und emotional weniger bewusst, als sie sein könnten.

4. Berühren Sie mit der Zunge leicht den oberen Gaumen. Zwischen der oberen und der unteren Zahnreihe sollte ein Abstand sein, der etwa so breit ist wie Ihre Zungenspitze. Anderenfalls könnten Sie mit den Zähnen knirschen, wenn Sie eine Störung erleben oder innerlich belastende Emotionen durchmachen.

5. Es ist hilfreich, mit gekreuzten Beinen zu sitzen. Die Knie sollten tiefer als die Hüften sein. Wenn sich die Knie oberhalb der Hüften oder auch auf gleicher Höhe befinden, kann es zu unangenehmen Empfindungen in den Beinen, im unteren Rücken oder in der Hüfte kommen; man sackt zusammen oder lehnt sich zurück, und die Bauchatmung wird behindert. Sitzen Sie ganz bequem, weder zu angespannt noch zu locker. Sie brauchen nicht im vollen Lotossitz zu sitzen, bei dem die Füße auf dem jeweils entgegengesetzten Oberschenkel ruhen, sollten sich aber vergewissern, dass Ihre Knie auf jeden Fall tiefer liegen als die Hüften. Wenn Sie auf einem Stuhl sitzen, sollten Sie ebenfalls darauf achten, dass die Knie sich nicht auf gleicher Höhe mit den Hüften befinden. Ein Meditationskissen kann unterstützen, aber das Wichtigste ist und bleibt die Praxis. Schieben Sie sie nicht auf, weil Sie etwa nicht das richtige Zubehör besäßen – bei der Achtsamkeitspraxis geht es um Ihren Geist und nicht um Ihr Sitzkissen.

6. Ich selbst finde es hilfreich, meine Hände sanft in den Schoß zu legen, wobei sich die Daumen an der Spitze berühren. Sie können eine Handfläche nach oben offen auf die andere legen. Das gibt den Händen eine feste Position und macht es leichter, jeden kleinen Juckreiz, jeden Besuch von einem Insekt und jede unangenehme Empfindung im Körper wahrzunehmen, ohne automatisch gleich die Hände zu bewegen, um es loszuwerden. Vielleicht kommt eine bestimmte Empfindung auf, die Sie unbedingt loswerden wollen. Versuchen Sie jedoch, ehe Sie sich an einer realen oder nur metaphorisch juckenden Stelle kratzen wollen, sich dieser Empfindung einfach nur bewusst zu sein. Vielleicht löst sie sich von selbst wieder auf, oder vielleicht findet Ihr Geist eine neue Ablenkung, die an ihre Stelle tritt.

Während Sie diese Praxis ausüben, sollte Ihre geistige Haltung die eines offenen Willkommenheißens sein. Ich empfinde es als ungemein hilfreich, bei jeder Ausatmung mitzuzählen, eine nach der anderen, um das Bewusstsein am Atem festzumachen. Sie können also, wenn Sie beim ersten Atemzug ausatmen, im Stillen „eins“ sagen. Dann zählen Sie bei der zweiten Ausatmung im Stillen „zwei“ und immer so weiter. Bei den Atemzügen nacheinander „mitzuzählen“ hilft, sie länger werden zu lassen und dadurch die Entspannung in Ihrer Achtsamkeitspraxis zu vertiefen. Sie werden beim Zählen den Faden verlieren, das steht fest. Sie werden vielleicht anfangen, beim Einatmen mitzuzählen anstatt beim Ausatmen. Sie werden sich vielleicht dabei ertappen, wie Sie die gleiche Zahl noch einmal sagen oder dass Sie urplötzlich bei einer ganz hohen Zahl angelangt sind und keine Ahnung haben, wie Sie dorthin gekommen sind. Fangen Sie einfach wieder von vorne an.

KERNPRAXIS

Achtsamkeitsmeditation

Suchen Sie sich einen bequemen Platz, wo es nicht zu laut und nicht zu leise ist. Suchen Sie sich etwas, worauf Sie Ihre Aufmerksamkeit richten können – Ihren Atem – und etwas, was Sie zu den Momenten der Achtsamkeit in Kontrast setzen können – Ihre Gedanken und die Geräusche im Raum. Erinnern Sie sich an die Grundlagen für die Achtsamkeitsmeditation:

1. Bauchatmung
2. Rücken gerade
3. Nacken, Kopf und Rücken in einer Linie
4. Augen geradeaus gerichtet
5. Zunge berührt sanft Oberseite des Gaumens
6. Lockeres Kiefergelenk

7. Knie unterhalb der Hüften
8. Daumen berühren sich leicht
9. Zählen beim Ausatmen, einen Atemzug nach dem anderen

Berücksichtigen Sie diese Grundregeln und verbringen Sie eine Viertelstunde mit Atmen. Überprüfen Sie regelmäßig Ihre Sitzhaltung. Versuchen Sie, beim Zählen nicht den Faden zu verlieren, aber haben Sie Geduld mit sich, wenn es doch passiert. Sie *üben* schließlich!

Verstärkung für das achtsame Atmen

Mit zunehmender regelmäßiger Übung werden Sie bald in der Lage sein, die Länge Ihrer Sitzungen mittels der Anzahl der Atemzüge, die Sie einen nach dem anderen zählen können, festzusetzen. Eine fünfminütige „Atempause" vor einer stressigen Sitzung oder Begegnung kann also bedeuten, dass Sie eine ganz bestimmte Anzahl von Atemzügen zählen. Mit der Zeit bekommen Sie ein Gefühl dafür, wie viele Atemzüge in die zur Verfügung stehende Zeit passen. Sie werden nach einiger Zeit auch feststellen, dass Sie zu immer höheren Zahlen gelangen, ehe Sie den Faden verlieren. An Tagen, an denen Sie diese Zahl mühelos erreichen, können Sie die Praxis als leicht erachten. Wenn Sie immer wieder den Faden verlieren oder sich abmühen müssen, um das Zählen nicht zu vergessen, können Sie dies als Hinweis werten, dass Sie geistig unter Stress stehen oder unkonzentriert sind. Auf diese Weise kann das Zählen Ihrer Atemzüge als Information dienen, inwieweit sich Ihre Achtsamkeitsfähigkeit erhöht hat bzw. inwieweit Sie während einer bestimmten Sitzung jeweils geistig zerstreut sind.

Im Wesentlichen bedeutet Achtsamkeitspraxis, das eigene Bewusstsein an der Bauchatmung zu verankern und Ablenkungen und Gedanken kommen und gehen zu lassen wie Wolken, die über den Himmel ziehen, oder, wie Jamgön Kongtrul Lodro Thaye es ausgedrückt hat, „wie Wellen auf dem Wasser" (Harding und Thrangu Rinpoche 2002, 48).

Die wissenschaftliche Forschung hat zwar hauptsächlich die Meditation im Sitzen untersucht, aber eigentlich kann man Achtsamkeit nahezu überall praktizieren. Bei einigen Achtsamkeitsübungen werden Alltagshandlungen wie das Essen und das Gehen dazu genutzt. Bei dieser Ausübung von Achtsamkeit wird man die Fähigkeit kultivieren, einen bestimmten Handlungsablauf mit dem Atem zu koordinieren. Beim achtsamen Gehen zum Beispiel fängt man an, den rechten Fuß beim Einatmen zu heben und das Gewicht auf den linken Fuß zu verlagern, man streckt den rechten Fuß nach vorne, während der Atem Pause macht, und setzt schließlich den rechten Fuß auf den Boden, während man ausatmet. Jeder Schritt wird durch jeden Atemzug zeitlich abgestimmt begleitet. Doch ehe Sie Achtsamkeit bei Aktivitäten wie dem Essen und dem Gehen praktizieren, sollten Sie sich erst einige Erfahrung mit der Sitzmeditation erworben und ein Gespür dafür entwickelt haben, welche Verbindung zwischen Ihren Gedanken und Ihrem Atem besteht.

Die wirksamste Dosis

Wenn Sie eine Infektion haben, muss Sie Ihr Arzt möglicherweise mit Antibiotika behandeln. Wenn Sie das Rezept erhalten, sehen Sie darauf dreierlei: den Namen des Medikaments, die Dosis, die Sie einnehmen müssen, und die Häufigkeit der Einnahme. In gleicher Weise gibt es auch bei der Medizin der Achtsamkeit eine therapeutisch wirksame Dosis, die erprobt, getestet und für wirksam befunden wurde.

Zum Ersten muss die Meditationspraxis täglich durchgeführt werden. Bei jeder der in diesem Buch zitierten Forschungen lag mindestens eine Form von täglicher Praxis zugrunde. Wir wissen, dass diese Dosis erfolgreich ist. Viele sagen sofort: „Ich habe nicht die Zeit dazu; ich habe ohnehin schon genug Stress mit dem, was ich tagtäglich machen muss!" In der Tat hatte auch ich selbst anfangs dieses Gefühl und habe es mitunter immer noch. Als ich mit meiner täglichen Praxis anfing, befand ich mich mitten in einem anspruchsvollen Aufbaustudium für klinische Psychologie.

Als ich mir überlegte, wie ich eine Gesamtzeit von 30 Minuten für etwas erübrigen sollte, was wie bloßes Dasitzen und Atmen aussah, erschien mir das gänzlich unmöglich. Ich beschloss dennoch, es einige Wochen lang auszuprobieren, um zu sehen, ob es für mich machbar wäre.

Nach der ersten Woche hatte ich sofort erkannt, dass Achtsamkeit meinem Geist zu größerer Konzentrationsfähigkeit verhalf. Obwohl es den Anschein hatte, als ob ich beim Zählen meiner Atemzüge in der Viertelstunde, die ich für die Arbeit hätte nutzen können, überhaupt nichts Produktives täte, verliefen die darauf folgenden Stunden umso konzentrierter, klarer und produktiver. Eine Viertelstunde Zeit in die Achtsamkeitspraxis zu investieren, das erschien mir nun wie ein Schnäppchenpreis für den Schatz an kostbaren Stunden voller Konzentriertheit und Effizienz, die darauf folgten.

Es ist also sehr wichtig, zweimal täglich mindestens eine Viertelstunde lang Meditation zu üben (Carmody und Baer 2008). Allerdings können 15 Minuten Meditationspraxis überraschend lang sein – für die meisten Anfänger zu lang. Fangen Sie deshalb bescheiden an und arbeiten Sie sich zu einer 15-minütigen Sitzung hoch. Sie können in der ersten Woche mit fünf- oder zehnminütigen Phasen anfangen, in der folgenden Woche fünf Minuten mehr anhängen usw. Viele Praktizierende entschließen sich, sehr viel länger als eine Viertelstunde zu meditieren, wenn sich ihre Ausdauer einmal erhöht hat. Am Anfang ist es jedoch ratsam, mit mehreren kürzeren Sitzungen zu beginnen, damit man nicht den Mut verliert und sich nicht überfordert fühlt.

Ich hatte schon seit zehn Jahren von Meditation gewusst, bevor ich selbst mit einer täglichen Praxis anfing. Dann aber lernte ich das Konzept der „therapeutisch wirksamen Dosis“ bald zu schätzen. Der Unterschied war so, als ob man bloß eine Postkarte vom Grand Canyon ansieht oder aber tatsächlich an seinem Rand sitzt und die reine Wüstenluft in der großen Weite von Himmel und Erde einatmet. Eine unregelmäßige Praxis kann so angenehm, erfreulich und entspannend wirken, wie eine schöne Postkarte anzusehen. Doch damit die Achtsamkeitsmeditation das Leben wirklich verändern und den Weg zu anhaltendem Wohlbefinden bahnen kann, muss man sie täglich praktizieren.

Wenn Sie je eine Sportart betrieben oder ein Studium absolviert haben, ist Ihnen eine solche Art von Disziplin vielleicht bekannt. Sportliches Training erfordert zum Beispiel harte Arbeit und viel Disziplin. Zuerst fängt man klein an und läuft bloß zwei Kilometer oder stemmt ein leichtes Gewicht. Mit der Zeit führen diese kleinen Schritte zu größeren Schritten. Keiner wacht morgens auf und läuft ohne Vorbereitung erfolgreich einen Marathon mit. Man trainiert, oftmals jahrelang. In gleicher Weise fängt eine regelmäßige Achtsamkeitspraxis klein an, und der Nutzen zeigt sich anfangs vielleicht erst zögerlich, bis man schließlich erkennt, dass man auf psychologischer Ebene zu einem Marathonläufer geworden ist, der Härten und Schwächen überwindet, um das Ziel eines glücklicheren Lebens zu erreichen.

Neben der Bestätigung durch die moderne Wissenschaft ist eine zweimal tägliche Praxis immer auch in den traditionellen buddhistischen Texten gelehrt worden. Bei vielen Meditationstechniken des tibetischen Buddhismus wird sogar das Gelübde zu einer lebenslangen Verpflichtung verlangt, ehe die betreffende Technik erlernt werden darf. Man kann mit einiger wissenschaftlich gestützter Gewissheit sagen, dass Sie nach sechsmonatiger regelmäßiger, fortlaufender Praxis einige deutliche Veränderungen in Ihrem Gefühlsleben festgestellt haben werden, doch diese werden nicht plötzlich genau bei der Halbjahresmarke einsetzen. Sie werden vielmehr stetige Verbesserungen und Fortschritte erleben, die nach Ablauf von sechs Monaten gemessen werden können.

Wissenschaftler haben festgestellt, dass mit der therapeutisch wirksamen Dosis zahlreiche positive Auswirkungen verbunden sind (Ludwig und Kabat-Zinn 2008). Wie bereits erwähnt, kann die Intensität und Schwere einer Depression durch eine regelmäßige Achtsamkeitspraxis reduziert werden, wobei das verringerte Risiko von zukünftigen depressiven Episoden einen zusätzlichen Nutzen darstellt (Teasdale et al. 2000). Einige interessante Forschungsergebnisse deuten auch darauf hin, dass Menschen, die Achtsamkeit praktizieren, tendenziell besser schlafen (Speca et al.

2000). Eine der faszinierendsten Richtungen in der Achtsamkeitsforschung zeigt auf, dass sich ein regelmäßiges Durchführen von Achtsamkeitsmeditation positiv auf die Abläufe des menschlichen Organismus auswirken kann. Insbesondere kann eine regelmäßige Praxis die Abwehrkräfte des Immunsystems gegenüber Infektionen erhöhen (Davidson et al. 2003) und durch chronische Schmerzen im Lendenwirbelbereich hervorgerufene Einschränkungen lindern (Kabat-Zinn 1982). Es gibt noch viele weitere Vorteile; es scheint fast so, als ob jede Woche eine neue Schlagzeile erschiene, die vom Nutzen der Achtsamkeit in therapeutischer Dosis für eine ganze Reihe von Problemen in unserem Leben kündet.

Was Sie erwarten können

Am Anfang können Sie Augenblicke der Entspannung während Ihrer Praxis erwarten. Im Laufe der Zeit treten diese Momente immer öfter auf und werden als länger andauernd empfunden. Sie werden überrascht sein, wenn solche Momente dann auch außerhalb Ihrer Praxis aufkommen. Doch es ist wichtig, daran zu denken, dass diese Augenblicke im besten Falle flüchtig sind. Sie verändern sich stetig. Sie kommen und gehen wie das Steigen und Fallen Ihres Atems. Trotzdem können diese einzelnen Momente aneinandergereiht werden wie Perlen an einer Kette und dadurch etwas Schönes und Kostbares aus ansonsten ganz gewöhnlichen Erfahrungen machen.

Ebenso wie die Ablenkungen, denen Sie während der Praxis begegnen, können Sie auch die Erfahrungen in Ihrem Alltagsleben dazu nutzen, Ihren Geist zu bewusster Achtsamkeit hinzuführen. Die therapeutisch wirksame Dauer bringt Ihr Gehirn und Ihren Geist dazu, Ihre Gedanken zu beobachten, anstatt in den ihnen nachfolgenden Emotionen unterzugehen.

Es wird in Ihrer Praxis Höhen und Tiefen geben. In manchen Sitzungen, in manchen Wochen wird es leichter gehen als in anderen. Nach einigen Monaten werden Sie allmählich erkennen, welche Veränderungen die Achtsamkeit in Ihr Leben bringen kann. So habe ich beispielsweise einen 50-jährigen Lastwagenfahrer in Achtsamkeit unterrichtet, der bereits nach zweiwöchiger Praxis in der Lage war, über die chaotische Fahrweise anderer ruhig zu lächeln, anstatt Wut und Zorn zu empfinden wie in der Vergangenheit. Das Fahren war für ihn zum Stressfaktor geworden, aber es war ja sein Beruf. Mit Hilfe der therapeutisch wirksamen Dosis von Achtsamkeit konnte er nun feststellen, dass das, was vorher der Auslöser von Stress für ihn gewesen war, zu einem Signal wurde, inmitten seiner Alltagsaufgaben und –pflichten achtsam zu bleiben.

Achtsamkeit und Mitgefühl

In der Tradition ist Achtsamkeit immer als die wesentliche Grundlage jeglicher Meditationspraxis gelehrt worden. Dennoch war ebenso klar, dass die Achtsamkeit nur die Hälfte dieser Grundlage darstellt. Die andere wesentliche Grundlage ist das Mitgefühl. Seit Jahrtausenden betrachtet man Achtsamkeit und Mitgefühl als das Flügelpaar zu spiritueller Erleuchtung und innerer Freiheit.

Mitgefühl ist nicht das Gleiche wie Mitleid. Es bedeutet nicht, dass einem jemand leidtut oder dass man sich selbst leidtut. Mitgefühl ist der Akt, eine Liebe zu empfinden und zum Ausdruck zu bringen, die vollkommen annimmt und sein lässt. Mitfühlende Liebe ist diejenige Art von Fürsorge, die wir beobachten können, wenn eine liebende Mutter ihr aufgebrachtes Kind beruhigt oder wenn ein Hundebesitzer streng, aber gütig seinem herumtobenden Welpen beizubringen versucht, keine Schuhe zu zerbeißen. In solchen Situationen geht der erste Gedanke möglicherweise an Ärger, Stress oder an Widerwillen, sich mit der Situation auseinanderzusetzen. Doch obwohl dieser Gedanke auftaucht, verschwindet er wieder, und an seine Stelle treten das wohlwollende Akzeptieren der Situation und ein Verhalten, das aus liebevoller Annahme heraus entsteht. Das Kleinkind wird in den Armen gewiegt, man singt ihm etwas vor und bringt es zur Ruhe. Der Welpe wird getadelt, doch mit einem Lächeln und einem Tätscheln. Wo scheinbar negative Gedanken und Gefühle eine gleichgültige oder gar wütende Reaktion diktiert hätten, ermöglicht bedingungsloses Annehmen ein liebevolles Verhalten und Handeln.

Diese Art von Annahme mag vielleicht leichter aufzubringen sein, wenn man es mit kleinen Kindern, niedlichen Tieren oder mit Menschen zu tun hat, die offenkundig gerade Leid und Schmerz erfahren. Die Herausforderung des Mitgefühls besteht aber darin, dass wir es auch in jenen Situationen empfinden, in denen uns unsere Konditionierung negative Gefühle wie Wut, Angst oder Groll aufdrängt. Um mit solchen Situationen arbeiten zu können, muss man zuerst einige Erfahrung darin sammeln, wie man sich selbst gegenüber eine mitfühlende Haltung einnimmt, wenn der Geist an Orte wandert, wo negative Emotionen ausgelöst werden.

Oftmals erfahren wir negative Emotionen zweifach. Zunächst ist da das erste Gefühl, und dann, fast automatisch, wird dieses ursprüngliche Gefühl von einem weiteren Gefühl über das erste Gefühl umlagert. So ist man vielleicht deprimiert und gerät dann in Depression darüber, dass man sich deprimiert fühlt. Eine Panikattacke ist charakterisiert durch die Angst vor der Angst.

Wenn Gefühle in Bezug auf andere Gefühle, auch *Sekundäremotionen* genannt, auftreten, ist ihre Wirkung exponentiell stärker als die der Primäremotionen, auf die sie reagieren. Achtsamkeit kann uns helfen, diese Sekundäremotionen wegfallen zu lassen, indem wir zulassen, dass Gefühle da sind, einen Moment lang bleiben und wieder vergehen, während wir ihr Dasein durchgängig beobachten und akzeptieren, ohne ihnen eine weitere Schicht an leidvollen Gefühlen hinzuzufügen. Das ist auch damit gemeint, wenn von der Verbindung von Achtsamkeit und Mitgefühl gesprochen wird – Mitgefühl entsteht in einem annehmenden Geist, nicht in einem Geist, der mit sich selbst im Clinch liegt. Um Mitgefühl gegenüber Ihrem eigenen Geist zu entwickeln, könnte es Ihnen sogar helfen, wenn Sie sich Ihren Geist als ein quengelndes Kleinkind vorstellen, das seinen Babybrei überall hinkleckert, oder als ein verschmitztes Hündchen, das gerade Ihre Lieblingsschuhe anknabbert.

Radikales Annehmen

Radikales Annehmen ist diejenige Art bedingungsloser Liebe, die durch Achtsamkeit genährt werden kann. Bei der Achtsamkeit bezieht sich das Konzept des radikalen Annehmens auf diese Art von alles zulassender Bejahung. Das Radikale daran ist, dass es sich häufig nicht um die automatisch ablaufende oder die leichteste Antwort auf etwas handelt. Nichts, was in unserem Geist aufkommt, wird abgelehnt. Selbst unsere dunkelsten, bedrückendsten Gedanken, Gefühle und Bilder werden mit der ruhigen Zuversicht unseres gleichmäßigen Atmens in der Achtsamkeitssitzung willkommen geheißen. Es gibt keine Anspannung, keinen Widerstand und keine Bewertung, sondern nur den Rhythmus unseres Bauches, der sich atmend hebt und senkt.

Unsere geistige Aufmerksamkeit ist mit dem Grundpfeiler unserer Bauchatmung engstens verbunden, und alle möglichen Ablenkungen – Gedanken der Kritik, Ängste, Sorgen oder Befürchtungen, störende Geräusche, Bilder oder Gerüche und jegliche andere Art von Störung – kommen auf und verschwinden wieder. In der Geschichte über die Erleuchtung des Buddha wird dieser mit Ablenkungen durch alle seine Sinne und Impulse konfrontiert, verkörpert durch tanzende Mädchen, die sich in ein schreckliches Heer von Dämonen verwandeln, bis sie sich in der Leere auflösen. Der Buddha tut nichts anderes, als seine Achtsamkeit auf seinen Atem zu richten und seinen Geist dabei weder zu fest- noch zu locker zu halten, einfach nur anzunehmen.

Wie beim Buddha ist auch Ihre Achtsamkeit eine offene, empfangende leere Schale, die alle Ablenkungen gleichermaßen wahrnehmen und aufnehmen kann. Wenn diese Ablenkungen aus Ihrer äußeren Umgebung kommen, sind Sie sich ihrer bewusst, während Sie zum Zählen Ihrer Atemzüge zurückkommen. Wenn es innere Ablenkungen sind, die durch Ihren grübelnden Geist entstehen, so sind Sie sich ihrer ebenfalls bewusst, während Ihre Aufmerksamkeit zum Zählen der Atemzüge zurückkehrt. Es gibt keine Beurteilung, keine Kritik und keinen Tadel für die Geräusche im Raum oder die Gedanken, die Sie haben. Das ist die zweimal tägliche Praxis von achtsamer, radikaler Annahme, die Ihr Lebensgefühl vollständig verändern kann.

Durch das Annehmen der Störungen in den Übungssitzungen lernt Ihr Geist, sich selbst auszuhalten, ohne den unablässigen Kommentar des jeweiligen Gedankenstroms zu nähren und in Gang zu halten. Bei der Achtsamkeitspraxis hat der Geist die Chance, sich selbst zu beobachten wie bei der Wiedergabe eines Videos. Mit der Zeit wird der Geist immer besser darin, sich zu ertappen, wenn er eher zu innerem Stress beiträgt als zu innerem Wohlergehen. Zunächst in vereinzelten Momenten, dann immer häufiger wird sich der Geist für das Wohlergehen entscheiden. Unser Geist lernt diese Praxis nicht durch harte Disziplin und Bestrafung, sondern vielmehr durch die liebevolle Umarmung unseres radikalen Annehmens.

Achtsamkeit ist nicht immer entspannend

Es mag so scheinen, als sei es recht entspannend, bloß einige Zeit lang anzunehmen und zu atmen, doch in Wirklichkeit kann es sehr schwierig sein. Wenn Sie mit der Ausübung von Sitzmeditation anfangen, werden Sie möglicherweise eine ganze Reihe von unterschiedlichen Gefühlen empfinden, angefangen von Entspannung bis hin zu naher Panik. Das ist mit ein Grund, warum eine tägliche Praxis so dringend empfohlen wird. Wenn Sie tagtäglich üben, gewinnen Sie ein besseres und genaueres Gespür für die Vorgänge in Ihrem Geist. Diese Vorgänge sind nicht immer angenehm, daher wird auch Ihre Achtsamkeitspraxis nicht immer angenehm sein.

Wenn Sie glauben, unmittelbar positive Resultate zu erzielen, haben Sie Glück. Viele Menschen berichten von einer Art „Flitterwochen-Phase“, in der sie eine rapide geistige, emotionale und spirituelle Wandlung zu verspüren meinen. Viele berichten aber auch von gewaltigen Schwierigkeiten und Härten beim Beginn ihrer Achtsamkeitspraxis. Seien Sie jedoch versichert, dass ein Zeitpunkt kommen wird, an dem sich Ihr Gefühl hinsichtlich Ihrer

Achtsamkeitspraxis verändert. Flitterwochen können in Monotonie übergehen. Ein frustrierender Stillstand in Ihren Sitzungen, der sich über Wochen hinzieht, kann urplötzlich in mühelose Freude münden. Bitte üben Sie weiter, ganz gleich, welches unmittelbare Gefühl von Lohn oder Enttäuschung da sein mag. Dieses Gefühl wird sich ändern, und damit wird Ihre Achtsamkeitspraxis reifen. Das alles gehört zur leeren Schale der Achtsamkeit, in der all Ihre Erfahrungen, die angenehmen und die unangenehmen, willkommen sind. Ihre Aufgabe ist es, die ganze Schale wahrzunehmen, nicht nur die guten Anteile darin.

Der Annahme im Geist wird in der buddhistischen Tradition eine tiefe Bedeutung zugeschrieben. Der auf Mitgefühl ausgerichtete Geist ist Bodhicitta oder „erwachender Geist“. Dem indischen Meister Shāntideva aus dem 6. Jahrhundert zufolge ist der erwachende Geist wie eine vortreffliche Medizin oder wie ein riesiger Baum, der jedem gleichermaßen Schutz bietet (Bodhicaryāvatāra III.29).

Shāntideva benutzt sehr kraftvolle Metaphern, welche Sie zur Motivation bei Ihrer eigenen Praxis nutzen können. Stellen Sie sich die sanfte Aufmerksamkeit Ihrer Achtsamkeitspraxis als einen kühlen Schatten spendenden Baum in der brutalen Hitze Ihres geistigen und spirituellen Leidens vor, oder betrachten Sie Ihre Achtsamkeitspraxis als Brücke von Ihrem vertrauten Elend hinüber in die natürliche Heimat Ihres inneren Friedens.

Was Sie zurückhält, das ist Ihre vertraute, automatische Reaktion auf Stress, die dem menschlichen Organismus seit Urzeiten einprogrammiert ist. Es ist die universelle biologische Reaktion der physischen Flucht vor der Gefahr oder des Abwehrkampfes ohne Rücksicht auf das, was unser Geist möchte. Diese sogenannte *Kampf-oder-Flucht-Reaktion* war in jenen Tagen sehr hilfreich, als wir noch von wilden Tieren gejagt wurden, die uns fressen wollten. Unser Atem wurde flach und schnell, unsere Finger taub, weil das Blut zu unseren lebenswichtigen Organen hinströmte, damit diese weiterfunktionieren konnten, sollten unsere Glieder abgebissen oder abgerissen werden. Die Wenigsten müssen heutzutage noch mit einer Bedrohung dieser Art rechnen.

In der modernen Welt sind diejenigen wilden Kreaturen, die uns bedrohen, in der Regel unsere eigenen gedanklichen Erfindungen. Die Kampf-oder-Flucht-Reaktion mag in ferner Vergangenheit für uns hilfreich gewesen sein und hilft uns vielleicht noch gelegentlich, einer körperlichen Gefahr zu entrinnen, sie ist aber gar nicht so hilfreich, wenn das, was uns bedroht, psychologischer Natur ist. Regelmäßige Meditationspraxis kann die Tendenz unseres Körpers zur Kampf-oder-Flucht-Reaktion mindern und unserem Körper eine gesündere Antwort auf Stress beibringen, während sie uns gleichzeitig dabei unterstützt, im Hinblick auf unsere Ziele weiterzukommen. Natürlich wird Ihr Körper immer noch sofort wissen, was zu tun ist, wenn Sie tatsächlich einmal von einem Tiger gejagt werden sollten! Doch in allen anderen Fällen ist das radikale Annehmen durch einen erwachenden Geist sehr viel hilfreicher, um Sie aus der Falle von Grübelei und Sorge herauszuholen.

Im folgenden Kapitel werden wir die Art von beunruhigenden Gedanken untersuchen, die Sie vielleicht häufig quälen, und wir werden sehen, wie Achtsamkeit Ihnen helfen kann, diese Qual aufzulösen.

KAPITEL 3

Der Irrgarten des Grübelns

Zu verstehen, wie die Achtsamkeit Ihrem Körper helfen kann, eine neue Art der Reaktion auf Stress zu entwickeln, ist von entscheidender Wichtigkeit. Das ist allerdings erst die halbe Arbeit. Bei der anderen Hälfte geht es darum, zu begreifen, wie die Praxis von Achtsamkeit auch Ihrem Geist helfen kann. Dazu müssen Sie durchschauen, wie das Grübeln, die Sorge und der Kummer in das Schema passen, nach dem Ihr Geist arbeitet. Diese Einsicht ist ein entscheidender Schritt auf dem Weg zum Wohlbefinden.

Man kann sich das Grübeln und Sorgen als Gedanken- und Verhaltensmuster vorstellen, die durch verschiedene Anteile Ihrer täglichen Erfahrungen gespeist werden. Es ist, als würden kraftvolle Ströme durch Ihren Geist fließen. Die Dinge, über die Sie grübeln – Ihre Ängste und Schwächen, Zweifel hinsichtlich einer Beziehung, neue oder alte Träume und Ziele, Entscheidungen, die anstehen –, sind wie Kieselsteine, die in diese Ströme hineinfallen und mitgerissen werden, noch ehe Sie sie anschauen oder verarbeiten können. Um genau zu verstehen, wie Grübeln vor sich geht, müssen Sie sowohl das Muster der Strömungen in diesem

Fluss durchschauen als auch das, was von diesen Strömungen verschluckt wird – d. h. die Kieselsteine, die mitgerissen werden. In diesem Kapitel werden wir uns daher sowohl auf die Kieselsteine selbst konzentrieren als auch auf die Strömungen, die diese durch Ihren Geist tragen. Sie werden auch damit anfangen, zu erkennen, wie Sie sich von diesen Strömungen befreien können. Lassen Sie uns zunächst anschauen, was den Geist eigentlich in seinen belastenden Angewohnheiten gefangen hält.

Die Vier Edlen Wahrheiten

Nachdem der Buddha unter dem Bodhibaum Erleuchtung erlangt hatte, erklärte er in seiner ersten Rede die sogenannten *Vier Edlen Wahrheiten.* Diese Wahrheiten spiegeln einige Grundprinzipien der Funktionsweise unseres Geistes und der Art unseres daraus folgenden Leidens wider. Kurz gefasst lauten diese vier Wahrheiten, so wie ich sie verstehe, folgendermaßen:

- Leiden ist ein fester Bestandteil unseres Lebens.
- Unser Leiden entsteht aus unserem Wunsch nach Kontrolle und Beständigkeit in einer nicht kontrollierbaren, unbeständigen Welt.
- Es gibt einen Weg zur Freiheit vom Leiden.
- Dieser Weg zur Freiheit ist der *Edle Achtfache Pfad.*

Wie ich bereits erwähnt habe, arbeite ich in der Klinik hauptsächlich mit krebskranken Menschen. Etwas, was ich über die Jahre hinweg erfahren habe, ist die Tatsache, dass ein schlimmes Ereignis oder schlechte Nachrichten wie etwa die Diagnose Krebs nicht bei allen Menschen zur gleichen Reaktion führt. Einige sind am Boden zerstört, wenn sie erfahren, dass sie eine heilbare, behandelbare Form von Krebs haben, die ihnen in Wirklichkeit nur einige Monate lang Unannehmlichkeiten bereiten wird. Andere hingegen scheinen es ganz leicht zu nehmen und lachen ihrem bevorstehenden Leid ins Gesicht, wenn sie erfahren, dass sie nur noch wenige Monate zu leben haben. In vielen Fällen liegt der Unterschied in den grundlegenden Überzeugungen dieser Menschen davon, was im Leben wichtig ist, und davon, welchen Sinn sie den Ereignissen in ihrem Leben beimessen. Um Ihnen auf Ihrer Reise zu mehr Wohlbefinden zu helfen, wollen wir uns nun genauer ansehen, worin das Wesen des Leidens besteht und wie man sich ein gewisses Maß an Freiheit davon schaffen kann.

Die Natur des Leidens

Die Erste Edle Wahrheit besagt, dass Leiden allgegenwärtig ist. Dies wird häufig unglücklich übersetzt mit: „Das Leben ist Leiden." Ich selbst deute diese Wahrheit lieber als eine Anerkenntnis der Tatsache, dass die Mehrzahl von uns Menschen nicht erst nach dem Leiden zu suchen braucht. Unglück und Elend sind immer schon da; wir brauchen nicht einmal zu überlegen, wo wir hinschauen sollen. Sie kommen von selbst zu uns. Die Arbeit mit Krebspatienten in einem Krankenhaus führt diesen Punkt nur allzu drastisch vor Augen. Doch zum Glück ist unser Leiden nicht immer so dramatisch wie eine Krebserkrankung oder die furchtbare Angst, die mit dem Tod und dem Sterben einhergehen kann. Die meisten von uns erfahren Leiden in einer versteckteren Form. Wir empfinden Unbehagen bei leichten körperlichen Schmerzen, wenn wir in einem Verkehrsstau stecken oder wenn wir im Supermarkt unsere Lieblingsmarke nicht finden. Leiden variiert lediglich in seiner Intensität und in seinem Kontext; in irgendeiner Form ist es immer gegenwärtig.

Von der Allgegenwärtigkeit von Leiden zu hören kann wie ein unglaublicher Spielverderber wirken. Ich glaube jedoch nicht, dass der Buddha uns sagen wollte, wir sollten es aufgeben, glücklich sein zu wollen. Die Erste Edle Wahrheit beinhaltet für mich die erhellende Erkenntnis, dass uns Zufriedenheit und Glück nicht schon gegeben sind – sie müssen erst gefunden werden, und bei der Suche müssen wir eine aktive Rolle übernehmen. Da Glück, Entspannung und Wohlbefinden nicht von vornherein garantiert und auch nicht leicht zu erreichen sind, müssen wir manchmal hart arbeiten, um sie in unserem Leben zu schaffen und aufrechtzuerhalten.

Wenn Sie einmal die Tatsache akzeptieren, dass Leiden ein Teil unseres Lebens ist, können Sie Ihre Energie darauf ausrichten, Glück und Zufriedenheit zu finden. Aus der Perspektive der Achtsamkeit versuchen wir nicht, Glück und Zufriedenheit *anstelle* von Leid zu finden, sondern wir finden Glück und Zufriedenheit *trotz* unseres Leids. Später in diesem Buch werde ich Ihnen noch anhand von vielen Beispielen zeigen, dass Leid und Glück nicht unbedingt Gegensätze sind. Leid bedeutet nicht die Abwesenheit von Glück und Glück bedeutet nicht die Abwesenheit von Leid. Diese Sichtweise ermöglicht es Ihnen, auch zu den denkbar ungünstigsten Zeiten und an den scheinbar ungeeignetsten Orten etwas für Ihr Glück zu tun.

Von Tigern gejagt

In einer bekannten buddhistischen Geschichte, in der diese Wahrheit erläutert wird, geht es um einen Mann in einer lebensbedrohlichen Lage. Dieser Mann wandert gerade durch einen Wald, als er plötzlich von einem hungrigen wilden Tiger verfolgt wird. Er rennt davon, so schnell er nur kann, und stürzt über den Rand einer Felsklippe hinab. Glücklicherweise bekommt er während des Sturzes eine Schlingpflanze zu fassen, an der er sich festhalten kann. Doch unglücklicherweise sieht er unter sich am Fuße des Felsens einen weiteren Tiger auf ihn lauern. Dann erblickt er zwei Mäuse, die an der Schlingpflanze zu knabbern beginnen, welche ihn vor dem Sturz in den sicheren Tod bewahren soll. Er weiß nicht, was er tun soll, sieht sich um und entdeckt direkt neben sich die schönste, saftigste, prallste tiefrote Erdbeere wachsen, die er je gesehen hat. Dort, am Rande des Abgrunds hängend und dem Tod ins Auge blickend, pflückt er sich die Beere, beißt hinein und genießt im letzten Augenblick seines Lebens ihren köstlichen, zutiefst beglückenden Geschmack.

Auf diese Weise zu leben, das ist radikale Annahme. Man stellt sich den Tigern im eigenen Geist von Angesicht zu Angesicht, selbst wenn sie auf allen Seiten lauern. Unweigerlich wird uns einer davon erwischen. Doch direkt vor den eigenen Fingerspitzen liegt ein flüchtiger Moment der Freude und des Glücks. Man braucht sich nur dem Glück zu öffnen, das vielleicht direkt vor der eigenen Nase liegt. Wie einer, der über einem Abgrund hängt und oben und unten von Gefahr bedroht wird, so sind wir alle oftmals zwischen schwierigen Situationen gefangen. Was mir an der Geschichte so gefällt, ist die Tatsache, dass in ihr die gewaltige Größe unserer Probleme nicht ignoriert wird. Vielmehr erinnert sie uns daran, dass unsere Entscheidung, worauf wir unseren Geist ausrichten wollen, oftmals den Unterschied zwischen Freude und Leid ausmacht. Die Umstände bleiben die gleichen, doch die Entscheidung liegt in unserer Hand. Wir können die süße Erdbeere entweder ignorieren, weil sie lediglich ein kurzes Vergnügen ist, das die Tiger nicht verscheuchen wird, oder wir können ihren süßen Geschmack umso stärker wertschätzen, gerade weil er so vergänglich ist. Der achtsame Weg kann Sie lehren, jeden flüchtigen Moment der Freude als kostbar und bedeutsam zu betrachten anstatt als wertlos oder unbedeutend.

Im Rahmen der erbarmungslosen Grübelei und Sorge stimmt Sie der natürliche Verlauf Ihres Denkens vermutlich eher elend als wertschätzend. Glück und Freude fühlen sich vielleicht vergänglich und flüchtig an, während Ihnen Stress und Kummer beständigere Teile Ihres Lebens zu sein scheinen. Vielleicht ärgern oder schämen Sie sich über Ihre Gedanken und über die Stimmung, in die Sie den größten Teil Ihrer Zeit verfallen. Doch anstatt Ihr Denken bzw. sich selbst dafür zu hassen, sollten Sie liebevoll die Tatsache akzeptieren, dass auch Ihr Geist selbst von der Bürde erschöpft ist, mit der er leben muss. Bis jetzt ist er immer wieder vor den ihm vertrauten Tigern weggelaufen und dafür anderen in den Weg gelaufen. Erlauben Sie ihm, sich in der süßen Erleichterung liebevoller Annahme auszuruhen, so als würden Sie die süßeste aller Erdbeeren in Ihrem kostbaren letzten Augenblick genießen. Ihr Glück verlangt nicht von Ihnen, dass Sie Ihre Probleme ignorieren, sondern hilft Ihnen durch die disziplinierte Anwendung von heilsamen Techniken, die Süße zu finden, die trotz Ihrer Probleme im gegenwärtigen Moment vorhanden sein kann.

Die Suche nach dem Glück

Die Erste Edle Wahrheit ist wie ein Tor, durch das man gehen muss, wenn man zum Glück gelangen will. Viele Leute sind überrascht, wenn sie das hören – die Erste Edle Wahrheit spricht ja schließlich vom Leiden und nicht vom Glücklichsein. Die Erste Edle Wahrheit lehrt uns, dass das Leiden vollkommene Gleichberechtigung bietet; die einzige Qualifikation für das Leiden besteht darin, dass man am Leben ist. Ihr Leiden ist einzigartig, doch Sie stehen wohl kaum alleine da mit der Tatsache, dass Sie an jedem einzelnen Tag Ihres Lebens Leid in irgendeiner Form erleben. Sie brauchen Ihre geistige Energie nicht mehr mit dem Versuch zu verschwenden, das Gegenteil zu beweisen. Anstatt nach einem Ausweg aus dem Leiden zu suchen, besteht Ihre Aufgabe jetzt darin, inmitten Ihres Leidens nach dem Vorhandensein von Glück zu suchen.

Die Erste Edle Wahrheit lehrt uns, dass der Kampf gegen das Leiden dessen Allgegenwärtigkeit nicht vermindert. Aber die Suche nach dem Glück kann den Tribut des Leidens in Ihrem Leben ausgleichen. Um eine Metapher aus der Bibel zu verwenden – die Allgegenwärtigkeit von Leiden bildet den Fels, auf den Sie Ihr Glück gründen können. Jedes Glück, das die Realität des Leidens nicht anerkennt oder akzeptiert, ist auf weit unsichererem Grund gebaut und kann beim geringsten Anzeichen von Vergänglichkeit und Unbeständigkeit zu einem wertlosen Haufen zusammenfallen. Glück, welches das Leiden mit berücksichtigt, ist wie ein gut gebautes Haus, das dem stärksten Wirbelsturm oder Orkan standhält.

Das Bedürfnis nach Stabilität

Dem Buddha zufolge haben wir ein unzutreffendes Verständnis von der Wirklichkeit und ein Großteil unseres Leids rührt von diesem Fehlverständnis her. Das soll nicht heißen, dass wir eine falsche Weltsicht hätten, wenn wir starke körperliche Schmerzen haben oder wenn wir misshandelt werden, und dass wir lieber meditieren sollten, anstatt uns Hilfe zu suchen, um diese Probleme zu lösen.

Meiner Meinung nach wollen uns die Schriften des Buddha hier sagen, dass unser Geist gerne in einer angenehmen, voraussagbaren Welt leben würde, in der wir das Gefühl von Kontrolle besitzen, dass die Wahrheit jedoch ist, dass unsere Welt überhaupt nicht voraussagbar und häufig unkontrollierbar ist. Jedes Mal, wenn wir an unsere scheinbar absurde Lage im großen Ganzen der Dinge erinnert werden, strebt unser Geist noch heftiger nach Stabilität und nach dem Gefühl, wichtig zu sein und Kontrolle zu besitzen. Dem Buddha zufolge wird der größte Teil unseres emotionalen Leidens durch diesen Konflikt zwischen unserem Bedürfnis nach Stabilität und den Gesetzen der Unbeständigkeit erzeugt.

Je weniger sicher man sich ist, dass man seine Ziele erreichen, seine Bedürfnisse befriedigen oder das Richtige tun kann, desto verzweifelter versucht der Geist, Stabilität und Beständigkeit zu finden. Leiden ist immer da, aber unser Geist will diese Grundlage nicht als Ausgangsbasis für die Suche nach Glück haben. Er will jetzt sofort glücklich sein, und zwar auf die leichteste, aber nicht immer gesündeste, Art und Weise. Wenn er das nicht schafft oder sich bedroht fühlt, geraten Körper und Geist in Stress.

Wie der Irrgarten entsteht

Körper und Geist erfahren eine Kampf-oder-Flucht-Reaktion. Während die körperliche Energie von der naturgegebenen Stressreaktion aufgebraucht wird, versucht der Geist, jenes Gelände zu erreichen, mit dem er am vertrautesten ist, so dass er keine zusätzliche Energie aufbringen muss. Dieses Gelände kann aus vertrauten Situationen, angestammten Verhaltensmustern oder tief sitzenden Vorstellungen über die eigenen Absichten und die Absichten anderer bestehen. Bei Menschen, die häufig nachdenken und grübeln, ist dieses vertraute Gelände das mentale Muster des Grübelns, das unglücklicherweise nur zu noch mehr Stress und damit zu einem weiteren Kreislauf des Grübelns und Sorgens führt. Das Muster selbst – das, was ich vorhin als Strömung des Flusses bezeichnete – wird zu jener Stabilität, nach der der Geist sich sehnt, auch wenn sich die Inhalte der Sorgen und Gedanken – die Kieselsteine, die mit der Strömung fortgespült werden – verändern können.

Mit der Zeit gräbt dieses Muster eine tiefe Spur in den Geist ein, so dass es scheint, als ob schließlich alles in den Strom von Sorge, Kummer und Grübelei hineingeriete. Anstatt dass durch Achtsamkeit ein radikales, mitfühlendes Annehmen geschieht, scheint das Grübeln die Oberhand zu gewinnen und gierig jeglichen Stoff aufzunehmen, über den in Stress und Aufregung nachgegrübelt werden kann. Dieser Kreislauf setzt sich endlos fort, zieht psychologische Mauern vor uns hoch und versperrt uns den Weg zu wahrer emotionaler und spiritueller Freiheit. Dieses Muster kann sogar die Überzeugung beinhalten, dass wir immer und immer wieder über das Gleiche nachgrübeln müssten, um mit einer Linderung überhaupt anfangen zu können, und dass unser Glück auf der anderen Seite des Weges läge. Während man sich dem Ziel im einen Augenblick schon ganz nahe wähnt, findet man sich im nächsten in einer mentalen und emotionalen Sackgasse wieder. Also versucht man es von Neuem – aber für dieses Problem gibt es keine Lösung; es besteht aus lauter Sackgassen.

Wenn man so durchs Leben geht und sich das Denken im Irrgarten befindet, wird das eigene Selbstvertrauen immer weiter untergraben. Man hat das Gefühl, man müsse alles nur noch ein wenig mehr durchdenken, um so vom Pfad der Kümmernis zum Weg immerwährender Freude zu gelangen. Schlaflose Nächte und sorgenvolle Tage werden mit dieser fehlgeleiteten Suche zugebracht. Doch der Weg will einfach nicht klarer werden, und während Hindernisse in Hülle und Fülle auftreten, scheint jene ärgerliche Erste Edle Wahrheit hinter jeder Ecke erneut hervorzulugen. Man findet sich immer und immer an der gleichen Stelle wieder, über die gleichen Dinge oder auf dem gleichen Wege nachdenkend. Deshalb denkt man noch mehr nach, manchmal absichtlich, häufiger jedoch unkontrollierbar.

Schließlich hat man sich im Irrgarten der Grübelei verfangen. Immer wieder die gleichen Sackgassen entlangzulaufen, das ist zum vertrauten, stabilen und vorhersagbaren Muster geworden, mit dem man den Leiden des Alltags begegnet. Im Gegensatz zum Pfad der Meditation, die uns wie ein Labyrinth zu ihrem Mittelpunkt führt, stecken Irrgärten voller falscher Fährten, verlockender Irrwege und letztendlich voller Frustration und Enttäuschung.

Oft wird versucht, die Mauern des Leidens zu durchbrechen und nur noch Freude zu haben. Doch die Vier Edlen Wahrheiten lehren uns, dass dies zwar eine gute Absicht, aber eine verkehrte Sichtweise darstellt. Man muss das Glück dort finden, wo man ist. Der Pfad des Irrgartens gaukelt die falsche Versprechung von immerwährender Freiheit vom Leiden und den Ausweg in eine Welt ewiger Freude, frei von Kummer und Sorge, vor. Die Erste Edle Wahrheit lehrt uns, dass unser Glück nicht auf diesen unmöglichen Augenblick warten kann. Unser Glück muss hier und jetzt beginnen.

Die Mauern des Irrgartens

Dieses Muster des sorgenvollen Wiederkäuens von Gedanken zeigt sich im Leben der Menschen in unterschiedlicher Form. Man grübelt in Voraussicht auf etwas, das man tun möchte oder das erledigt werden muss. Man grübelt vielleicht in Reaktion auf etwas Belastendes, was man erlebt hat. Man rekapituliert Gespräche und Interaktionen mit anderen Menschen. Dabei kann das Denken weit mehr ins Detail gehen, als einem lieb ist. Man stellt möglicherweise fest, dass man so oft über negative Punkte nachdenkt, dass diese Negativität immer stärker in den Vordergrund tritt, bis zu dem Punkt, dass man manchmal *nur noch* das Negative sieht. Die negativen, belastenden Aspekte an anderen Menschen, an einem selbst oder am Leben in unserer gequälten Welt sind möglicherweise zur „zweiten Heimat“ für unser Gemüt geworden – zu dem Ort, an den der Geist immer wieder zurückzukehren scheint.

Wenn man grübelt, fühlt man sich in der Regel danach nicht besser. Sorge und Bedrückung gehen Hand in Hand. Man grübelt sich in einen depressiven Winkel seines Geistes hinein, aus dem man allem Anschein nach nicht mehr herausfindet.

Normalerweise grübelt man über die eigenen zwischenmenschlichen Beziehungen nach. Sorgenvolle Gedanken gelten ebenfalls den Bereichen Arbeit, Liebe und Geld sowie der eigenen Zukunft und der der Mitmenschen. Man bringt vielleicht Stunden damit zu, sich ein Gespräch zurechtzulegen oder eines zu rekapitulieren. Man zerbricht sich den Kopf darüber, warum man etwas Bestimmtes gesagt oder getan hat und nicht etwas anderes. Man brütet über den Stand eigener Beziehungen und über die Menschen und Umstände, die einem als Hindernisse auf dem Weg zum Glück erscheinen. Man grübelt und sorgt sich über all das, was in Ordnung ist, und über all das, was nicht in Ordnung ist. Man grübelt und sorgt sich mit nahezu gleicher Intensität über kleine wie große Probleme.

Der stabile Irrgarten

Das, worüber man grübelt, kann sich ändern, Tatsache aber ist, dass Sorge und Grübelei feste Bestandteile Ihres Lebens sind. Die traurige Wahrheit lautet, dass Sorge und Grübeln einem in der Regel nicht helfen, Beziehungen zu verbessern oder Probleme zu lösen. In der Tat weist sogar alles darauf hin, dass die Probleme durch Sorge und Grübeln noch vergrößert werden (Lyubomirsky und Nolen-Hoeksema 1995). Es besteht die Gefahr, dass all die kostbaren Stunden, die man mit Sorge und Grübelei verbracht und verschwendet hat, die eigenen Probleme noch größer, ja unüberwindlich erscheinen lassen. Die eigentlichen Sachlagen, die einen betreffen, werden unter all den Sorgen, der Angst und der Bedrückung begraben, bis die eigene Energie eher durch diese Gefühle aufgezehrt ist als durch den eigentlichen Tatbestand.

Doch ehe Sie nun anfangen, sich über das Grübeln und Sorgen den Kopf zu zerbrechen, wollen wir einmal erkunden, ob es an dieser jämmerlichen Fähigkeit, die Sie so perfektioniert haben, nicht auch etwas Positives geben könnte. Es mag zwar etwas merkwürdig klingen, doch die Tatsache, dass Sie immer wieder grübeln und sich sorgen, ist nicht nur schlecht. Das, was Sie im Irrgarten des Grübelns gefangen hält, ist zum Teil die ungeheure Menge an emotionaler Energie, die Sie investiert haben, um glücklich zu sein. Da Sie, wie alle anderen Menschen auch, die Samen der Ausdauer in sich tragen, gilt Ihr Grübeln und Sorgen dem Versuch, Ihre Probleme zu lösen, anstatt einfach aufzugeben. Tief in Ihrem Innern sind Sie entschlossen, etwas Produktives und Sinnvolles aus Ihrem Leben und Ihren Beziehungen zu machen. Sie besitzen eine große Energie und Motivation, die jedoch von Ihrem Denken aufgezehrt werden. Lassen Sie uns nun gesündere Wege erforschen, wie Sie Ihre Energie und Ihre Motivation nutzen können.

Wie Sie aus dem Irrgarten herausfinden

Mehreren psychologischen Schulen des Buddhismus zufolge werden Sie aus dem Irrgarten nicht herausfinden können, solange Sie auf dessen Ebene bleiben. Solange Ihre Gedanken Sie durch den Irrgarten treiben, sind die Mauern um Sie herum zu hoch, als dass Sie darüber hinweg blicken könnten. Der einfachste Weg, um aus dem Irrgarten herauszukommen, besteht darin, eine Perspektive einzunehmen, von der aus Sie ihn von oben sehen können.

Und das ist genau das, was die Achtsamkeitspraxis Ihnen ermöglichen kann. Indem Sie Ihren Geist radikal annehmend beobachten – indem Sie ihm erlauben, durch den Irrgarten zu eilen, während Sie mit Ihrer Aufmerksamkeit wieder zu Ihrem Atem zurückkehren –, sind Sie auf dem Weg, eine höhere Perspektive einzunehmen. Indem Sie Ihren denkenden Geist beobachten, wie er durch den Irrgarten läuft, und dabei Ihre Aufmerksamkeit zu Ihrem Körper und Ihrem Atem zurückbringen, finden Sie langsam den Weg zur Freiheit – Schritt für Schritt, Atemzug für Atemzug. Nach einer Weile empfinden Sie das Gehetze durch den Irrgarten als weniger überwältigend. Das Beobachten Ihres Geistes beim Denken und Grübeln gelingt leichter, so als ob Sie bei den Werbepausen in Ihrem Lieblingsfilm schnell vorspulen würden, anstatt sie sich in voller Länge anzuschauen. Die Tendenz zum Grübeln geht nicht unbedingt weg, aber die Menge an Zeit und Energie, die sie beansprucht, wird mit der Zeit geringer. Ihre Aufmerksamkeit ruht nun nicht mehr auf Ihren grüblerischen, sorgenvollen Gedanken, sondern vielmehr auf den Schritten hin zu einem sinnerfüllteren, glücklicheren Leben. Der Wandel beginnt mit Beobachtung.

Unbeständigkeit ist beständig

Wir alle streben danach, anhaltendes Glück sowie dauerhaft Gründe dafür zu finden, weshalb unser Glück anhalten soll. Eines der fundamentalsten Gesetze der Wirklichkeit ist jedoch die Unbeständigkeit. Nichts hat ewig Bestand, nicht einmal der Planet Erde. Die Wirklichkeit ist in einer ständigen Entwicklung, Veränderung und Verschiebung begriffen, weil sich all die Verbindungen zwischen den Menschen und den Dingen auf der Welt ständig neu justieren. Die Zeit schreitet immer fort und bringt Veränderungen mit sich. Nicht einmal unser Atem, der in einem gleichmäßigen Rhythmus steigt und fällt, ist jemals der Gleiche. Auch unsere Beziehungen, unsere Ziele und die Wege, auf denen wir diese Ziele erreichen wollen, verändern sich. Unser Geist ist wie eine Wolke, die über den Himmel zieht und glaubt, sie sei ein Berg. Die Zweite Edle Wahrheit ist die Erkenntnis, dass wir eher den Wolken als den Bergen gleichen: Wir verändern uns und haben das Potential zu wachsen, wenn wir uns verändern.

Bei meiner Arbeit als Psychologe sehe ich immer wieder, dass unser Geist in seinem Streben nach dem Vorhersagbaren und Sicheren so weit gehen kann, dass Menschen sogar ihre Gesundheit und ihr Wohlbefinden aufs Spiel setzen, um diesem Streben Genüge zu tun. Die Teufelskreise von Sucht und Missbrauchsbeziehungen sind der Beweis dafür, dass der Geist lieber in einem zerstörerischen, aber stabilen Verhältnis verbleibt, als die Instabilität heraufzubeschwören, die selbst eine heilsame Veränderung mit sich bringen könnte. Wenn Sie je mit einer Abhängigkeit gerungen haben, dann kennen Sie die „Stabilität", die mit einer schädlichen Angewohnheit einhergehen kann. Von dem Moment an, wo Sie morgens aufwachen, wissen Sie genau, was Sie tun werden: Sie werden Ihre Sucht befriedigen, ganz gleich, welchen Preis es Ihren Körper oder Ihre Beziehungen kostet. Ob wir nun mit einer offensichtlichen Abhängigkeit wie der von Drogen, von Alkohol oder vom Glücksspiel kämpfen oder mit einem versteckteren zerstörerischen Muster wie der Sucht, sich durch Sorgen zu zermürben, immer wird unser Geist von seinem Drang nach Stabilität in den Bann geschlagen.

Die Zweite Edle Wahrheit sagt uns, dass die Stabilität, nach der wir verlangen, nur allzu oft die Möglichkeit zu unserem psychischen und spirituellen Wachstum verhindert. Der Drang nach Sicherheit hält unseren Geist im Irrgarten gefangen. Es mag zwar das Gefühl von Ausweglosigkeit da sein, und dennoch bietet die Stabilität des Irrgartens mit all seinem vertrauten Elend eine gewisse Sicherheit. Man mag über die unterschiedlichsten Dinge nachgrübeln – über Gespräche, Pläne, Beziehungen –, aber die Tatsache, dass man überhaupt grübelt, ist zu einem stabilen Bestandteil des eigenen Lebens geworden. Aus diesem Grunde wird der Geist sich weigern, sich zu verändern.

Überlegen Sie sich zum Beispiel einmal, wie Sie Ihre neue Achtsamkeitspraxis in Ihr Leben eingeführt haben. Ist es Ihnen leicht gefallen, Ihren gewohnten Alltagsverlauf zugunsten einiger schlichter Minuten des Atmens zu verändern, die Ihrem Geist und Ihrer Seele Heilung bringen können? Letzten Endes ist dieser Widerstand gegen Veränderung keine so schlechte Sache. Denn wenn Sie nach einiger Zeit stabile, lebensfördernde Verhaltensweisen in Ihrem Leben entwickelt haben, wird Ihnen dieses Bedürfnis nach Stabilität von Nutzen sein. Ihr vertrautes, stabiles Muster wird dann aus einer gelasseneren, achtsameren Beobachtungs- und Reaktionsweise bestehen. Das Bedürfnis nach Sicherheit wird immer noch da sein, aber das Wesen dieser Sicherheit wird sich verändern.

Um besser verstehen zu können, dass der Geist um jeden Preis nach Stabilität strebt, selbst um den Preis von Freude und Zufriedenheit, wollen wir uns einmal das Wesen des depressiven Geistes näher ansehen. Bei einer Depression geschieht unter anderem, dass der Geist anfängt, feste Vorstellungen von der unbeständigen Welt zu formen. Insbesondere beginnt der Geist in einem als *kognitive Triade* bekannten Vorgang, negative Vorstellungen über die eigene Person, die Umwelt und die persönliche Zukunft auszubilden (Beck et al. 1987). Ob die Depression nur eine vorübergehende Verstimmung ist oder ob sie über Wochen, Monate, ja sogar Jahre andauert – immer wenn diese kognitive Triade mit grübelndem Denken gefüttert wird, vertieft sich der Pfad, den die Depression in den Geist eingräbt. Eine tiefe Spur wird im Gehirn angelegt, in die alles andere hineingelenkt wird. Mit der Zeit kann es so weit kommen, dass selbst die potentiell lohnendsten oder glücklichsten Umstände zu Nährstoffen für Angst und Depression werden. Eines der Ziele des Lebens auf dem Weg der Achtsamkeit besteht darin, die potentiell angsterregendsten und deprimierendsten Gegebenheiten zu Momenten mit einem Sinn werden zu lassen.

Manchmal können einem die unwahrscheinlichsten Umstände dabei helfen. Nehmen wir zum Beispiel die Geschichte von Anna, einer meiner Krebspatientinnen. An ihr konnte man die Auswirkungen der kognitiven Triade gut erkennen. Nach einer jahrelangen Depressionsgeschichte war Anna zu mir gekommen, um sich nach einer Brustkrebsbehandlung neu aufs Leben einstellen zu können. Ihr Befund war nur durch Zufall entdeckt worden, und zur Behandlung waren lediglich ein kleinerer operativer Eingriff und die tägliche Einnahme einer Tablette für die

Dauer von fünf Jahren notwendig. Anna spürte so gut wie keine Nebenwirkungen durch dieses Medikament und brauchte sich zum Glück auch keiner Chemotherapie, Bestrahlung oder radikaleren Operation zu unterziehen. Den günstigsten medizinischen Prognosen zufolge war das Risiko, erneut an Brustkrebs zu erkranken, für Anna gleich null. Trotz alledem konnte sie anscheinend keine Erleichterung empfinden. Anna berichtete mir, dass sie trotz der Früherkennung und relativ harmlosen Behandlung, der sie sich hatte unterziehen müssen, das Gefühl habe, sie würde sterben müssen.

Als wir dieses Problem gemeinsam ergründeten, fanden wir heraus, dass Anna unmittelbar vor ihrem Krebsbefund an einer Depression gelitten und sich sehr schlecht gefühlt hatte. Ihrer eigenen Einschätzung zufolge war sie eine „Sorgentante" und „von Beruf Grüblerin". Sobald einmal die Möglichkeit bestand, dass sie Krebs haben könnte, entwickelte sie sofort die Überzeugung, dass sie sterben müsse, und zwar ganz allein, weit weg von ihren Kindern. Die Angst vor dem Tod beanspruchte ihre ganze Tendenz zur Grübelei und war alles, woran sie noch denken konnte. Das ging wochenlang so, Tag und Nacht. Als der Chirurg ihr die gute Nachricht überbrachte, dass sie im Wesentlichen geheilt sei, konnte sie es einfach nicht glauben. Sie wurde das Gefühl nicht los, dass die Ärzte etwas übersehen hätten. Ihrer Weltsicht zufolge hatte sie immer nur Pech gehabt, was die Diagnose Krebs lediglich bestätigt hatte. Die Tatsache, dass sie dem Tod von der Schippe gesprungen war, hatte für sie keine Bedeutung. Sie hinderte sich selbst daran, wieder ins Leben hinauszugehen oder ihr normales Leben weiterzuführen, weil sie meinte, das sei ohnehin sinnlos; sie könne unmöglich geheilt sein, weil ihr ja nie Gutes widerfahre. Das Ziel in Annas Psychotherapie bestand darin, ihre kognitive Triade aufzulösen, die in der Überzeugung bestand, dass ihr nur negative Dinge zustoßen würden und dass es keine Hoffnung für ihre Zukunft gäbe.

Einer der Schritte zur Auflösung von Annas kognitiver Triade bestand darin, dass wir uns ihrer Tendenz zu Sorge und Grübelei zuwandten. Als Anna ihren Gedankenverlauf auseinanderzunehmen begann, der raffiniert darauf eingestellt war, sich immer nur das Schlimmste vorzustellen, wurde sie sich allmählich auch ihrer Gedanken bewusster und ihrer Gefühle, die den Gedanken wie ein Schatten folgten. Anna fing mit einer regelmäßigen Achtsamkeitspraxis an, und während Monate zwischen unseren Sitzungen vergingen, berichtete sie mir, dass Kummer und Leid einen immer geringeren Platz in ihrem täglichen Leben einnahmen. Sie ertappte sich zwar immer noch von Zeit zu Zeit beim Grübeln, konnte ihren Geist nun aber eher auf Gedanken lenken, die ihr ein positiveres Gefühl vermittelten als das von Kummer und Bedrückung. Ich kann mit Freude berichten, dass es Anna drei Jahre nach ihrem Befund gesundheitlich und, was ebenso wichtig ist, seelisch weiterhin gut geht.

Der Weg ist das Ziel

Eine der schwierigsten Herausforderungen, die Anna angenommen hatte, war, die Art und Weise zu verändern, wie sie auf ihre Ziele zuging. Ebenso wie Anna entschließen sich viele Menschen, die gezwungenermaßen damit konfrontiert werden, wie zerbrechlich unser Leben sein kann, „innezuhalten und an den Rosen zu riechen". Für Anna bedeutete das, den Weg zu ihren Zielen als Gegengewicht zu ihren Sorgen und Gedanken über das Erreichen dieser Ziele auszukosten; mit den Augenblicken des Lebens verbunden zu sein, anstatt nur über diese Augenblicke nachzudenken.

Viele, die von dieser Einstellung hören – nämlich innezuhalten und an den Rosen zu riechen oder den Weg ebenso sehr zu beachten wie das Ziel –, befürchten, sie würden ihren Antrieb verlieren, wenn sie irgendetwas anders machten. Achtsam zu sein und den Weg zu genießen, so meinen sie, müsse bedeuten, dass einem irgendwie auch die Entschlusskraft und die Fähigkeit verloren gingen, sinnvolle Ziele zu verfolgen und zu erreichen. Wie viele andere befürchtete auch Anna, dass ihr Ehrgeiz, etwas zu erreichen, durch eine gesteigerte Achtsamkeit geschmälert werden könnte. Aber Leistung und Genuss sind keine Gegensätze.

Sie funktionieren gemeinsam am besten. Fragen Sie sich selbst: Wenn Sie sich getrieben fühlen, Ihre Ziele zu erreichen, doch elend, wenn Sie sie erreicht haben, haben Sie dann wirklich erreicht, was Sie wollten?

Von der momentanen Stresslinderung einmal abgesehen, hilft Ihnen die Verlagerung Ihrer Aufmerksamkeit von der Vergangenheit und der Zukunft auf die Gegenwart auch, die Mauern des Grübel-Irrgartens einzureißen. Anstatt Ihre mentale und emotionale Energie in die Vergangenheit und die Zukunft zu stecken, können Sie Ihre Bewusstheit für Ihre unmittelbarere Umgebung schärfen. Häufig stecken wir alle viel zu tief in der „Komfortzone" unseres vertrauten Elends, als dass wir die kleinen Freuden wahrnehmen könnten, die uns jeden Tag unverhofft begegnen. Wenn der Geist grübelt, hat er die Gegenwart verlassen. Er grämt sich entweder über die Vergangenheit oder sorgt sich um die Zukunft. Unser Geist geistert im Irrgarten umher. Eine verlässliche Methode, den Geist in den gegenwärtigen Moment zurückzuholen, besteht darin, zum Atem zurückzukehren, die eigene Sitzhaltung zu überprüfen und aus den inneren Reserven zu schöpfen, die man sich im Laufe einer regelmäßigen Achtsamkeitspraxis angeeignet hat.

Schritt für Schritt

Jon Kabat-Zinn, einer der bekanntesten Befürworter der Achtsamkeitsmeditation, verdeutlicht diesen Punkt lebhaft in seinen Gruppenmeditationen (1990). Er lässt die Teilnehmenden gemeinsam Rosinen essen. Aber statt eine Handvoll Rosinen achtlos hinunterzuschlucken, nimmt sich jeder nur eine einzige Rosine und isst diese ganz achtsam. Es ist ein nahezu unglaubliches Gefühl, wenn man mit geschärftem Bewusstsein die ausgeprägte Struktur und den intensiven Geschmack einer einzigen Rosine wahrnimmt. Diese Erfahrung kommt der Geschichte von der kostbaren Erdbeere am Abgrund nach der Flucht vor dem Tiger schon recht nahe.

Bei den meisten Retreats mit Achtsamkeitsmeditation wird auch das achtsame Gehen genutzt, um dadurch die Monotonie des

Sitzens über lange Zeitspannen hinweg zu unterbrechen. Verglichen mit der Art und Weise, wie wir uns normalerweise vorwärtsbewegen, ohne groß darüber nachzudenken, ist es beim achtsamen Gehen beinahe so, als ob wir zum ersten Mal laufen lernten. Wenn wir unsere unmittelbare, im Gegenwärtigen gründende Aufmerksamkeit auf diese Aufgabe richten, stellen wir überrascht fest, wie viele komplizierte Bewegungsabläufe und wie viel Koordination für jeden unserer Schritte erforderlich sind. Sie werden das achtsame Gehen im 7. Kapitel kennenlernen, doch fürs Erste sollten Sie Ihre Praxis im Sitzen aufbauen.

Die Befreiung aus dem Irrgarten des Grübelns geschieht dadurch, dass wir einen Ausgleich finden zwischen der Konzentration auf unsere Ziele und der Achtsamkeit auf dem Weg zu diesen Zielen hin. Mit Hilfe von Achtsamkeit bei ganz normalen, alltäglichen Tätigkeiten kann man den Geist trainieren, so dass er auf beides aufmerksam ist. Anfangs werden Sie womöglich staunen, wie viel Ihnen bisher ganz offensichtlich entgangen ist!

Glück lässt sich am ehesten im gegenwärtigen Augenblick erfahren und nicht dann, wenn man nur davon träumt oder daran zurückdenkt. Schon viel zu lange hat Ihr Denken Sie vom Glücklichsein abgelenkt. Finden Sie von nun an die Freude, die sich in Ihrer unmittelbaren Umgebung finden lässt, angefangen beim Naheliegendsten: Ihrem Atem.

Wenn Sie sich einmal auf den Weg der Achtsamkeit gemacht haben, dann gestaltet Ihre tägliche Praxis einen jeden Schritt auf diesem Weg. Wenn Sie sich bewusster werden, in welchem Zusammenhang Ihr Atem mit Ihren gedanklichen Vorgängen steht, können Sie Ihre Atmung dazu nutzen, sich wieder in den gegenwärtigen Augenblick zurückzubringen. Wenn Sie gerade mit dem Auto irgendwohin fahren, im Zug oder im Bus sitzen oder zu Fuß unterwegs sind, oder wann immer Sie merken, dass sich Ihr Denken wieder im Irrgarten der Grübelei verlaufen hat, dann brauchen Sie bloß einen tiefen Atemzug bis in den Bauch hinunter zu tun und bewusst wahrzunehmen, wie die Atemluft in Ihren Körper herein- und wieder aus ihm hinausströmt. Befestigen Sie Ihr Denken an Ihrem Atem wie an einem Anker, und Ihre Aufmerksamkeit wird wieder in den gegenwärtigen Augenblick gelangen.

Sie können den Kampf um die Kontrolle über Ihren Geist einfach umkehren: Anstatt sich durch das Grübeln ablenken zu lassen, lassen Sie sich durch die Achtsamkeit aus dem Irrgarten des Grübelns herausholen, in dem Ihr Geist so lange gefangen gehalten worden ist. Dazu gibt es viele Möglichkeiten, doch ich habe immer wieder festgestellt, dass der verlässlichste Weg derjenige ist, sich auf die physischen Empfindungen im eigenen Körper zu konzentrieren. Spüren Sie das Steigen und Fallen des Atems in Ihrem Körper. Atmen Sie bis in den Bauch? Geht Ihr Atem frei und ungehindert? Oder stockend und verkrampft? Ist die Luft, die durch Ihre Nase hereinströmt, warm oder kalt? Wie fühlt es sich an, die verbrauchte Luft aus Ihrem Körper zu entlassen und die Lunge tief mit frischer Luft aufzufüllen?

Sich in Augenblicken des Grübelns, der Sorge und des Kummers auf den Atem zu konzentrieren, das kann genau jenen Schub bringen, den Ihr Geist braucht, um sich aus der jämmerlichen Stabilität zu befreien, an die Sie sich leider schon allzu sehr gewöhnt haben. Wenn Sie sich mitten im Teufelskreis des Grübelns mit Ihrem Atem in Verbindung bringen, kehren Sie in die entspannte Verfassung der Achtsamkeitsmeditation zurück – ein weiterer Grund, weshalb Sie zweimal täglich die therapeutisch wirksame Dauer von 15 bis 20 Minuten ausüben und beibehalten sollten. Ein Rückfall in den Irrgarten des Grübelns erschöpft in der Regel Ihren emotionalen Speicher. Die regelmäßige Praxis von Achtsamkeit füllt Ihr „emotionales Konto" wieder auf, so dass Sie, wenn Sie Ihre emotionalen Ressourcen am dringendsten brauchen, genügend „Rücklagen" haben, mit denen Sie sich durch die schwierigen Zeiten bringen können.

Kernpraxis

Die Konzentration auf Ablenkungen

Planen Sie für diese Übung fünf Minuten Zeit ein.

1. Überprüfen Sie Ihre Sitzhaltung. Machen Sie drei tiefe Atemzüge und kommen Sie in der bewussten Wachheit Ihres Geistes zur Ruhe.

2. Kommt ein angenehmes Gefühl auf oder ein Moment der Entspannung, wie ihn die Meditation mit sich bringen kann? Vielleicht merken Sie, dass Sie den Wunsch haben, dieses Gefühl möge lange anhalten. Beobachten Sie das Gefühl.

3. Gelangt noch irgendetwas anderes in Ihr Bewusstsein, etwa das Klingeln des Telefons, ein Geräusch, das jemand macht, oder eine unangenehme Erinnerung oder ein sorgenvoller Gedanke über die Zukunft? Bringen diese Ablenkungen Ihren Geist von jenem wunderbaren Moment weg, in dem Sie sich so entspannt gefühlt haben, und lassen sie leichter Gedanken der Kritik an anderen und an Ihnen selbst aufkommen? Beobachten Sie, was vorgeht.

4. Haben Sie das Gefühl, unruhig oder reizbar zu werden, fühlen Sie sich beim Gedanken, dass Sie anscheinend nie lange genug zufrieden und ausgeglichen bleiben können, hilflos und bedrückt, oder denken Sie, Sie seien nicht zur Meditation fähig, weil Sie so oft in Angst, Sorge und Depression zurückfallen? Beobachten Sie, wie schnell Ihr Geist in die Selbstbeurteilung gleitet.

5. Lassen Sie in sich den tief empfundenen Wunsch nach Liebe und Annahme in Ihrer geistigen Haltung aufkommen.

6. Bringen Sie Ihre Aufmerksamkeit zum Atem zurück. Entspannen Sie Ihre Sitzhaltung und nehmen Sie Ihre vorhergehende Tätigkeit wieder auf.

Ziele und Zufriedenheit

In den letzten Jahren hat es zahlreiche psychologische Studien darüber gegeben, inwiefern das Erreichen von Zielen unsere Stimmung und unsere Gedanken über uns selbst beeinflusst. Diese Studien zeigen zum größten Teil, dass es uns tendenziell glücklicher macht, wenn wir unsere Ziele erreichen, wohingegen die Unfähigkeit, unsere Ziele zu erreichen, eher mit Stress und einem geringeren Selbstwertgefühl in Zusammenhang gebracht wird (di Paula und Campbell 2002).

Der achtsame Weg kann Ihnen helfen, das Ziel von Zufriedenheit und Glück zu erreichen, indem er von Ihren inneren Belastungen den Motor des Grübelns und Sorgens entfernt (Kumar, Feldman und Hayes 2008). Außerdem werden Sie achtsamer, glücklicher und weniger gestresst, wenn Sie in der Lage sind, ausgeglichene Achtsamkeit beizubehalten, sich aktiv Ziele zu setzen und diese zu verfolgen, ohne sich aber darin zu verlieren (Coffey und Hartman 2008). Im folgenden Kapitel werden Sie erfahren, weshalb der Hang zum Perfektionismus bei Menschen, die viel grübeln und sich sorgen, dieser Art der achtsamen Zufriedenheit oftmals in die Quere kommt.

KAPITEL 4

Die Illusion von Perfektion

Eine der Grundlagen der modernen Psychologie ist die Einsicht und das Wissen, dass unsere Gedanken die Basis für unsere Gefühle darstellen und dass unsere Gefühle anschließend unser Verhalten bestimmen. Ihre grundlegendsten Annahmen über die Welt können einen gewaltigen Einfluss auf Ihre Gefühle und auch auf Ihr Verhalten nehmen. Und wie Sie die Folgen Ihres Verhaltens auslegen, das geht in der Regel wiederum in Ihre Grundanschauungen ein. Es ist nicht einfach, diese Grundanschauungen zu verändern; die meisten von uns wählen den leichteren Weg, nämlich Vorstellungen so beizubehalten, wie sie sind, selbst wenn das auf Kosten unseres Wohlbefindens geht. Unsere Gedanken, Gefühle und Verhaltensweisen halten einander in einem stabilen, vorhersehbaren Muster fest. Mit der Zeit kann es dazu kommen, dass der Wirksamkeit dieses Musters mehr Wert beigemessen wird als der Qualität oder Erwünschtheit seiner Auswirkungen. Denken Sie daran: Veränderung erfordert einen gesteigerten Energieaufwand, von daher strebt Ihr Geist nach Stabilität, um sich Energie zu sparen. Nur leider verschwendet Ihr Geist diese Energie anschließend durch Grübelei und inneren Stress.

Perfektionismus und Unzulänglichkeit

Bei vielen Menschen mit dem übermäßigen Hang zu Grübelei und Kopfzerbrechen führt die tief sitzende Überzeugung, sie seien irgendwie unzulänglich, zu einem unbarmherzigen Drang nach Perfektion. Dieser könnte zwar als Wille zur Selbstvervollkommnung ausgelegt werden, wird aber in Wirklichkeit eher als Strafe denn als Belohnung empfunden. Trotz allem, was Sie bisher erreicht haben, denken Sie vielleicht eher darüber nach, dass Sie bei einer Aufgabe oder in einem Gespräch versagt haben, oder sorgen sich gar schon wegen etwas, was Sie noch gar nicht angestellt haben. Die Ironie ist, dass der Stress, den Sie in bestimmten Situationen und im Umgang mit anderen Menschen verspüren, durch all diese Grübeleien nur noch verstärkt wird. Anstatt Ihr Verhalten zu korrigieren, neigen Sie eher dazu, lediglich Kritik an sich selbst zu üben.

Der Drang nach Perfektion ist vielen gemeinsam, die im Irrgarten des Grübelns feststecken (Harris, Pepper und Maack 2008). Das, was „perfekt sein" jeweils bedeutet, kann sich von Mensch zu Mensch und von Situation zu Situation unterscheiden. So haben Sie in der Schule vielleicht jemanden gekannt, der in jeder Prüfung unbedingt eine 1 haben musste. Jede andere Note war enttäuschend, denn sie reichte nicht – es war eben kein perfektes Ergebnis. Vielleicht waren sogar Sie selbst dieser Jemand.

Außer im Wunsch nach perfekten Schulnoten kann sich Perfektionismus noch in vielen anderen Formen in Ihrem Leben äußern. So fällt Ihnen eventuell sofort ein schwieriges Gespräch oder ein Ereignis ein, von dem Sie sich ein anderes – ein perfekteres – Ergebnis erhofft hätten. Es mag zwar so scheinen, als seien die Erwartungen, die Sie an zwischenmenschliche Begegnungen und Erfolge stellen, ganz andere als Ihre Ansprüche an eine perfekte Schulnote, aber höchstwahrscheinlich liegt auch hier die Messlatte, die Sie an einen Erfolg anlegen, viel zu hoch. Eine der augenfälligsten negativen Begleiterscheinungen des Perfektionismus ist die Tatsache, dass Sie bei Ihrem Streben nach dem, was Ihnen besser und perfekter erscheint, ganz die guten Aspekte dessen übersehen, was direkt vor Ihnen liegt.

Perfektion bedeutet nicht nur Fehlerlosigkeit. Perfektion kann auch bedeuten, dass Sie eine zu enge Definition dessen haben, was als sinnvoll oder annehmbar gelten kann, und dass Sie Wert an sich mit allzu spezifischen Maßstäben messen. Ihr Selbstwertgefühl, der Stellenwert anderer, Ihre Beziehungen und Ihre Ziele sind allesamt davon abhängig, ob Ihre Erwartungen erfüllt werden, und wenn ja, ob sie auch auf die richtige Art und Weise erfüllt werden. Der Preis, den Sie für diese starren Einschränkungen bezahlen, besteht nicht nur in verpassten Gelegenheiten, Erfüllung zu empfinden, sondern auch in dem Versäumnis, Erfüllung anders zu definieren – zum Beispiel als diejenigen Leistungen, Beziehungen und Ziele, die in Ihrem Leben bereits Bestand haben.

Der perfekte Narr

In Vorder- und Zentralasien erzählt man sich viele beliebte Geschichten über einen Wanderlehrer namens Mullah Nasruddin. In einer dieser Geschichten geht es darum, dass Nasruddin eines Abends von einem Nachbarn dabei angetroffen wird, wie er unter einer Laterne auf der Straße auf den Boden starrt.

„Was machst du denn da, Nasruddin?", fragt der Nachbar.

„Ich habe meinen Schlüssel vor meiner Haustür verloren, deshalb suche ich ihn jetzt", antwortet Nasruddin.

„Aber wenn du deinen Schlüssel doch vor deiner Haustür verloren hast, weshalb suchst du ihn dann hier?", fragt der verblüffte Nachbar.

„Vor meiner Haustür war es so dunkel, deshalb habe ich beschlossen, lieber hier zu suchen, wo es heller ist", lautet die Antwort.

So wie Nasruddin suchen auch wir oftmals nicht dort nach dem Glück, wo wir eigentlich suchen müssten. Wir meinen, wir müssten erst an einen besseren Ort gehen, an einen helleren oder einfacheren Fleck, ehe das Leben uns die Erlaubnis gibt, glücklich zu sein. Doch das ist nicht der Fall; wir müssen das Glück suchen, wo es ist, manchmal in der Dunkelheit, wo es schwerer zu finden ist. Nasruddin könnte Stunden unter der Laterne verbringen; nur weil man dort besser sehen kann, heißt das nicht, dass er dort auch seinen Schlüssel finden wird. Auch Sie sagen sich vielleicht manchmal: „Wenn nur dieses oder jenes geschehen würde, *dann* wäre ich glücklich", oder „Wenn dieses Problem endlich weg ist, *dann* wird es mir besser gehen." Unsere Gesellschaft will uns sogar weismachen, dass wir glücklicher wären, „*wenn* ich nur dieses oder jenes besitzen würde".

Wie Sie Ablenkungen für Ihre Praxis nutzen können

Auf dem Weg der Achtsamkeit ist das Glück nicht-bedingt. Man braucht nicht erst auf die richtigen Umstände zu warten oder nach Straßenlaternen Ausschau zu halten. Glück beginnt in jedem Augenblick, genau da, wo wir gerade sitzen, stehen, gehen oder liegen. Die Achtsamkeitspraxis lehrt uns die manchmal schwierige Lektion, dass jeder Moment ein sehr viel glücklicherer sein kann, wenn wir uns einmal auf das Potential einlassen, das in jedem Augenblick steckt. Und was lassen wir dabei los? Den jahrelangen ungesunden Starrsinn, der uns dazu gebracht hat, mehr Bedingungen zu stellen und weniger glücklich zu sein, als wir es eigentlich wollten.

Kernpraxis

Ihre Reaktionen beobachten

Ich mache diese Übung immer wieder gerne, weil sie ungemein nutzbringend ist und den Eckstein für die Achtsamkeitspraxis darstellt.

Was lenkt Sie ab, wenn Sie Ihren Atem beobachten und beim Ausatmen zählen? Das Telefon? Der Lärm der Stadt? Ihr Nachbar oder Ihre Kinder? Gedanken in Ihrem eigenen Kopf?

Achten Sie ganz bewusst auf Ihre Reaktionen. Sind Sie irritiert? Sind Sie genervt? Sind Sie immer noch ganz ruhig?

Achten Sie darauf, wie Sie die Ablenkungen für sich beschreiben. Dabei gibt es keine Bewertung. Es gibt keine „richtige Antwort“, nur Beobachtung. Geben Sie ein Urteil über Geräusche ab? Über Menschen? Über Empfindungen? Wünscht sich Ihr Geist zum Beispiel Ruhe und wird verärgert, wenn Geräusche auftreten?

Vervollständigen Sie diesen Satz, wenn ein Geräusch, ein Gedanke oder eine Empfindung Sie ablenkt: „Ich fühle (mich) …“

Kehren Sie nach fünf Minuten zu Ihren Alltagstätigkeiten zurück. Versuchen Sie weiterhin zu beobachten, wie Sie Ablenkungen beschreiben. Denken Sie daran: nicht beurteilen, bloß beschreiben.

Perfekte Ablenkungen

Das wahre Wunder der Achtsamkeit geschieht für mich besonders dort, wo Ablenkungen genutzt werden, um den Geist in Achtsamkeit zu schulen. In vielerlei Hinsicht führen Ablenkungen unser Bewusstsein wieder zur Achtsamkeit zurück. Man kann nämlich erkennen, wie präsent man war, sobald man merkt, wie sehr man abgeschweift ist. Diese Ablenkungen sind wie Geschenkpapier, in das das Geschenk der Achtsamkeit eingewickelt ist.

In vielen buddhistischen Traditionen wird die Zeitspanne einer Meditationssitzung durch Glocken- oder Trommelschläge angezeigt. Der durchdringende Klang einer Meditationsglocke, die einen einzigen Ton erzeugt, erhöht oftmals die Achtsamkeit einer Meditationssitzung. Bei diesen Traditionen wird eine Ablenkung in die Praxis einbezogen. Dadurch wird der Geist aufnahmebereiter und kann bedingungsloser annehmen, was ist, während er die Absicht der Achtsamkeitspraxis beibehält.

Sie selbst stellen vielleicht fest, dass die Ablenkungen während Ihrer eigenen Achtsamkeitspraxis weniger im Klang von Meditationsglocken, sondern vielmehr aus belastenden Gedanken bestehen. So machen Sie sich vielleicht beispielsweise viele Gedanken über ein Gespräch, von dem Sie wünschten, es wäre anders verlaufen, oder Sie machen sich Sorgen über eine noch bevorstehende Unterredung. Vielleicht verbringen Sie so viel Zeit mit derartigen Grübeleien über den Umgang mit anderen, dass Sie aus keinem ersichtlichen oder rationalen Grund unsicher sind, wenn Sie mit anderen Menschen zu tun haben. Wenn Sie Verlauf oder Inhalt einer Unterhaltung bereuen, übersehen Sie womöglich das Potential für Glück, das darin steckt. Diejenigen Teile des Gesprächs, die gut gelaufen sind, schrumpfen im Vergleich zu den vermeintlich großen und blöden Fehlern, an denen sich Ihr Denken festmacht. Dasselbe geschieht wahrscheinlich andauernd auch in anderen Bereichen Ihres Lebens. Doch Ihre Energie wird fehlgeleitet, wenn Sie über die Unvollkommenheit bestimmter Teile Ihres Lebens nachsinnen, anstatt jene Formen des Glücks auszukosten, die vermutlich näher liegen, als Sie glauben.

Kernpraxis

Unterwegs

Überlegen Sie, was geschieht, wenn Sie Auto fahren, im Bus sitzen oder zu Fuß irgendwohin gehen. Denken Sie darüber nach, wie viel Zeit Sie in Gedanken verloren, grübelnd, sorgenvoll oder im stillen Selbstgespräch verbringen. Wie wäre es, wenn Sie bestimmte Dinge in Ihrer Alltagsroutine dazu nutzen würden, um sich an die Achtsamkeit zu erinnern? Eine rote Ampel, ein Stoppschild, ein Zebrastreifen – all das kann als Meditationsglocke zur Achtsamkeit dienen und Sie daran erinnern, auf Ihren Atem zu achten und auf die Entscheidung, innerlich glücklich zu sein. Was steht dem im Weg? Ist es Ihr Glück wert?

Rote Ampeln, Verkehrsstaus und häusliche Pflichten

Viele meiner Patienten und auch ich selbst finden die folgende Übung sehr hilfreich. Ich verbringe auf meinen Fahrten durch Südflorida viel Zeit im Auto. Wenn der Verkehr wieder einmal zum Stehen kommt, wie es hier häufig der Fall ist, kehre ich zum Bewusstsein meines Atems zurück. Dabei wird mir dann bewusst, wohin mein Geist abgeschweift ist und was mein Körper in der Zwischenzeit getan hat. Ich bin fast immer verblüfft darüber, in welchem Maße ich über alles Mögliche nachgedacht habe und wie sehr ich „auf Autopilot" gefahren bin. Wenn ich dann an einer Ampel warten muss, achte ich auf meinen Atem, auf alle Details der vor mir liegenden Szenerie und auf die Wolken, die über unseren Tropenhimmel dahinziehen. Es erfordert zwar ein bisschen Mühe, an diese Übung zu denken, aber sie kann als eine verstärkende Meditationssitzung dienen, die nur so lange dauert wie die rote Ampelphase. In der Regel sorgen mein Wunsch, an meinen Zielort zu gelangen, und das automatische Reagieren auf den Verkehrsfluss nicht gerade dafür, dass ich zur Achtsamkeit zurückkehre, sondern ich muss eine bewusste Entscheidung dazu treffen. Probieren Sie diese Übung selbst einmal aus, wenn Sie das nächste Mal zur Arbeit oder zum Einkaufen gehen oder fahren und wegen einer Ampel oder einer anderen Unterbrechung warten müssen. Sind Sie für Ihre Umgebung und die darin verborgene alltägliche Schönheit so präsent, wie Sie es gerne wären? Ich selbst staune oft beim Anblick herrlicher Sonnenuntergänge, vorbeiziehender Vögel oder im leichten Wind schwankender Palmen, der mir unter anderen Umständen beinahe entgangen wäre, weil ich so in Gedanken versunken war. Unser Geist verfällt sehr schnell ins Grübeln, wenn wir irgendwohin unterwegs sind, und auch, während wir Routineaufgaben erledigen.

Sie können eine weitere Achtsamkeitsübung anwenden, wenn Sie gerade dabei sind, jene immer wieder gleichen oder „geistlosen" Tätigkeiten durchzuführen, die Sie auch blind ausführen könnten und gewöhnlich so schnell wie möglich hinter sich bringen möchten – etwa Abwaschen, Baden der Kinder, Laubrechen, Rasieren und Duschen. Man kann bei all diesen einfachen, alltäglichen Aufgaben, die wir in der Regel als selbstverständlich betrachten, Achtsamkeit üben.

Versuchen Sie das, was Sie gerade erfahren, mit allen Sinnen bewusst wahrzunehmen. Nehmen wir einmal das Geschirrspülen. Versuchen Sie, wenn Sie das nächste Mal diese häusliche Pflicht erledigen, auf allen Sinnesebenen wahrzunehmen, was Ihr Körper empfindet. Beginnen Sie mit den Einzelheiten, die unmittelbar mit der vorliegenden Tätigkeit zu tun haben: Was empfinden Ihre Hände? Ist das Wasser kalt oder heiß? Läuft das Wasser gleichmäßig aus dem Hahn oder spritzt es im Spülbecken? Ist der Teller, den Sie gerade abspülen, noch fettig und glänzend, kleben Essenreste daran fest, ist er glitschig durch das Spülmittel? Ist er schon sauber? Achten Sie auf das Gefühl des Wassers und des Spülmittels auf Ihrer Haut. Welche Geräusche und Gerüche nehmen Sie beim Geschirrspülen wahr? Welchen der Grundsinne – Sehen, Tasten, Hören, Riechen und Schmecken – können Sie beim Spülen genießen? Dann können Sie zu weiteren Ebenen körperlicher Wahrnehmung übergehen: In welchem Rhythmus geht Ihr Atem? Wie ist Ihre Haltung? Liegt auf dem einen Fuß mehr Gewicht als auf dem anderen? Können Sie Ihr Gewicht gleichmäßiger verteilen? Haben Sie die Schultern hochgezogen und angespannt? Können Sie sie fallen lassen, während Sie mit der Arbeit weitermachen? Ist Ihr Unterkiefer angespannt oder locker?

Sie können auch beobachten, was in Ihrem Geist vor sich geht und wie sich diese Vorgänge zu den körperlichen Vorgängen verhalten: Falls Ihre Gedanken umherschweifen, zu welchen Themen schweifen sie? Verändern sich Ihre Atmung oder Ihre Haltung in Reaktion auf das Thema, mit dem Sie gedanklich beschäftigt sind? Verändern sie sich erneut, wenn Ihre Aufmerksamkeit zur Wahrnehmung von Wasser und Geschirr zurückkehrt? Durch diese Übung können Tätigkeiten, die normalerweise „geistlos“ sind, zu einer Gelegenheit werden, bewusst zu spüren, wie sich Ihr Körper anfühlt, welche Sinne die vorliegende Tätigkeit beansprucht, zu welchen Themen Ihre Gedanken schweifen, welche Gefühle diese

Themen bei Ihnen hervorrufen und inwiefern die Tätigkeit selbst eine gewisse Form von Freude bereiten kann.

Mit Hilfe von Übungen wie den beiden soeben beschriebenen können Sie Ihren Geist trainieren, aus dem Irrgarten des Grübelns herauszufinden und sich auf die Ruhe des Hier und Jetzt zu konzentrieren, die dem Fluss des Atems und all den grundlegenden Sinnen Ihres Körpers folgt. Durch diese Übungen lernen Sie auch, Bewusstheit und Freude inmitten der vermeintlich trivialsten Alltagssituationen zu finden, anstatt auf irgendwelche idealen Bedingungen zu warten. Nur allzu oft verlieren wir uns in Gedanken und bewegen uns innerlich von einem Thema zum nächsten, auf der Suche nach einem ganz bestimmten Objekt der Schönheit, der Freude und des Glücks, bis wir schließlich ganz den Kontakt mit den gegenwärtigen Umständen unseres Körpers verloren haben. Aber oftmals bieten uns diese gegenwärtigen Umstände eine andere Schönheit, eine andere Freude und ein anderes Glück, welche wir unmittelbar hier und jetzt, in der Gegenwart, genießen können, wenn wir die mentale Präsenz dazu besitzen.

Wie ist Ihr Geist nur so geworden?

Ob Sie es glauben oder nicht, es gab eine Zeit in Ihrem Leben, als Sie noch nicht dem Grübeln verfallen waren. Vielleicht erinnern Sie sich nicht mehr daran, doch an einem bestimmten Punkt haben Sie erst gelernt, Ihren Geist so zu benutzen, wie Sie es jetzt tun. Niemand wird grübelnd geboren; wir müssen zuerst Wörter erlernen und dann zur Sprache zusammensetzen, um auch nur damit anzufangen, zusammenhängende Gedanken zu entwickeln. Das ist der Grund, warum sehr kleine Kinder offensichtlich zu großer Aufmerksamkeit fähig sind, wenn sie mit Knete, Farben oder Spielsachen beschäftigt sind. Sie scheinen für die vorliegende Tätigkeit vollkommen präsent zu sein und alles andere zu vergessen.

An irgendeinem Punkt in Ihrem Leben haben Sie sich wegen irgendetwas unzulänglich gefühlt und dieses Gefühl verallgemeinert, so dass es von nun an nicht nur einen entscheidenden Teil Ihrer Persönlichkeit definiert hat, sondern auch das, was zu leisten Sie imstande sind. Sie haben gelernt, das Erreichen hoher Standards – die Sie sich selbst gesetzt haben oder die Ihnen gesetzt worden sind – als einzigen Maßstab für Ihr Selbstwertgefühl zu nehmen. Wenn genau diese hohen Standards erreicht werden, dann ist bei Ihnen alles in Ordnung, zumindest für den Moment. Wenn Sie jedoch „versagt" haben und die angestrebte Perfektion nicht erreichen, dann bricht in Ihrem Geist ein Sturm von Selbstbeschimpfung, Kritik und Unruhe los, der Sie wieder in den Irrgarten des Grübelns, Zweifelns und des Verdrusses hineintreibt. Sie setzen sich vielleicht Ihre hohen Standards in der Absicht, diesen Sturm zur Ruhe zu bringen, aber stattdessen ist es dieser Sturm, der zur Stimme Ihres Geistes geworden ist. Ihre Angst vor der eigenen Unzulänglichkeit ist die treibende Kraft, die hinter Ihrer Suche nach dem perfekten, sinnvollen Augenblick steckt. Wenn Sie mit dieser Suche beschäftigt sind, verpassen Sie viele andere Gelegenheiten, Ihren eigenen Wert zu erfahren, und viele andere Möglichkeiten, Sinn herzustellen und Zufriedenheit zu erlangen.

Das perfekte Essen

In meiner Praxis der Psychotherapie von Menschen, die gerade gegen Krebs behandelt werden, bin ich oft erstaunt über die Fähigkeit von Patienten, die die schlimmste Zeit ihres Lebens durchmachen, während der Monate mit verstörenden Operationen, Chemotherapie und Bestrahlung den Silberstreif am Horizont zu entdecken. Es vermittelt unsagbar tiefe Demut, wenn man Menschen gegenübersitzt, die in der ersten Sitzung noch gesund aussahen, und Woche für Woche mit ansehen muss, wie sie immer kränker werden, wie sie ihr Haar und ihre Energie verlieren, und sie dennoch sagen zu hören, sie hätten inmitten dieser Erfahrung unglaubliche Momente und kraftvolle Gefühle erlebt, die sie hoffentlich nie vergessen würden. Bei vielen dieser Menschen, die gegen den Krebs kämpfen, herrscht ein Gefühl von intensiver Präsenz in Alltagstätigkeiten, die sie zuvor noch nie bewusst erlebt hatten. In ihrer Krankheit sind sie, oftmals zum ersten Mal in ihrem Leben, in der Lage, voll und ganz für ihre Erfahrung in zwischenmenschlichen Beziehungen und alltäglichen Dingen da zu sein – eine Bewusstheit, die sie in gesundem Zustand nicht erfahren haben. Kurz gesagt, für viele Menschen bietet eine Krankheit einen Crashkurs in Achtsamkeit.

Henry

Henry verdeutlicht uns diesen Weg. Als ich ihn kennenlernte, war bei dem 42-jährigen verheirateten Vater eines 12-jährigen Sohnes kürzlich Krebs im Kopf- und Halsbereich festgestellt worden, so dass er sich einer Operation, einer Chemotherapie und Bestrahlung unterziehen musste. Da seine Speiseröhre bei dieser Behandlung vorübergehend geschädigt sein würde, musste man ihm eine Magensonde einsetzen, denn er würde viele Monate lang nicht richtig schlucken können. Henry hatte vorher bereits Achtsamkeitsmeditation erlernt und begann mit einer täglichen Praxis, um dadurch besser mit seiner Behandlung zurechtzukommen. Seiner Meinung nach hatte er keine andere Wahl, als den besten und positivsten Weg durch die Härte zu finden, die ihm das Leben gegen seinen Willen beschert hatte.

Henry hatte in seinem Leben immer großen Wert auf gesunde Ernährung gelegt und auch gerne für seine Familie gekocht. Er war japanisch-amerikanischer Herkunft und besaß eine wahre Schatzkammer an traditionellen Familienrezepten. Unglücklicherweise war das Kochen jedoch für Henry mit ziemlichem Stress verbunden; er war zwar ein guter Koch, aber in seinen Worten „immer nur so gut wie das Rezept". Wenn ihm eine Mahlzeit nicht perfekt gelang, war er für den Rest des Abends ziemlich reizbar. Auch für Henrys Frau war sein Kochen aus diesem Grunde eine stressige Erfahrung. Es war fast, als sei die Zeit, die sie gemeinsam verbrachten, ebenfalls nur so gut wie das Rezept, das Henry befolgte, sowie der Grad an Perfektion, den er bei der Zubereitung der Mahlzeiten erreichte. Das „perfekte Essen" war der Angelpunkt, um den sich Henrys Geisteszustand an diesen Abenden drehte, und es verlangte der Qualität des Familienlebens einen hohen Preis ab.

Während seiner Behandlung versuchte Henry, weiterhin so oft wie möglich zu kochen, konnte aber nicht mitessen. Eine geschmacklose, dicke Flüssigkeit, die zu den Essenszeiten in seine Sonde eingefüllt wurde, bildete seine ganze Ernährung. Kurz nach dem Abschluss seiner Bestrahlung und Chemotherapie teilte mir Henry eine bemerkenswerte Wahrnehmung mit. Beim Kochen hatte er bemerkt, dass sein Geruchssinn ungeheuer empfindsam geworden war, doch nicht so, wie es viele Krebspatienten bei der Behandlung empfinden, belastend und manchmal Übelkeit erregend. Vielmehr war es bei ihm eine erhöhte Wahrnehmung jeder Zutat, die er verwendete, und ein Gespür dafür, was sie in seinem Körper für ein Gefühl auslösen würde. Noch nie zuvor hatte er so etwas wahrgenommen. Deshalb tat er etwas, was noch vor ein paar Monaten undenkbar gewesen wäre: Er legte sein Kochbuch beiseite und begann zu improvisieren. Obwohl er nicht essen oder den Geschmack des Essens voll erfassen konnte, bereitete es ihm Vergnügen, es zuzubereiten. Zum ersten Mal seit Langem konnte Henry den Vorgang des Kochens genießen, anstatt sich über das perfekte Ergebnis den Kopf zu zerbrechen.

Henry kocht weiterhin gerne. Anstatt es als einen anstrengenden Test zu betrachten, wie gut er ein Rezept nachkochen kann, empfindet er das Kochen jetzt als kreative Entfaltung. Vielleicht weil er so viele Monate lang keine feste Nahrung zu sich nehmen durfte, berichtet Henry heute von einer neuen Wertschätzung für die Geschmacksrichtungen, die Struktur und die Wahrnehmungen, die er mit dem Essen assoziiert. Er hat auch wieder angefangen, sich gesund und bewusst zu ernähren, und merkt eher, wie er isst und wie sich sein Körper dadurch fühlt. Was vielleicht das Erstaunlichste daran ist: Henry berichtet auch, dass er diese erhöhte Wahrnehmung in Bezug auf die Essensaufnahme und –zubereitung auf andere Bereiche seines Lebens übertragen kann. Er hat festgestellt, dass er eine größere Kapazität zur Achtsamkeit und eine neue Wertschätzung für viele Dinge in seinem Leben besitzt, die er vorher für selbstverständlich hielt oder über die er sich sehr geärgert hat. Er meint, dass sein Bedürfnis nach Perfektion bei der Erreichung seiner Ziele nun durch mehr Freude auf dem Weg dorthin ausgeglichen wird. Das perfekte Essen ist jenes, wofür er präsent ist, egal, wie gut es gelungen sein mag.

Freude im Gleichgewicht

Es war Henry selbst nicht ganz klar, wieso sich sein Perfektionsdrang hauptsächlich in der Küche äußerte. Einerseits reichte es für ihn ja auch aus, dass er sich dieser Tatsache bewusst wurde, um zu einem besseren, freudevolleren Lebensgefühl zu finden, ohne erst ergründen zu müssen, woher sein Perfektionismus rührte. Andererseits erinnerte sich Henry, dass bereits die Atmosphäre im Zuhause seiner Kindertage von Perfektionismus bestimmt gewesen war. Seine Eltern hatten bestimmte unbeugsame Prinzipien, die Henry und seine Geschwister übernahmen und nie infrage stellten. Die Kinder wussten meistens, was von ihnen erwartet wurde, ohne dass ihre Eltern es ihnen besonders erklären mussten. Eine bloße „1“ ohne Plus war in diesem Hause nicht gut genug; es musste die allerbeste Note sein.

In vielen Familien können die Anforderungen der Eltern, der Geschwister oder der Freunde die Grundlage für eine Anpassung an rigide Normen legen, bei denen die persönliche Leistung höher gewertet wird als Freude und Glück. Das, was in einer solchen Atmosphäre fehlt, ist ein Gleichgewicht zwischen Freude und Leistung. Wenn man am eigenen Perfektionismus arbeiten möchte, so bedeutet das nicht, dass man seine Ziele oder hochgesteckten Standards aufgeben müsste. Die Entscheidung, die Bürde des Perfektionismus zu lindern, sollte nie damit verwechselt werden, dass man den Antrieb verliert, nach Hohem zu streben, oder dass man große Leistungen nicht mehr entsprechend würdigt. Um das Beispiel von Henry heranzuziehen: Er hat nicht etwa damit angefangen, absichtlich schlechtere Mahlzeiten zuzubereiten, er hat vielmehr einen anderen, erfreulicheren Weg zu kochen gefunden, und eine neue Möglichkeit, das Resultat zu bewerten. Mit anderen Worten, er hat ein neues Gleichgewicht zwischen Achtsamkeit, Freude und Leistung gefunden, das es in seinem Leben vorher nicht gab.

Der Schlüssel zum Gleichgewicht zwischen den eigenen Zielen und dem Glück liegt darin, den Weg zur Erreichung der Ziele genauso wertzuschätzen wie die erreichten Ziele selbst. Für die meisten ist es ein grundsätzliches Ziel, gesunde Beziehungen zu anderen Menschen zu haben – seien es Familie, Freunde oder Kollegen. Die meisten von uns leiten das Gefühl, erfolgreich zu sein, von unseren Beziehungen und von unseren Leistungen im Zusammenhang mit unseren Beziehungen ab. Wir möchten andere glücklich machen, und wir möchten, dass andere uns glücklich machen. Wenn wir meinen, dass unsere Beziehungen gut funktionieren und wir unsere Ziele erreichen, dann sind wir zufrieden mit uns selbst. Das Gefühl, dass unsere Beziehungen nicht befriedigend sind oder dass wir unsere Ziele nicht so erreichen können, wie wir es gerne hätten, bringt hingegen Anspannung und Stress, was wiederum zur Entwicklung eines mangelhaften Selbstwertgefühls führen kann.

Unser Selbstwertgefühl und unsere Ziele

In unserer Vorstellung hängt unser Gefühl, erfolgreich und wertvoll zu sein, davon ab, dass wir unsere Ziele erreichen – Ziele, von denen wir uns vorher oft nicht sicher sind, ob wir sie auch erreichen werden. Wenn wir Erfolg haben, können wir mit uns zufrieden sein, und alles ist gut. Doch das Gefühl, etwas erreicht zu haben, scheint ziemlich schnell wieder zu verfliegen. Unser Augenmerk richtet sich nun wieder eher darauf, was wir als unsere Fehler und Misserfolge betrachten, als darauf, was wir erreicht und geleistet haben. Anstatt es zuzulassen, dass unser Selbstvertrauen und Selbstwertgefühl auf dem Weg zu neuen Zielen durch unsere Gefühle gefördert werden, ist es fast so, als seien unsere vergangenen Erfolge nie gewesen, und wir fangen unter Zweifeln und Ängsten wieder von vorne an.

Unser Blick auf uns selbst ist so verzerrt, dass unsere Fehler vergrößert erscheinen. Wir kehren automatisch zu dem Gedanken zurück, wir seien unzulänglich, peinlich oder nicht perfekt genug. Wir müssen unser Ziel auf einem ganz bestimmten Weg erreichen, um uns selbst das Gegenteil zu beweisen. Die Befriedigung durch den Erfolg ist nicht genug und kann durch die beiläufigen Bemerkungen eines anderen oder durch die Leistung eines anderen schnell wieder geschmälert werden. Unsere Gedanken werden zur Selbstkritik und zur Kritik an anderen, bis der nächste flüchtige Schub an Selbstvertrauen kommt. Die zugrunde liegende Annahme – dass wir Versager sind, solange wir uns nicht als das Gegenteil erweisen – kann uns sogar in eine Depression hineinführen, trotz anderweitiger erfolgreicher Ziele und Interaktionen.

Wenn Sie Ihre Ziele nicht erreichen, wachsen Ihre Gefühle von Wertlosigkeit oder Inkompetenz nur allzu rasch an. Das Gefühl von Unzulänglichkeit oder Scham mag Ihnen recht vertraut erscheinen, weil in Ihren Gedanken eher die scheinbare Unfähigkeit, etwas richtig zu machen, einen Widerhall findet als Ihre positiven Fähigkeiten.

Die Ironie ist, dass man sich besser mit anderen versteht und die eigenen Ziele eher erreicht, wenn man mit sich selbst zufrieden ist. Wenn man mit sich selbst im Unreinen ist, fällt anderen der Umgang mit einem schwerer und es ist weniger wahrscheinlich, dass man seine Ziele erreicht. Die Einstellung zu sich selbst hat viel mit dem zu tun, was für einen selbst erreichbar erscheint, und was erreichbar ist, das scheint wiederum viel mit der Einstellung zu sich selbst zu tun zu haben.

Sie stellen vielleicht fest, dass Sie oft sehr kritisch über sich selbst urteilen. Und Sie stellen vielleicht fest, dass das, was Sie zu sich sagen, und der Ton, in dem Sie es sagen – Ihr innerer Dialog – grob und bissig ist. Wir alle spielen aktiv eine Rolle bei der Verstärkung unserer grundlegenden Annahmen über uns selbst in unserem Leben, und in unserem Geist läuft ein ständiger Kommentar, der unsere Annahmen aufbaut und verstärkt. Auf dem achtsamen Weg können Sie lernen, Ihren inneren Kommentar so ablaufen zu lassen, dass er Ihnen inneren Frieden bringt anstelle der Belastung, die Ihnen Ihr Geist gegenwärtig liefert.

Perfektionismus ist nicht perfekt

All unsere Sorgen und Grübeleien sind der Versuch unseres Geistes, mit dem Stress fertig zu werden, der daher rührt, dass sich die Dinge nicht genau so entwickeln, oder potentiell nicht genau so entwickeln, wie wir es gerne hätten. Es ist nicht verkehrt, hohe Maßstäbe zu haben; in gewissem Sinne hat der Perfektionismus auch seine Vorteile. Er ist nicht nur schlecht. Wenn Sie klären, welche Rolle der Perfektionismus in Ihrem Leben spielt, braucht das nicht unbedingt zu einer Einschränkung Ihrer Motivation zu führen oder zum Verlust Ihres Antriebs, Herausragendes leisten zu wollen. Es sollte vielmehr einhergehen mit einer verstärkten Wertschätzung der Ausgeglichenheit – d. h., den Weg ebenso sehr zu schätzen wie das Ziel. Das Streben nach Leistung und Erfolg kann dann mehr Freude und Zufriedenheit mit sich bringen und weniger Stress, Scham und Furcht.

Der voreingenommene Erzähler

Wenn man mit einer Achtsamkeitspraxis anfängt, hört man dem Kommentar zu, der im eigenen Geist abläuft, und wird sich der Stimme des Erzählers bewusst. Das ist die Stimme in unserem Kopf, die wir alle besitzen und die uns von unseren eigenen Gedanken und Gefühlen erzählt. Die meisten nehmen diese Stimme als selbstverständlich hin. Wir führen ihre Anweisungen blindlings aus und verwechseln den Erzähler manchmal mit uns selbst. Häufig bringt uns der Erzähler dazu, etwas Vertrautes und Angestammtes zu tun, das aber letztendlich zu unserer Unzufriedenheit, unserem Kummer und unserem Elend beiträgt. Der Erzähler erzählt die Geschichte unseres Lebens, doch von einer voreingenommenen Perspektive aus, die weiterzugeben ihm beigebracht worden ist; einer Perspektive, die vertraut erscheint, aber nicht immer ganz richtig liegt.

In einer bekannten buddhistischen Geschichte (Udāna 6.4) geht es um eine Gruppe von Blindgeborenen, die gebeten werden, einen Elefanten zu beschreiben. Der Erste ertastet den Rüssel des Elefanten und stellt überzeugt fest, dass ein Elefant ein langes, schlangenartiges Tier sei. Der Nächste befühlt ein Bein des Elefanten und behauptet, dass der Elefant wahrlich wie eine mächtige Säule sei. Eine weitere Person ertastet den Rumpf des Elefanten und berichtet, das Tier gliche einer Wand. Wieder ein anderer, der den Schwanz berührt hat, behauptet, der Elefant sei wie eine kleine, struppige Schlange. Sie alle haben recht mit dem, was sie spüren, aber unrecht mit dem, was das zu bedeuten hat. Der Erzähler in unserem Inneren ist ähnlich blind wie diese Menschen; er berichtet, was er in unserem Leben vorgehen sieht, aber er gründet seinen unablässigen Kommentar ausschließlich auf einen ganz kleinen Teil dessen, wer wir selbst sind – auf den einzigen Teil, den zu beachten ihm beigebracht worden ist.

Während meiner Arbeit als Psychologe habe ich festgestellt, dass Menschen, die viel über ihre Ängste und Sorgen nachgrübeln, häufig einen harten, kritischen Erzähler in ihrem Inneren haben. Der Erzähler benutzt immer den gleichen Tonfall, egal, auf wen er sich bezieht. Vielleicht ist auch Ihnen diese innere Stimme vertraut, die Kritik an Ihnen selbst ebenso deutlich zum Ausdruck bringt wie die Kritik an anderen Menschen. Sie sind nicht nur fähig, bei Ihren eigenen Fehlern zu verweilen, sondern Sie können ebenso rasch die Fehler und Schwächen anderer aufdecken. So wie Sie mehr Energie in Ihre eigenen Verfehlungen stecken als in Ihre Errungenschaften, gewichten Sie womöglich auch die Fehler der anderen stärker als die Freude oder den Sinn, die das Zusammensein mit ihnen bringen kann.

Ehe Sie nun anfangen zu glauben, es sei noch etwas Zusätzliches faul an Ihnen, sollten Sie daran denken, dass wir alle dazu neigen, unseren inneren Erzähler eine einzige Perspektive einnehmen zu lassen und unsere Vorstellungen von uns selbst, von anderen und von unserer Welt ganz allein auf diese Perspektive zu gründen. Der Unterschied liegt darin, dass manche inneren Erzähler den Geist in Richtung Glück führen können, während andere Stress und Kummer fördern, indem sie die negativen Gedanken durch Grübelei und Sorge verstärken. Der verdrehte innere Erzähler kennt nur einen kleinen Teil unserer großen, komplexen Identität. Deshalb vertritt er eine Geschichte, die voreingenommen ist, aber angeblich vollständig sein soll – eine Geschichte, die Stress und Verstimmung erzeugt. Vergessen Sie nicht, der Geist verlangt nach einfachen Lösungen und nach Stabilität, auch auf Kosten unseres Glücks und unserer Zufriedenheit. Es ist für unseren Geist einfacher, sich auf ein einziges kleines Detail zu konzentrieren als auf das komplexere Ganze; es ist einfacher, nur den Schwanz des Elefanten anzufassen, der vor unserer Nase baumelt, als um das Tier herumzugehen und den ganzen Elefanten zu ertasten.

Wir sollten zwar die Anwesenheit des barschen Erzählers im Kopf behalten, aber auch daran denken, dass die „Realität" in großen Teilen für jeden von uns eine eigene Geschichte darstellt. Es ist im Wesentlichen unmöglich, dass jemand um den ganzen Elefanten herumgehen und jeden Millimeter des Tieres ertasten könnte. Doch indem wir unterschiedliche Teile des Elefanten aus verschiedenen Perspektiven heraus erfühlen, erstellen wir in unserem Geist eine Illusion dessen, wie ein Elefant wahrscheinlich aussieht. In ähnlicher Weise nehmen wir unterschiedliche Informationen über die Welt auf und füllen die Verbindungen dazwischen aus, um uns so eine zusammenhängende Vorstellung von unserer Welt zu erschaffen.

Wie wir uns unsere eigene Illusion aussuchen

Wir alle haben Illusionen, die unserer Welt eine gewisse Ordnung, einen Sinn und einen Zweck verleihen. Psychologen haben herausgefunden, dass Menschen, die positive Illusionen über die

Welt erstellen, auch wenn sie körperlich krank sind, glücklicher und gesünder sein können als diejenigen, die negative Illusionen erschaffen (Taylor et al. 2000). Mit anderen Worten, wenn die Realität wie ein Elefant ist, dann kann es einen trübselig machen, den borstigen Schwanz zu ertasten, während es schon ein bisschen angenehmer sein könnte, das weichere Bein anzufassen. Keines der beiden Teile bietet ein vollkommen zutreffendes oder gar „perfektes“ Bild vom Elefanten. Wenn man allerdings nur einen Teil berühren kann, sollte man sich dann nicht eher einen Teil aussuchen, der einen fröhlich stimmen kann?

Mit Hilfe von Achtsamkeit können wir feststellen, worauf unser innerer Erzähler achtet und wie wir uns daraufhin fühlen. Mit Hilfe der Achtsamkeitspraxis können wir unseren Geist dazu nutzen, das zu finden, was wir zur Erzeugung einer positiven Illusion benötigen, anstatt die Illusion von Perfektion zu verfolgen oder negative Illusionen zu verstärken. Indem wir unseren Erzähler einfach nur beobachten, ohne seinen Kommentar mit der Wirklichkeit zu verwechseln, können wir unsere Achtsamkeit bewusst einsetzen und unsere Aufmerksamkeit auf diejenigen Teile unseres Lebens richten, mit deren Hilfe wir uns selbstsicherer, kompetenter und glücklicher fühlen. Mit der Zeit wird die Konzentration auf diese sehr viel angenehmeren Teile von uns bewirken, dass unsere Grundannahmen über uns, über andere und das Leben an sich positiver und lebensbejahender werden.

Der nutzlose Baum

Der alte chinesische Philosoph Zhuang Zhi (Tschuang tse) hat einmal eine Geschichte von einem Zimmermann und seinem Lehrling erzählt (Palmer et al. 2006). Die beiden Männer sehen einen stämmigen Baum, um den man einen Schrein zur Verehrung der örtlichen Götter gebaut hat. Sie gehen weiter. Später fragt der Lehrling den Zimmermann, warum er denn einen so großen Baum einfach habe stehen lassen. Der Zimmermann äußert sich verächtlich über die Qualität des Holzes bei dem knorrigen, verästelten Baum.

In jener Nacht kommt der Baum in einem Traum zum Zimmermann. Er tadelt ihn sanft und äußert sich stolz über seine Fähigkeit, vielen Menschen und Tieren Schatten spenden zu können. Der Baum betrachtet sich als glücklich, denn im Gegensatz zu einem Obstbaum schätzt man ihn nicht nur wegen seiner Früchte, und im Gegensatz zum Bauholz wird er nicht erst als wertvoll erachtet, wenn man ihn in Stücke gesägt hat. Im Gegenteil, gerade die Tatsache, dass er unvollkommen ist, hat dem Baum zu einem langen Leben verholfen. Ehe der Traum zu Ende ist, vergleicht der Baum noch die Jahrhunderte seines eigenen Lebens mit der relativ kurzen Zeitspanne eines Menschenlebens: „Hast du wirklich genug Zeit, um einen Baum zu kritisieren?“ Der Zimmermann erwacht aus dem Traum mit ein wenig mehr Mitgefühl und Empathie und einem tieferen Verständnis dessen, was „Vollkommenheit“ bedeuten kann.

Das Erreichen einer in der Gegenwart gründenden, nicht urteilenden Perspektive beim aktiven Verfolgen der eigenen Ziele ist nichts, was rasch vor sich geht. Es kann schwierig sein, wenn man die eigenen Illusionen und Vorstellungen von „Perfektion“ verändern möchte. Diese Art von Veränderung in der Lebensführung erfordert viel Zeit. Ich sage meinen Patienten oft, dass es für Glück und Zufriedenheit keine Ziellinie gibt. Glück und Zufriedenheit sind eine Reise, die nie aufhört. Wenn man sich neu orientiert, um Glück und Zufriedenheit zu verfolgen, dann braucht man Disziplin, Mühe und Praxis und nach alldem dann ständige Wartung und Pflege.

In jüngster Zeit haben viele Wissenschaftler entdeckt, dass spirituelle Praktiken wie etwa die Achtsamkeitsarbeit auf mehreren Ebenen wirken. Eine der aufregendsten Entdeckungen der letzten Zeit besteht darin, dass Achtsamkeit in der Tat die Funktionsweise des menschlichen Gehirns verändern kann. Im nächsten Kapitel werden wir daher erforschen, wie Sie Ihr Gehirn neu trainieren können, so dass anstelle von Stress, Kummer und Elend, welche Ihnen nur allzu vertraut sind, mehr Raum für Glück und Zufriedenheit entsteht.

Kapitel 5

Wie Sie Ihr Gehirn neu verschalten können

Der denkende Geist" ist in der Regel der Begriff, den wir verwenden, wenn wir den mentalen, psychischen oder kognitiven Anteil unseres Erlebens beschreiben wollen. Unser Geist ist unser innerer Denker, der stets mit uns kommuniziert und unser einzigartiges Bild von der Wirklichkeit entwirft. Der innere Erzähler, den wir alle besitzen, ist die Stimme, die den Monolog unserer bewussten Gedankengänge führt. Manche Leute betrachten den Geist als unser Bewusstsein selbst. Man kann den eigenen Geist zwar beobachten, man kann ihn aber nicht anfassen und nicht messen. Der Geist ist nichts Festes und nichts Greifbares.

Im Gegensatz zum Geist ist das Gehirn ein greifbares Organ, das von der schützenden Schale unseres Schädelknochens umschlossen wird. Es ist unser ausführendes Organ, das all die wichtigen Entscheidungen trifft, die für unser Überleben notwendig sind. Obwohl das Gehirn lediglich 1,2 bis 1,8 kg wiegt, beansprucht es nahezu ein Viertel unserer gesamten Körperenergie. Unser Gehirn ist ständig damit beschäftigt, uns am Leben zu erhalten. Jahrelang wurden das Gehirn und der Geist von der Mehrzahl der Wissenschaftler als zwei separate, ja fast gegensätzliche Einheiten begriffen. Traditionell bedeutete das Studium des einen ein Verleugnen der Bedeutsamkeit des anderen. Einige glauben beispielsweise, dass unser Erleben, unsere Emotionen und unsere Sinneswahrnehmungen nichts als elektrisch-chemische Vorgänge seien, die sich aus dem komplizierten Gemisch organischer Bestandteile ergäben, die in unserem Gehirn zirkulieren. Unsere Gedanken und Gefühle hätten chemische Ursachen, und so werde unser Erleben allein durch die Chemie bestimmt und könne nur verändert werden, wenn man sich den biologischen Grundlagen unseres Verhaltens zuwende. Diesem Paradigma zufolge ist unser Geist jeweils nur ein Nebenprodukt unserer Körperchemie.

Im Gegensatz dazu sind andere der Meinung, dass unsere Wahrnehmung der Realität den Strom der chemischen Stoffe im Gehirn steuere und dass dieses kostbare Organ darauf reagiere, was um uns herum vor sich geht. Bei dieser Sichtweise wird unser Geist nicht jeweils durch das Gehirn erzeugt, sondern er bestimmt vielmehr die Vorgänge in unserem Gehirn. Für diejenigen, die diese Ansicht vertreten, bestimmt der Geist die Bestandteile der „chemischen Suppe" in unserem Gehirn. Diesem Paradigma zufolge ist also die Arbeit des Gehirns ein Nebenprodukt unseres geistigen Erlebens.

Ein neueres Paradigma, dem auch ich mich verschrieben habe und das ich in diesem Buch vertrete, betrachtet das Gehirn, den Geist und die Realität als wechselseitig voneinander abhängig. Das Gehirn und der Geist befinden sich in ständigem Dialog und ständiger Interaktion, durch welche sie engstens miteinander verbunden sind und einander in vielerlei Hinsicht dabei helfen, die eigene Stabilität aufrechtzuerhalten – nicht immer die eigene Gesundheit, doch die eigene Stabilität.

Mit Hilfe neuester Technologien können wir mentale Prozesse im Gehirn nachverfolgen und beobachten, wie sich Veränderungen im Gehirn in mentalen Veränderungen widerspiegeln. Wir haben das große Glück, in einer Zeit zu leben, in der sich das wissenschaftliche Wissen über die Rolle des Gehirns auf einem Höhepunkt befindet und mit einiger Gewissheit über die Verflechtung von Gehirn, Geist und Körper sprechen kann. Wenn wir also darüber reden, wie wir die Funktionsweise des Geistes verändern wollen, dann reden wir auch über Veränderungen in der Funktionsweise des Gehirns. Sie können die Kraft Ihres Geistes dazu nutzen, die Funktionsweise Ihres Gehirns zu verändern, und eine veränderte Funktionsweise des Gehirns kann Ihnen helfen, einen gesunden Geist aufrechtzuerhalten.

Das Gehirn kartografieren

Es ist wichtig, zu erkennen, inwiefern die Entwicklung unseres Geistes und unseres Gehirns unser Leben bestimmt und wie diese mentale und neuronale Entwicklung unsere Einstellung zu uns selbst sowie unser Verhältnis zu anderen beeinflusst. Keiner von uns wird ja bereits vollständig ausgebildet und mit allen Fähigkeiten zur Lebenstüchtigkeit geboren. Da wir Menschen sind, ist unser Herz eines der ersten Organe, das bereits in den frühesten Augenblicken unseres Daseins im Mutterleib zu schlagen beginnt. Unser Gehirn ist eines der letzten Organe, das sich entwickelt, und es wächst bis zu diesem Tage immer weiter.

Die Entwicklungs- und Funktionsweise des Gehirns ist schwer zu durchschauen. Seit Jahrtausenden verwendet man dazu in der Regel zwei Methoden: Zum einen können wir sehen, was geschieht, wenn jemand eine Hirnverletzung erleidet. Wenn beispielsweise jemand einen Unfall hat, bei dem eine Stelle im Gehirn verletzt wird, und plötzlich anfängt, ganz anders zu reden, dann können wir mit einiger Sicherheit sagen, dass die geschädigte Stelle irgendetwas mit der Sprachfähigkeit zu tun hat. Wenn jemand eine Kopfverletzung erleidet, die zu einem veränderten Verhalten führt, dann wissen wir, dass der verletzte Bereich höchstwahrscheinlich die Kontrolle über das betreffende Verhalten innehat.

Die zweite Möglichkeit, etwas über unser Gehirn zu erfahren, besteht darin, dass man das Gehirn von Tieren untersucht, die dem Menschen sehr ähnlich sind, doch das ist ein sehr kontroverses Vorgehen. Zum einen wird von vielen Menschen infrage gestellt, ob es moralisch zu rechtfertigen sei, schmerzhafte und oftmals tödlich endende Experimente an Tieren vorzunehmen. Normalerweise müssen die Tiere getötet werden, so dass ihr Gehirn im Einzelnen untersucht werden kann. Zum anderen ist da das Problem, dass kein Tier ein Gehirn hat, das genau dem des Menschen gleicht. Wir erfahren dann vielleicht viel darüber, wie das Gehirn einer Maus oder eines Affen funktioniert, aber dieses Wissen lässt sich nicht immer auf den Menschen übertragen.

In jüngerer Vergangenheit haben wir begonnen, mit Hilfe spezieller Apparaturen mehr über die Arbeitsweise des menschlichen Gehirns zu erfahren. Wir können heute Bilder vom Gehirn machen, während es arbeitet. Scanning-Verfahren wie die Magnetresonanztomografie (MRT) und die funktionelle Magnetresonanztomografie (fMRT) können die Gehirnstruktur und -funktion am lebenden Gehirn anschauen. Anhand der Scans der Positronen-Emissions-Tomografie (PET) kann man sehen, wo gerade Energie im Gehirn verbraucht wird, so dass wir Regionen ausmachen können, die bei bestimmten Aufgaben aktiviert werden, z. B. wenn es sich an schöne oder an schlimme Ereignisse erinnert, Gesichter erkennt, Farben zuordnet oder einige alltägliche Aufgaben durchführt. Die elektrischen Signale auf der Hirnoberfläche können mit Hilfe der Elektroenzephalografie (EEG) sichtbar gemacht werden. Wir können auch Medikamente mit bekannten Wirkmechanismen verwenden, um zu sehen, welche chemischen Stoffe an welcher Hirnaktivität beteiligt sind. Manchmal können diese chemischen Stoffe zu Medikamenten gemacht werden, die bestimmte Abläufe im Gehirn verändern. Alle in diesem Buch vorgestellten Informationen sind aus diesen aktuelleren Methoden abgeleitet, die die neuesten Technologien nutzen, um in ein lebendiges menschliches Gehirn hineinzuschauen.

Eine Grundannahme bei all diesen Ansätzen lautet, dass das Gehirn eine endliche Menge an Energie zur Verfügung hat und

Prioritäten darin setzt, wie es sich diese Energie einteilt. Das Gehirn funktioniert bei jedem von uns auf einzigartige Weise und passt sich denjenigen Fertigkeiten und Mustern an, die jeder von uns regelmäßig gebraucht. So wie Sie selbst muss sich auch Ihr Gehirn entscheiden, wo es seine kostbare Energie einsetzen will. Unser gesamtes Gehirn wird durch unser Blut versorgt, doch diejenigen Teile, die wir stärker nutzen als die anderen, arbeiten mehr und brauchen auch mehr Energie. Wenn bei einem fMRT- oder einem PET-Scan ein Muster oder ein Areal des Gehirns stärker hervorgehoben ist, dann bedeutet dies, dass das Gehirn den Aktivitäten in diesem Bereich gerade eine höhere Priorität beimisst als anderen Bereichen. Wenn man zum Beispiel einen Apfel isst, nutzt man andere Bereiche des Gehirns, als wenn man schläft.

Denken in Mustern

Wenden wir uns nun einigen Annahmen über die Funktionsweise des Gehirns zu. Vielleicht erinnern Sie sich noch aus Ihren Schulbüchern daran, dass Wissenschaftler im 19. Jahrhundert versucht haben, Bereiche des Kopfes und des Gehirns zu lokalisieren, die ihrer Meinung nach für bestimmte Aufgaben oder Verhaltensweisen zuständig wären. Diese sogenannten *Phrenologen* waren davon überzeugt, dass die Hirnfunktionen örtliche Zuordnungen hätten, d. h., dass eine bestimmte Hirnregion für etwas Spezifisches zuständig wäre, etwa das Gedächtnis. Größtenteils auf der Grundlage der Untersuchung von Gehirnverletzungen haben sie ein einfaches Verständnis von der Funktionsweise des Gehirns entwickelt und ein Diagramm entworfen, das ihre Vorstellung von den Vorgängen darin vermitteln sollte.

Bis vor Kurzem war dies das vorherrschende Paradigma der Hirnforschung. Zugegebenermaßen funktioniert das Gehirn in gewissem Maße tatsächlich so. Wenn das Frontalhirn entfernt wird, etwa bei einer Lobotomie, kann man schon sagen, dass die

Persönlichkeit einer Person ziemlich verflacht. Wenn Gehirnchirurgen bei einem Patienten einen Hirntumor entfernen müssen, gehen sie deshalb mit äußerster Sorgfalt vor, um möglichst keinen Schaden an den umliegenden Hirnbereichen zu verursachen. Ein winziger Schnitt in ein gesundes Gehirn kann drastische und verheerende Konsequenzen haben.

Die meisten Wissenschaftler sind allerdings heute der Meinung, dass das Gehirn viel komplexer ist, als in diesem Modell dargestellt. Das, was unsere Persönlichkeit, unser Verhalten und unser Erleben der Welt ausmacht, hat sehr viel mehr mit den Verknüpfungen verschiedener Gehirnareale zu tun als mit einzelnen, klar abgegrenzten Bereichen. Das bedeutet, dass die Wissenschaftler beim Betrachten eines Gehirnscans eher beobachten werden, dass unterschiedliche Bereiche des Gehirns gleichzeitig oder innerhalb einer kurzen Zeitspanne hintereinander aktiv sind, als dass sie die isolierte Aktivität an einer einzigen Stelle feststellen würden. Die Wissenschaft hält heutzutage nach Aktivitätsmustern oder -kreisläufen Ausschau.

Und in der Tat – unser Denken, Fühlen und Handeln kann zum großen Teil anhand von Mustern des Energie- und Blutstroms sowie der Aktivität gesehen werden, die in verschiedenen Teilen unseres Gehirns stattfinden. Wir wissen schon recht gut, wie diejenigen Muster, die mit unterschiedlichen Stimmungen, Aufgaben und mentalen Zuständen verknüpft sind, im Gehirn aussehen. Wir sind sogar dabei, zu begreifen, wie diese Muster zustande gekommen sind und wodurch sie aufrechterhalten werden. Jeder Gedanke, jedes Gefühl und jede Verhaltensweise besitzt einen eigenen Pfad, der sich durch unser Gehirn windet. Das Gehirn neigt wie jemand, der auf einem gut ausgetretenen Weg durch eine Wiese läuft, eher dazu, vertrauten Mustern zu folgen, als neue Wege auszuprobieren. Der Energiefluss durch unser Gehirn folgt tendenziell bereits bewährten Pfaden und Kreisläufen, was zum Teil auch der Grund dafür ist, warum uns unsere geistigen Abläufe stabil und vorhersagbar erscheinen.

Gewisse Funktionen wie das Essen, das Sprechen und das Gehen sind in der Tat sehr stabilen Mustern zugeordnet. Es sind grundlegende, tief verwurzelte Spuren, die nahezu instinktiv verlaufen und bereits in sehr jungen Jahren erlernt wurden. Andere Muster werden im Laufe der Jahre in unserem weiteren Leben erlernt und entwickeln sich als Antwort auf unsere jeweiligen Lebensumstände und Bedürfnisse. Daher besitzt jeder von uns ein einzigartiges Set an vertrauten Mustern und Kreisläufen, die in unserem Gehirn festgelegt sind. Das eine Muster ist nicht besser oder vorteilhafter als das andere, sondern lediglich anders als dieses.

Die Verschaltung unseres Gehirns

Pioniere der Neurowissenschaften wie Dan Siegel (Siegel und Hartzell 2003) haben untersucht, wie sich unser Gehirn entwickelt und wie unsere frühesten Beziehungen über Jahre hinaus unser Gehirn und unser Leben prägen. Lassen Sie uns nun untersuchen, wie sich Ihr Geist aus Ihrem Gehirn entwickelt hat, speziell im Hinblick auf die Erfahrungen, die Ihr Gehirn so haben werden lassen, wie es nun bei Ihnen ist.

Die frühesten Tage

Im letzten Drittel der Schwangerschaft beginnt das Gehirn eine Zeit der raschen Entwicklung, die ihren Höhepunkt aber erst lange nach der Geburt, in den ersten Lebensjahren als Baby, erreicht. Schon seit ihren Anfängen hat man auf dem Fachgebiet der Psychologie erkannt, welche Bedeutung frühe Kindheitserfahrungen haben und welch gewaltigen Einfluss sie in unserem gesamten weiteren Leben ausüben. In jüngerer Zeit hat man in der Wissenschaft erkannt, dass die Art, wie sich das Gehirn während dieser Zeit entwickelt, über viele Jahre hinaus die Grundlage zur Verarbeitung unserer Erfahrungen legen und diejenigen Vorstellungen entstehen lassen kann, die wir von uns selbst und anderen haben. Meine eigene Erfahrung als Elternteil sagt mir, dass wir vermutlich mit bestimmten Eigenschaften wie etwa dem Temperament geboren werden, dass unsere Kindheitserfahrungen jedoch bestimmen können, welche Aspekte unserer Persönlichkeit zum Ausdruck kommen und auf welche Weise wir diese ausdrücken.

Um die Zeit des ersten Geburtstages eines Kindes herum finden mehrere wichtige Veränderungen auf einmal statt: Das Kind lernt zu sprechen, zu laufen und eigenständig zu essen. Durch diese kraftvolle Kombination von Meilensteinen wird das Kind frei, seine Welt zu erkunden. Es ist nicht länger an die Seite der Mutter gebunden und von ihrer lebenserhaltenden Muttermilch, ihrer Fähigkeit, das Kind herumzutragen, und ihren Bemühungen, die Bedürfnisse und Wünsche des Kindes zu erfassen, abhängig. Dadurch wird das Kind frei, selbstständig zu spielen, die Welt um sich herum zu erforschen, Fragen zu stellen und anzufangen, Wünsche an andere verbal zu äußern.

Die Bindungstheorie

Die Art, wie andere auf diese neue Freiheit des Kindes reagieren, scheint von grundlegender Bedeutung zu sein. Um zu verstehen, was um diesen Zeitpunkt herum geschieht, haben zwei Psychologen, John Bowlby (1988) und Mary Ainsworth (Ainsworth et al. 1978), die sogenannte *Bindungstheorie* entwickelt. Das Hauptziel der Bindungstheorie ist es, zu verstehen, auf welche Art wir Beziehungen zu unseren Mitmenschen aufbauen und inwiefern unsere Erfahrungen mit unseren Bezugspersonen in der frühen Kindheit zwischen dem ersten und dem dritten Lebensjahr unsere inneren Einstellungen und unsere Beziehungen im späteren Leben prägen. Die Bindungsforscher haben eine Verknüpfung erstellt zwischen der Art und Weise, wie unsere Bezugspersonen reagiert haben, als wir erstmals anfingen, mit unserer Freiheit zu experimentieren, und der Art und Weise, wie wir in Beziehungen funktionieren und wie wir allgemein uns selbst und anderen Menschen gegenüber eingestellt sind. Sie sind der Überzeugung, dass unsere Fähigkeiten, anderen Menschen zu vertrauen, unsere

Welt mit Zuversicht zu erforschen und in einer Beziehung für jemand anderen zu sorgen und für uns selbst sorgen zu lassen, allesamt aus dieser wichtigen Zeit in unserem Leben stammen können. Wir tragen die Funktionsmuster, die wir als Kind erlernt haben, in uns, und diese Muster können zum Rahmen werden für die Verschaltung unseres Gehirns, die über viele kommende Jahre hinaus bestimmt, wie wir zu anderen Menschen stehen und mit ihnen interagieren.

Um zu erkennen, was für eine Beziehungs- oder Bindungsart eine Mutter und ihr Kind haben, hat Mary Ainsworth ein einfaches Experiment entworfen (ebd.). Bei diesem Versuch, genannt „fremde Situation", sitzt ein Beobachter hinter einem durchsichtigen Spiegel und beobachtet, was geschieht, wenn eine Mutter mit ihrem Kleinkind in einem neuen, unvertrauten Zimmer ist. Eine für die Mutter und das Kind fremde Person tritt ein, redet kurz mit der Mutter und bleibt im Zimmer, während die Mutter hinausgeht. Dann versucht die fremde Person, das Kind mit einem Spielzeug zu beschäftigen. Die Mutter kommt kurz zurück, geht wieder hinaus und tritt kurz danach wieder ein, um das Kind hochzuheben und zu halten. Die Experimente wurden zwar mit Müttern und Kleinkindern durchgeführt, können aber ebenso auf jede andere erwachsene Bezugsperson wie etwa den Vater oder Großvater zutreffen.

Am Ende des Experiments mit der ungewohnten Situation zeigt das Kind im Allgemeinen eine von drei unterschiedlichen Reaktionen auf die Rückkehr der Mutter. Diese Reaktion kann dann jeweils als sogenannter *Bindungstyp* klassifiziert werden.

Sichere Bindung

Einige Kinder sind glücklich, wenn die Mutter zurückkehrt, und spielen auch problemlos mit der fremden Person, während die Mutter weg ist. Diese Kinder fühlen sich tendenziell sicher in ihrer Beziehung mit der Mutter. Die Theoretiker haben dies den *sicheren Bindungstyp* genannt, welcher allem Anschein nach mit den besten Langzeitfolgen verbunden ist, was Beziehungen betrifft. Diese Kinder erkunden fröhlich das Zimmer und haben höchstwahrscheinlich das Gefühl, dass ihre Bedürfnisse durch die Aufmerksamkeit der Mutter erfüllt werden. Solche Kinder werden im Erwachsenenalter mit sicherer Bindung voraussichtlich die Gesellschaft anderer Menschen suchen und einen hohen Grad an psychischem Wohlbefinden aufweisen (Shaver und Mikulincer 2008).

Vermeidende Bindung

Andere Kleinkinder zeigen anscheinend die gleiche Reaktion auf die Mutter, die fremde Person und den unvertrauten Raum: Sie behandeln alle drei mit einer relativ gleichgültigen Haltung. Sie sind nicht sonderlich verstört, wenn die Mutter hinausgeht, und streben vielleicht sogar von ihr weg, wenn sie wieder da ist. Zu Hause beschäftigt sich die Mutter vielleicht nicht viel mit dem Kind oder verhält sich ihm gegenüber gleichgültig. Als Erwachsene können Menschen mit dieser *vermeidenden Bindungsform* ihr Bedürfnis nach Beziehungen mit anderen verleugnen und die Bedeutung von Emotionen und Gefühlen in ihrem Leben herunterspielen. Sie sind manchmal nicht mit ihren eigenen körperlichen Empfindungen in Verbindung und merken es daher nicht, wenn sie unter Stress stehen oder Sorgen haben (ebd.).

Ängstlich-widerstrebende Bindung

Eine dritte Gruppe von Kleinkindern kann Wut auf die Mutter zeigen, wenn diese zurückkehrt. Die Kinder fürchten sich vielleicht vor der fremden Person und vermeiden es, den Raum frei zu erkunden. Sie sind verstört durch das Weggehen der Mutter und lassen sich bei ihrer Rückkehr auch nicht schnell beruhigen. Sie können sogar feindselig auf die Mutter reagieren, wenn diese zurückkommt. Zu Hause erhalten diese Kinder vielleicht nur dann Aufmerksamkeit, wenn sie bestimmte Bedingungen erfüllen, oder nur dann, wenn sie die Bedürfnisse der Eltern befriedigen anstelle ihrer eigenen. Die Eltern von Kindern mit ängstlich-widerstrebender Bindung haben in ihrer eigenen Kindheit eventuell eine ähnliche Behandlung erfahren und geben das weiter, was sie über elterliche Fürsorge oder Erziehung wissen. Dieser Bindungstyp, als *ängstlich-widerstrebende Bindung* bekannt, wird mit der Neigung zum Grübeln und erhöhtem innerem Stress im Erwachsenenalter in Verbindung gebracht (ebd.).

Das Kind mit ängstlich-widerstrebender Bindung wird sich, wenn es erwachsen ist, wahrscheinlich eher an die unangenehmen Aspekte des Interagierens mit anderen Menschen erinnern als an die angenehmen Seiten eben dieser Interaktionen. Sogar angenehme Erinnerungen können bei ihm Angstgefühle auslösen. Während sich die Schaltkreise für soziale Beziehungen bei ihm aufbauen und aktiviert werden, ist es der Pfad der Unsicherheit und Angst, der am schnellsten erwacht und der all seine Erinnerungen eintrüben kann.

Ihr eigener Bindungstyp ist Ihnen vermutlich nicht mit Absicht auferlegt worden. Ehe Sie anfangen, Ihrer Mutter oder Ihren Bezugspersonen aus der Kindheit die Schuld an Ihren jetzigen Gefühls- oder Beziehungsproblemen zu geben, sollten Sie sich daran erinnern, dass Bindungstypen, insbesondere der vermeidende und der ängstliche Typus, ganze Generationen durchwandern können (Mikulincer und Florian 1999). Mit anderen Worten, Ihr Bindungstyp ist vielleicht eine Familienerbschaft, die schon vor Generationen entstanden ist. Es ist weder hilfreich noch zutreffend zu sagen, ein Elternteil oder eine Bezugsperson habe Ihnen einen bestimmten Bindungstyp „verpasst“, denn Ihren Betreuern war vielleicht gar nicht bewusst, was sie taten.

Bindungstypen sind nicht in Stein gemeißelt. Wenn Sie sich mit einem der Bindungstypen identifizieren, die mit einer weniger gesunden Entwicklung in Zusammenhang gebracht werden, dann sorgen Sie sich nicht unnötig. Dass Sie als Kind einen bestimmten Bindungstyp entwickelt haben, bedeutet der Bindungstheorie zufolge nicht unbedingt, dass dieser nun für immer festgelegt ist. Ihr Bindungstyp kann sich, durch vielerlei Erfahrungen bedingt, verändern. So kann sich zum Beispiel ein ursprünglich sicherer

Bindungstyp aus der frühen Kindheit durch die Erfahrung von Scheidung, Krankheit und Tod im Erwachsenenalter in einen ängstlichen oder vermeidenden verwandeln (Davila und Cobb 2003). Es macht Mut, dass die Auswirkungen des eigenen Bindungstyps auch durch positive Erfahrungen und Verhaltensweisen gemindert werden können, etwa indem sie die Folgen einer elterlichen Misshandlung oder Vernachlässigung mildern oder vor den schädlichen Auswirkungen von traumatischen oder problematischen Erfahrungen schützen (Wei, Heppner und Mallinckrodt 2003).

Das Fazit lautet folgendermaßen: Ihr Bindungstyp ist höchstwahrscheinlich in Ihrer Kindheit entstanden, ist aber Ihr Leben lang weiterhin für die Erfahrungen empfänglich, die Sie machen, und passt sich entsprechend an. Ihre Bindungsfähigkeit mag ein Teil Ihrer inneren „Verschaltung" sein, sie ist aber nicht unbedingt „fest verschaltet". Sie selbst besitzen das Potential, die Art und Weise Ihrer Beziehung zu sich selbst und zu anderen Menschen zu verbessern. In Kürze werden Sie erfahren, inwiefern die Achtsamkeitsmeditation dabei einen so wichtigen Beitrag zu sinnvoller Veränderung leistet.

In den USA weisen die meisten Erwachsenen – etwa zwei Drittel – die sichere Bindungsform auf; etwa ein Viertel zeigt die vermeidende Bindung, und ca. 11 Prozent gehören zum ängstlichen Bindungstyp (Mickelson, Kessler und Shaver 1997). Bindungstypen sind nicht veränderungsresistent, können aber in der frühen Kindheit die Grundlage dafür legen, wie das Kind an zwischenmenschliche Beziehungen herangeht. Das Ziel einer gesunden Bindung ist es, eine sichere und stabile Basis im eigenen Inneren aufzubauen, die der durch die Mutter oder eine andere Bezugsperson erfahrenen Fürsorge nachempfunden ist. Diese Basis ermöglicht es einem, in neuen oder kritischen Situationen innere Ruhe zu bewahren. Wenn die stabile Basis existiert, ist es so, als besäße man im Inneren die Liebe eines fürsorglichen Elternteils, die als innere Kraft der Ermutigung, Unterstützung und Hoffnung wirkt. Die sichere, stabile Basis erlaubt es einem auch, einen Teil der eigenen emotionalen Energie der Fürsorge für andere zu widmen, anstatt sich durch die eigenen Ängste und Sorgen aufzehren zu lassen.

Wie Bindungstypen den erwachsenen Menschen beeinflussen

Wenn die stabile Basis – das Band zwischen dem kleinen Kind und der Bezugsperson – nicht gegeben oder lieblos ist, kann die geistige Haltung des Betroffenen feindselig, gleichgültig oder belastend sein. Das Denken kreist vorrangig um die eigene Person, heischt nach Mitleid oder empfindet die erfahrene Fürsorge als nicht ausreichend oder als mangelhaft. Die Energie, sich anderen zuzuwenden, ist nicht in dem Maße da, in dem man sich selbst Zuwendung wünscht. Das Denken und Fühlen richtet sich nach innen, auf sich selbst, anstatt nach außen, um die Welt zu entdecken, neue Abenteuer zu erleben und neue Horizonte zu erkunden.

Der Weg nach vorne

Es wäre nicht richtig, jemandem die Schuld daran zu geben, wie sich Ihr Bindungstyp entwickelt hat. Eltern und fürsorgende Personen legen es ja in der Regel nicht darauf an, gleichgültig, übermäßig kritisch oder fordernd mit ihren Kindern umzugehen. Überhaupt gibt es im typischen Fall nur sehr selten mutwilliges Verhalten bei den Eltern. Sie halten sich in der Regel an das, was sie wissen. Eltern mögen sich vielleicht bemühen, es besser zu machen, als sie es in ihrer eigenen Kindheit erlebt haben, doch oftmals geben sie eher das weiter, was ihnen selbst vertraut ist. Ihr Bindungstyp kann sich auch aus dem Zusammenspiel Ihres eigenen Temperaments und Ihrer frühen Erfahrungen mit den Bezugspersonen ergeben haben anstatt ausschließlich aus den Stärken oder Schwächen der Fürsorge, die Sie erfahren haben.

Ich glaube, es ist sinnvoller, Wege zu finden, wie Sie *jetzt* glücklicher sein können, als die Probleme oder Versäumnisse Ihrer frühen Kindheit oder die mangelnde elterliche Fürsorge klären zu wollen, die Sie eventuell erfahren haben oder immer noch erfahren.

Das wachsende Gehirn

Kehren wir jetzt zur Diskussion unseres Geistes und Gehirns im Zusammenhang mit den Bindungstypen zurück. Erinnern Sie sich daran, dass sich Bindungstypen in der Regel zwischen dem ersten und dem dritten Lebensjahr herausbilden. Dies ist zufällig auch die Zeit des schnellsten Hirnwachstums und der raschesten Entwicklung. Während dieser entscheidenden Jahre lernt man selbstständig zu essen, zu laufen, zu sprechen, auf die Toilette zu gehen und die Grundaufgaben des Lebens auszuführen, wie man es heute immer noch tut. Zu diesem Zeitpunkt in unserer Kindheit fängt unser Gehirn an, Vorstellungen von der für uns neuen Welt zu entwickeln. Diese Vorstellungen bilden die frühesten Muster unserer Persönlichkeit. Die Bahnen und Kreisläufe der Hirnfunktionen und Hirnzellen-Interaktionen werden zum ersten Mal angelegt. Im Laufe unseres ganzen Lebens wird es unser Gehirn stets am leichtesten – jedoch nicht unabänderlich – finden, zu diesen frühesten Mustern des Funktionierens in der Welt zurückzukehren. Unsere Erfahrungen bestimmen, wie das Wachstum unseres Gehirns verlaufen wird (Milner, Squire und Kandel 1998). Aus diesem Grunde muss jeder Plan, den Sie befolgen wollen, um glücklicher zu sein, gleichzeitig auch die Bahnen in Ihrem Gehirn berücksichtigen, damit er zu dauerhaftem Erfolg führen kann.

Die Gehirnhälften ins Gleichgewicht bringen

Das Gehirn ist ein kompliziertes Organ, das zu verstehen wir gerade erst anfangen. Eine Darstellung unseres Gehirns würde den Rahmen dieses Buches – oder eines Buches überhaupt – sprengen. Doch um Sie auf Ihrem Weg zur Achtsamkeit zu unterstützen, möchte ich hier auf die drei Komponenten eingehen, die im Gehirn für Sorge und Grübeln zuständig sind – d. h. auf den inneren Erzähler, auf den gedanklichen Fokus und auf die Weise, wie Ihr Gehirn mit Stress umgeht –, und möchte Ihnen dann zeigen, wie sich diese drei Komponenten durch Achtsamkeit verändern lassen.

Rechte versus linke Gehirnhälfte

Das menschliche Gehirn ähnelt in seinem Aussehen einer Walnuss, die aus zwei Hälften oder Hemisphären besteht. In der letzten Zeit hat man viel davon gehört, dass es Menschen mit einer stärkeren Betonung der rechten Gehirnhälfte und solche mit stärkerer Betonung der linken Gehirnhälfte gebe. Die „rechtshirnig veranlagten" Menschen sollen angeblich kreativer, intuitiver und ganzheitlicher denken, die „linkshirnig veranlagten" dagegen eher linear, logisch und rational. Bei diesem Modell wird versteckt angedeutet, dass die Kreativität von der rechten Gehirnhälfte komme und dass die linke Gehirnhälfte uns in einer vorhersagbaren, weniger kreativen Lebensweise gefangen halte.

Die beiden Hälften unseres Gehirns arbeiten optimal, wenn sie sich in einem Gleichgewicht und nicht in Konkurrenz zueinander befinden. Wir alle besitzen „beide Hälften", und die eine ist ebenso wichtig wie die andere. Nur eine Hälfte gebrauchen zu wollen ist ein Ding der Unmöglichkeit. Beim achtsamen Weg werden die Stärken jeder Gehirnhälfte anerkannt und möglichst harmonisch so genutzt, dass sie unsere geistige Gesundheit fördern.

Die Entwicklung des Gehirns

Ein Gleichgewicht der beiden Gehirnhälften ist uns noch nicht angeboren. In den ersten Lebensjahren wächst die rechte Gehirnhälfte am schnellsten (Chiron et al. 1997). Das Kind nimmt die ganze Welt wahr, und da Wörter ihm noch relativ fremd sind, strukturiert es seine Erfahrung noch nicht durch Sprache. Vielmehr ist das intuitive und phantasievolle Spielen die Hauptmethode, wie das Kind mit der Welt interagiert. Die rechte Gehirnhälfte übernimmt auch die Zuständigkeit dafür, wie das Kind mit Stress umgeht, und ist engstens an der dem Körper angeborenen Stressreaktion beteiligt (Schore 2001). Zu diesem Zeitpunkt im Leben des Kindes entsteht eine Verbindung zwischen den Gefühlserinnerungen, die von der *Amygdala* genannten Hirnregion verarbeitet werden, und anderen Hirnregionen, welche aktiv sind, wenn das

Kind seine Eltern oder andere Betreuungspersonen sieht. Diese Bereiche, die *rechter präfontaler Cortex (rPFC)* genannt werden, befinden sich in der rechten Gehirnhälfte und liegen wenige Zentimeter hinter der Stirn.

Die Amygdala bedarf noch einer weiteren Erläuterung: Es sind zwei mandelförmige Anhäufungen von Gehirnzellen nahe dem unteren Teil der beiden Gehirnhälften. Nach Schore (ebd.) verbinden sie unsere Geruchswahrnehmung, etwa den Geruch der Muttermilch oder des Babyfläschchens, mit dem Gefühl, umsorgt und geborgen zu sein. Im späteren Leben ist die Amygdala für die Verarbeitung von emotionalen Erinnerungen zuständig, das heißt, wenn man sich an etwas Belastendes, Besorgniserregendes oder Deprimierendes erinnert, übernimmt die Amygdala einen Teil des Vorgangs, der die Gefühle an die Erinnerungen anbindet. Interessanterweise ist die Amygdala auch mit Bereichen des Gehirns verbunden, die für die menschliche Stressreaktion zuständig sind. Für uns bedeutsame Erinnerungen lösen deshalb auch eine körperliche Reaktion bei uns aus. Angenehme Erinnerungen können uns ruhiger werden lassen, indem sie unsere Stressreaktion abschwächen, während unangenehme Erinnerungen eventuell eine verstärkte Stressreaktion auslösen. Die Amygdala kann also, je nach der Information, die sie erhält, Beruhigung oder Stress auslösen.

Etwa um das vollendete dritte Lebensjahr herum wird dann die linke Gehirnhälfte aktiver als die rechte (ebd.). Man beginnt, sich eine sprachlich komplexere Grammatik anzueignen und strukturiert die eigene Welt durch Sprache und Wörter. Etwa zur gleichen Zeit, während des dritten Lebensjahres, entwickeln sich sowohl der Bindungstyp als auch der persönliche innere Erzähler. Es ist gut möglich, dass die Schlüsselphase der Bindungstypbildung endet, wenn sich diese innere Stimme gefestigt hat und uns erlaubt, unsere Stimmungen in unserem eigenen Innern zu regeln, anstatt uns deswegen ständig an unsere Eltern oder Betreuer zu wenden.

Dieser neue innere Erzähler, die mentale Stimme, die uns erzählt, was wir denken und fühlen, ist oftmals eng mit unserem jeweiligen Bindungstyp verbunden. Unsere innere Stimme beginnt etwa zur selben Zeit, Wörter zu benutzen, in der sich auch zum ersten Mal das Muster herausbildet, wie wir uns zur Welt stellen. Wenn unsere Hauptbezugsperson zum Beispiel fürsorglich und sanft ist, kann auch unsere innere Stimme diese förderlichen, hilfreichen Qualitäten annehmen. Dann kann uns die Welt spannend, vielfältig, hoffnungsfroh und chancenreich erscheinen. Wenn sich unsere Hauptbezugsperson feindselig, kritisch oder gleichgültig verhält, kann unsere innere Stimme hingegen diese nicht hilfreichen Eigenschaften übernehmen. Die Welt zeigt sich dann vielleicht als angsteinflößender oder unsicherer Ort voller Gefahren, Kämpfe und Konflikte. In vielen Fällen wird die Stimme unserer Bezugsperson zu unserer eigenen. Nun wird die Art und Weise, wie wir Neues lernen und wie wir mit anderen Menschen umgehen, ebenso durch unser eigenes Inneres beeinflusst wie durch die Einstellung unserer Bezugsperson und durch die Beziehung, die wir zu dieser haben.

Unser Selbstvertrauen, unsere Vorstellungen davon, wie wir zu anderen stehen und wie andere zu uns stehen können, und die Stimme, in der wir zu uns selber sprechen, all dies scheint sich gleichzeitig in unserem Gehirn zu entwickeln, was den Grundsätzen der Bindungstheorie entspricht. Die zeitliche Übereinstimmung dieser Prozesse legt nahe, dass schon in unseren ersten Lebensjahren eine Verbindung entsteht zwischen der Art unseres Interagierens mit anderen, unserer eigenen Form der Stressbewältigung und der Stimme, in der wir zu uns selbst sprechen. Erforschung der Umwelt, Bindung und Stressbewältigung gehören zu den grundlegendsten Aufgaben der ersten Lebensjahre und statten das Kind mit einer Schablone dessen aus, was es sich während seiner Entwicklung zum Erwachsenen von anderen und von der Welt erwarten wird. Viele Forscher sind der Ansicht, dass sich die „Handschrift" der unterschiedlichen Bindungstypen in demjenigen Muster wiederfindet lässt, in dem das Gehirn die Schlüsselaufgaben von Erforschung der Welt und Stressbewältigung ausführt (Siegel 2001).

Neue Schaltkreise im Gehirn legen

Viele Jahre lang nahm man an, dass das Gehirn, sobald es sich einmal voll ausgebildet habe, das gesamte Erwachsenenalter hindurch in seiner Funktion relativ gleich bliebe. Das scheint jedoch nicht der Fall zu sein. Vielmehr hört das Gehirn nie auf zu lernen, auch wenn seine Effizienz im Alter abnimmt. Es mag zwar nie zu spät sein, etwas Neues zu lernen, aber vermutlich wird es schwieriger. Wir haben heute Beweise für die von den Wissenschaftlern sogenannte *Neuroplastizität*, d. h. für die Fähigkeit des Gehirns, seine eigene Funktionsweise zu verändern und neue Muster des Interagierens mit der Welt zu erlernen. Die Technologie, die unserem revolutionären Neuverständnis vom Gehirn zugrunde liegt, ist nun auch dazu genutzt worden, unser Wissen von den Emotionen, von Bindung und von der Achtsamkeitsmeditation zu vergrößern.

Norman A. S. Farb und seine Kollegen von der Universität von Toronto haben 2007 festgestellt, dass das Gehirn von Praktizierenden der Achtsamkeitsmeditation bereits nach acht Wochen einer täglichen 45-minütigen Praxis recht übereinstimmend Veränderungen aufwies. Die Forscher beobachteten, dass das Aktivierungsmuster im Gehirn, welches mit dem inneren Erzähler in Verbindung gebracht wird und das einige Zentimeter hinter der Stirn im sogenannten *medialen präfrontalen Cortex (mPFC)* sitzt, bei einer regelmäßigen Praxis geringer wurde. Es schien so, als ob die Praktizierenden die Energien in ihrem Gehirn eher in Regionen lenkten, die mit ihrer physischen Bewusstheit im gegenwärtigen Augenblick in Zusammenhang standen. Das sind genau jene Bereiche, die sich in unseren ersten Lebensjahren so rasch entwickeln, unser rPFC, einige Zentimeter hinter dem rechten Auge gelegen. An dieser Studie ist spannend, dass die Achtsamkeit Praktizierenden schon nach relativ kurzer Zeit offenbar stärker mit ihren Erfahrungen in Verbindung standen und weniger von ihrem eigenen inneren Kommentar vereinnahmt wurden. Der innere Erzähler hört also nicht auf zu erzählen, sondern er scheint an Macht zu verlieren, wenn das Gehirn lernt, seine Aufmerksamkeit anderswo hinzulenken. Der innere Erzähler verliert in der Regulierung unseres Alltagserlebens an Einfluss.

Im Verlauf einer anderen Studie (Hölzel et al. 2008) wurde ebenfalls festgestellt, dass Energiemuster im Gehirn, die mit dem unmittelbaren Körperbewusstsein assoziiert werden – also wiederum der rPFC –, im Laufe einer Meditationspraxis stärker wurden, die Energieströme im Gehirn also nicht an andere Stellen gelenkt wurden. Daher liegt die Annahme nahe, dass Energie vom beständigen Dialog des Erzählers abgezogen wird, wenn man dem eigenen Atem und der eigenen Körperhaltung Beachtung schenkt, und dass dadurch ein neues Muster im Gehirn geschaffen wird, das einem das Gefühl eines ruhigeren Inneren vermittelt.

Wayne Drevets und seine Kollegen vom National Institute of Mental Health berichten, dass beim Aktivitätsmuster von Depression und Angst der mPFC, also vermutlich der Bereich des inneren Erzählers, mit der Amygdala in Verbindung steht (Drevets, Price und Furey 2008). Es mag also mehr als nur eine Redewendung sein, dass die eigene innere Stimme einen in Stress und Kummer „hineinredet". Drevets hat auch festgestellt, dass sich die linke Amygdala bei Menschen, die kurz vor einer depressiven Episode stehen, zu vergrößern scheint (2001). J. D. Creswell und Kollegen haben 2007 berichtet, dass bei achtsamen Menschen die Verbindung zwischen diesem inneren Erzähler und ihrer Amygdala offenbar schwächer ist.

Diese Studien zeigen, dass eine physische Verbindung zwischen unseren Gedanken, unseren Gefühlen und unserem körperlichen Erleben von Stress existiert. Die Studien legen auch die Vermutung nahe, dass eine neue Form, Erfahrungen zu verarbeiten, möglich wird, wenn man sich in Achtsamkeit übt. Im Gehirn scheint Achtsamkeit unsere bewusste Wahrnehmung in den gegenwärtigen Augenblick zu bringen, statt dass durch unsere alltäglichen Erfahrungen eine Lawine von erzählten Gedanken, von Sorge, Kummer und körperlichem Stress ausgelöst wird. Der Erzähler mag zwar weiterhin seine Geschichten erzählen, doch nach einer konsequenten Achtsamkeitspraxis besteht im Gehirn tatsächlich eine schwächere Verbindung zwischen diesem Erzähler und den unangenehmen Gefühlen, die er hervorrufen kann, so wie etwa der Level an gefühltem Stress.

Diese in Entstehung begriffene Wissenschaft, die die Funktion unseres Gehirns und die Praxis von Achtsamkeitsmeditation zusammenbringt, legt die Vermutung nahe, dass wir die Fähigkeit unseres Gehirns nutzen können, um positive Veränderungen in Gang zu bringen. Meine Darstellung der Hirnfunktionen ist an dieser Stelle keineswegs vollkommen, außerdem wird man im Laufe der Zeit noch mehr über die Einzelheiten der genauen Schaltkreise und der betreffenden Prozesse in Erfahrung bringen. Doch dieser kleine Überblick soll Ihnen eine Vorstellung davon geben, wie viel Kraft von einer regelmäßigen Achtsamkeitspraxis ausgehen kann, wenn Sie Ihr Leben und Ihre Beziehungen in eine glücklichere, sicherere Richtung lenken wollen.

Um es noch einmal zusammenzufassen: Die Schaltkreise in unserem Gehirn, die für die Beziehungen zu anderen und für die innere Beruhigung zuständig sind, sind etwa zur gleichen Zeit entstanden, als wir anfingen, Sprache zu gebrauchen. In der frühen Kindheit wurde der innere Erzähler, der den Kommentar zu unseren Alltagserfahrungen liefert, wahrscheinlich durch unsere wichtigsten Beziehungen – die zu unseren Bezugspersonen (wie etwa unseren Eltern) – ausgebildet und wird vermutlich weiterhin durch diese beeinflusst. Wenn unser innerer Erzähler das Ruder übernimmt, dann stellt er unsere Erfahrungen höchstwahrscheinlich in den Rahmen oder in die Perspektive unseres jeweiligen Bindungstyps. Allem Anschein nach kann Achtsamkeit bestimmte Muster, die unserem groben und kritischen inneren Erzähler den Antrieb liefern, neu verschalten und unsere Aufmerksamkeit stattdessen auf unseren Körper und auf das Hier und Jetzt lenken. Die Geschehnisse um Sie herum mögen sich vielleicht nicht ändern, aber wenn Sie Ihr Gehirn durch regelmäßige Achtsamkeitspraxis „neu verschalten“, können Sie die Art verändern, wie Sie selbst diese Geschehnisse wahrnehmen, einordnen und analysieren, und wie Sie darauf reagieren.

Kernpraxis

Gebundene Erzähler

Geben Sie sich fünf Minuten Zeit, in denen Sie dem Erzähler nachspüren. Konzentrieren Sie sich auf Ihren Atem, lassen Sie sich durch das stille Mitzählen beim Ausatmen leiten. Lassen Sie die Stimme Ihres Erzählers sprechen und achten Sie dabei weiter auf Ihren Atem. Verlagern Sie Ihre Aufmerksamkeit nun eher auf diese innere Stimme als auf das Zählen.

- Wie ist der Tonfall der inneren Stimme? Welche Einstellung besitzt sie zu dem, was sie erzählt?
- Erinnert Sie die Stimme an jemanden, den Sie kennen?
- Stellen Sie sich jetzt vor, welche Klangfarbe und welchen Tonfall Sie sich bei Ihrem Erzähler *wünschen* würden. Richten Sie in dieser neuen Stimme einige Worte der Unterstützung und der Ermutigung an sich selbst.

Sie haben soeben erlebt, wie unterschiedliche Schaltkreise in Ihrem Gehirn funktionieren. Wenn Sie sich eine beruhigende oder entspannende Stimme vorstellen konnten, dann haben Sie auch Ihre Fähigkeit erlebt, einen Teil der in Ihrer frühen Kindheit entstandenen Bindungsmuster neu zu schalten oder so zu bestätigen, dass sie Ihnen nun zu mehr Zufriedenheit und Entspannung verhelfen. Wenn Sie dazu nicht in der Lage waren, versuchen Sie es weiter. Irgendwann wird es funktionieren.

Kapitel 6

Zufriedenheit

So wie ich es sehe, besteht eine der Hauptlektionen der Bindungstheorie darin, dass man lernen muss, wie man sich selbst Ruhe und Zuversicht vermittelt, damit man mental und emotional frei ist, um die Welt zu erkunden und das Beste daraus zu machen. Nichts und niemand kann einem Glück oder ein gutes Leben schenken. Es ist der Lohn, den man nur selbst im eigenen Leben finden kann. Und doch mögen Sie vielleicht das Gefühl haben, dass Ihnen die Umstände Ihres Lebens empfindlich im Wege stehen, wenn es um Glück und Zufriedenheit geht.

*Distress-Toleranz**

Werden Sie schneller gereizt, frustriert, wütend oder erzürnt, als es Ihnen lieb ist? Brechen Sie angesichts von Dingen, die ande-

* Distress bezeichnet hier die negative Form von Stress (engl. distress), die sich in Form von innerer Bedrückung und Kummer äußert; Distress-Toleranz ist demnach eine erhöhte Fähigkeit, seelischen Belastungen standzuhalten, A. d. Ü.

ren nebensächlich erscheinen, leicht in Tränen aus, fühlen Sie sich schnell überfordert oder ausgelaugt? Wenn Sie zu Grübelei und Sorge neigen, dann ist das vermutlich der Fall. Ihre Stressreaktion und Ihr innerer Kritiker nähren einander und zehren all Ihre emotionale Energie auf, so dass keine mehr für die Gefühle von Glück und Freude übrig bleibt. Eine der Eigenschaften, die sowohl bei sicherer Bindung als auch durch regelmäßige Achtsamkeitspraxis entsteht, ist eine Fertigkeit, die die Psychologen *Distress-Toleranz* nennen: Es ist das Maß, in dem Sie in schwierigen Situationen Ihren inneren Frieden, Ihre Ausgeglichenheit und Sammlung beibehalten können.

Nichts kann Ihre Stressreaktion so rasch und so stark auslösen wie jene innere Stimme, die Ihr Grübeln und Sorgen befehligt. Solange Ihr Stressschaltkreis so schnell durch die Gedanken an das, was Ihnen vielleicht passieren oder nicht passieren könnte, angeworfen wird und andere Gedanken, Gefühle und Verhaltensweisen außer Kraft setzt, wird sich die Zufriedenheit, nach der Sie sich so sehnen, Ihrem Zugriff entziehen. Das Glück wird ein unzuverlässiges sein, weil es Ihnen nur durch die Willkür von Dingen beschert wird, die nicht in Ihrer Macht stehen. Aber angesichts des einzigen Lebens, das Sie haben – das Leben, das Sie bereits leben –, stellt sich die Frage: Wollen Sie sich dafür einsetzen, dass Sie sich besser fühlen oder dass Sie sich schlechter fühlen als jetzt?

Eine höhere Distress-Toleranz gibt Ihnen die Möglichkeit, sich Gelegenheiten zu Glück und Zufriedenheit zu verschaffen, indem Sie die Kontrolle über die Richtung übernehmen, in die sich Ihr Denken bewegt. Menschen mit einer relativ hohen Distress-Toleranz lassen sich durch triviale Stressfaktoren nicht so leicht aus der Ruhe bringen. Sie machen aus einer Mücke keinen Elefanten und scheinen das Leben mehr zu genießen. Jeder hat seine Grenzen, doch Menschen mit einer sehr hohen Distress-Toleranz fällt es offensichtlich leichter als anderen, ihre Energie auf Faktoren des Glücks und des Wohlbefindens auszurichten. Glücklicherweise ist Distress-Toleranz eine Fertigkeit, die man erlernen kann wie das Lesen und Schreiben.

Schritt für Schritt vorgehen

Man kann es mit dem Lernen im Leben vergleichen. Es gibt Dinge, die Sie heute können, ob es nun so wichtige sind wie Ihr Beruf oder Ihr Hobby oder aber so verbreitete und scheinbar einfache wie Lesen und Schreiben, die Sie einst noch nicht beherrscht haben. Sie mussten erst lernen, wie das geht, und Sie mussten es Schritt für Schritt erlernen. Und doch ist Ihre Fähigkeit, diesen Beruf oder dieses Hobby auszuüben bzw. zu lesen und zu schreiben, mit der Zeit immer besser geworden. Jahre später ist sie Ihnen fast zur zweiten Natur geworden. Die Distress-Toleranz und ganz allgemein alle Fertigkeiten der Achtsamkeit lassen sich mit diesen anderen Fähigkeiten und Kenntnissen vergleichen, die Sie ja auch durch regelmäßiges Üben und Bemühen gemeistert haben.

Distress-Toleranz ist für Ihr anhaltendes Wohlbefinden von entscheidender Bedeutung. Wenn Sie sich durch die unvermeidlichen Belastungen des Lebens leicht erschüttern lassen, wird es Ihnen schwerfallen, an positive Gefühle heranzukommen. Das Glück wird noch zerbrechlicher werden, als es ohnehin schon ist. Jeder einzelne Tag wird genauso wie der vorhergehende ablaufen, und das Glück, nach dem Sie sich sehnen, wird immer wieder in weite Ferne rücken, verdrängt von der neuesten kleinen Krise in Ihrem Leben. Die Distress-Toleranz, die durch Achtsamkeitspraxis entsteht, kann Ihnen die Tür zu größerem Wohlbefinden öffnen, indem Sie Ihnen im unvermeidlichen Stress und Aufruhr des Lebens eine verlässliche Mitte verleiht. Diese verlässliche Mitte kann sich in hohem Maße so anfühlen wie die sichere, stabile Basis, von der wir bei der Bindungstheorie sprachen.

Inneren Stress umwandeln

Die meisten Menschen wollen glücklicher sein, und Sie sind da sicher keine Ausnahme. Sich deprimiert oder bedrückt zu fühlen ist meistens keine bewusste Entscheidung; in der Regel stellt man fest, dass man sich gegen seinen Willen so befindet, und es fällt schwer, aus dieser Stimmungslage wieder herauszukommen. Wenn Ihr Glück freigesetzt werden soll – befreit von dem, was Ihnen von außen zustößt –, dann muss es von Ihrer eigenen inneren Freiheit ausgehen. Das ist die innere Freiheit der Erkenntnis, dass unser Glück eine Wahl ist und wir es nicht immer unter Trompetenschall auf einem Silbertablett serviert bekommen. Manchmal sieht man ja nicht einmal, wie es zustande kommt.

Grübelei und Sorge sind kein fruchtbarer Boden für die Setzlinge von Glück und Zufriedenheit. Jedes Glücksgefühl, das durch Grübelei und Sorge kommt, ist wie eine kümmerliche Pflanze, die im ausgedörrten Boden von Stress und Angst um ein bisschen Leben kämpft. Das Erlernen und Praktizieren von Fertigkeiten der Distress-Toleranz bietet da eine Alternative. Wenn die Stürme des Lebens um Sie herum toben und Ihre beständige, achtsame Mitte dabei bestehen bleibt, herrschen weitaus freundlichere Bedingungen für die Entwicklung von Glück und Wohlbefinden.

Wenn Sie sich von der Tyrannei befreien, nicht anders als mit erhöhter Aufregung auf die Geschehnisse in Ihrem Leben reagieren zu können, dann können Sie anfangen, andere innere Erzähler ausfindig zu machen. Indem Sie wiederholt dem schroffen, Stress verursachenden Dialog des Grübelns und Sorgens in Ihrem Inneren lauschen und dabei achtsam auf Ihre Haltung und Ihren Atem bleiben, fängt Ihr Geist vielleicht an, sich langsam von diesem Erzähler, mit dem er sich so identifiziert hatte, zu entfernen und sich nunmehr mit derjenigen Stimme zu identifizieren, die Ihren Atem zählt. Das ist die Stimme, die durch Ihre Achtsamkeitspraxis entsteht, eine Ruhe und Zuversicht vermittelnde Stimme, die das Merkmal einer stabilen, sicheren Bindungsbasis ist.

Der Weg zum Glück

Diese beruhigende Stimme hat keine Chance, gehört zu werden, wenn die vierspurige Autobahn zwischen Ihrem inneren Kritiker und Ihrer Stressreaktion in Ihrem Gehirn bestehen bleibt. Wenn

Sie diese Autobahn abreißen und mit Hilfe von regelmäßiger Achtsamkeitspraxis neue Verbindungswege anlegen, werden belastende Dinge nicht einfach aus Ihrem Leben verschwinden. Aber Sie werden anders auf die Belastungen reagieren und folglich auch anders mit sich selbst und anderen umgehen, wenn die Verbindung zwischen Ihrer Stressreaktion und Ihrem inneren Erzähler neu verschaltet wird. Sie können den stressigen Teufelskreis, der in Ihrem Leben so viel Raum beansprucht hat, aufbrechen, indem Sie auf diese neu entstehende, beruhigende Stimme in Ihrem Inneren achten. Anstatt wieder mit der altvertrauten und viel geübten Grübelei zu reagieren, können Sie endlich in den Genuss von angenehmeren Gemütszuständen gelangen.

Der Vorgang der Neuverschaltung im Gehirn und die Art des Reagierens auf Stress gehören zur Erschaffung dieses neuen, beruhigenden Erzählers dazu. Wenn einer meiner Patienten eines Tages zu mir kommt, nachdem er eine Zeit lang Achtsamkeit praktiziert hat, und mir erzählt, dass er auf der Straße von einem aggressiven Autofahrer geschnitten worden sei, aber nur gelacht habe, anstatt zu hupen, zu fluchen und zu schimpfen, dann weiß ich, dass er bei der Neuverschaltung seines Gehirns schon große Fortschritte gemacht hat. Ein weiteres Anzeichen für diese neue Verschaltung zeigt sich, wenn dieser Patient mit einer Person oder Situation konfrontiert wird, die ihn bisher immer nervös gemacht hat, nun aber berichtet, dass er sich stattdessen dabei sogar wohlgefühlt habe.

Wenn Sie selbst derartige Veränderungen in Ihrem Leben beobachten, können Sie meiner Meinung nach davon ausgehen, dass die Stress fördernde Verbindung in Ihrem Gehirn zwischen Ihrem medialen präfrontalen Cortex und Ihrer Amygdala aufgrund Ihrer eigenen engagierten Bemühungen abgeschwächt worden ist. Das soll nicht heißen, dass diese Verbindung ganz verschwunden ist, sondern vielmehr, dass Ihr Gehirn bemüht ist, Ihr Denken so zu gestalten, dass Sie eher die Gelegenheit haben, Glück zu empfinden, weniger Stress zu erleben oder beides. Mit Hilfe von konsequenter Praxis und fortwährender Übung werden neue Gelegenheiten auftauchen, die die neuen Verbindungen verstärken. Sie werden sich zunehmend besser fühlen.

Der Weckruf

Für viele der Krebspatienten, mit denen ich arbeite, kann die Erfahrung einer lebensbedrohlichen Erkrankung oftmals wie ein Weckruf erscheinen, Fertigkeiten zur Distress-Toleranz zu entwickeln und zu meistern. Viele, die so eine Erkrankung durchgemacht haben, sagen immer wieder dasselbe: Die Erfahrung, wie zerbrechlich das Leben ist, habe sie erkennen lassen, dass sich „über Kleinigkeiten aufzuregen" nichts als eine Verschwendung von kostbarer Lebenszeit sei. Der Kampf gegen den Krebs hat diesen Menschen die Kraft gegeben, rechtmäßig eigene Prioritäten darin zu setzen, wie sie ihre Energie und ihre Zeit investieren wollen. Die meisten entscheiden sich dafür, sich auf eigenes Glück und das ihrer Angehörigen zu konzentrieren, und gehen mit neuem Schwung und neuer Lust am Leben aus dieser Erfahrung hervor.

Für diese Patienten ist jeder neue Tag ein Geschenk und fühlt sich für sie auch wie ein Geschenk an. Sie erkennen, dass uns die Entscheidungen in unseren Lebensfragen zum Glück oder zum Elend führen können. Lucy, eine meiner Patientinnen, ist durch eine sehr lebhafte Erfahrung zu dieser Erkenntnis gelangt. Lucy hatte ein sehr hartes Leben gehabt. Im Alter von 57 sah sie durch ihr lebenslanges Trinken und Rauchen bereits viel älter aus. Als ich sie kennenlernte, war sie seit zehn Jahren trocken und hatte nicht mehr geraucht, jedoch war bei ihr vor Kurzem ein aggressives metastasierendes Adenokarzinom der Lunge festgestellt worden. Sie wusste von Anfang an, dass ihre Aussichten vermutlich nicht gut stünden, und sie lebte nach der Diagnose auch nur noch ein Jahr.

Lucy lebte mit ihrem Mann zusammen, mit dem sie seit 15 Jahren verheiratet war, und die beiden führten ein bescheidenes Leben. Ihr Mann hatte seine eigenen Kämpfe mit dem Alkohol ausgefochten, und beide hatten aufgrund ihrer jahrzehntelangen Abhängigkeit keinen Kontakt mehr zu ihren Familien. Sie hatten nur einander und sonst recht wenig. Aufgrund ihrer Erkrankung musste Lucy ihren Job als Bedienung aufgeben. Zu diesem

Zeitpunkt begann sie eine Therapie bei mir, um dadurch einige ihrer destruktiven Angewohnheiten in den Griff zu bekommen und vielleicht endlich die Freude im Leben zu finden, die ihr das ganze Leben lang gefehlt hatte.

Von Anfang an war offensichtlich, dass Lucy eine schwierige Beziehung zu ihrer Mutter gehabt hatte. Ihr Vater – derjenige Elternteil, zu dem sie eine sichere Bindung besaß – war bereits gestorben, als Lucy noch klein war. Ihre Mutter hatte bald erneut geheiratet und Lucy deutlich spüren lassen, dass sie nichts als eine Last für die neue Familie sei, die ihre Mutter mit ihrem neuen Mann hatte gründen wollen. Lucy hatte diesen Schmerz als Kind heruntergeschluckt – und schluckte die nächsten dreißig Jahre lang jeden Tag einen Liter Wodka und den Rauch von zwei Packungen Zigaretten, um die Wut, die Angst und die Grübelei zu unterdrücken, die ihr Leben bestimmten. Nach Jahrzehnten, die sie im Dunst von Trunkenheit und Sucht verlebt hatte, besaß sie nicht mehr Kontrolle über ihren Geist als an jenem Tag, an dem sie mit dem Trinken angefangen hatte.

In der Therapie begannen wir mit der Erarbeitung von Achtsamkeitsfertigkeiten, so etwa der Erhöhung ihrer Distress-Toleranz, damit sie sich mit ihrer harten inneren Erzählerin auseinandersetzen konnte. Lucy verspürte neue Kraft, als sie erfuhr, dass die Stimme in ihrem Kopf nicht immer recht hatte und ein Produkt ihres schwierigen Lebens und ihrer ungünstigen Entscheidungen war. Ihre innere Stimme schien sich selbst darin zu übertreffen, immer wieder neue Schwierigkeiten zu erzeugen und ihre Nüchternheit zu einem fortwährenden Kampf zu machen. Sie entdeckte, dass die Stimme ihrer Mutter lange nach deren Tod als innere Erzählerin immer noch bei ihr war und sie jeden Tag aufs Neue piesackte, schikanierte und ihr jede Freude raubte. Lucy erlangte die Kraft für den Versuch, die Drehbücher ihres eigenen Lebens neu zu schreiben.

Nachdem sich Lucy ihres eigenen Potentials zu Veränderung durch die regelmäßige Praxis von Achtsamkeitsfertigkeiten bewusst geworden war, fing sie an, spontane Momente der Klarheit zu erleben. Eines Tages kam sie zu mir und berichtete, sie habe sich am vorhergehenden Tag so gut wie noch nie zuvor in ihrem Leben gefühlt. Der Anlass war ein Sonnenuntergang gewesen. Sie war nach einem ihrer täglichen Ausflüge gerade die Straße entlanggegangen und hatte beim Hochschauen auf einmal das dramatische Farbenspiel wahrgenommen, von dem ein Sonnenuntergang in Südflorida im Sommer oft begleitet wird. Sie hatte eine tiefe Freude und große innere Zufriedenheit darüber empfunden, dass sie diese besondere Abendstimmung ganz bewusst erleben konnte.

Lucy begriff, dass es nicht der Sonnenuntergang selbst war, der sie so bewegt hatte, sondern die Art, wie sie ihn erfahren hatte. Ihr Leben war immer noch gefährdet, da ihre familiäre Situation weiterhin der Heilung bedurfte und sie und ihr Mann kein Geld hatten – und doch war Lucy für einen ganz normalen, zutiefst beglückenden Augenblick da gewesen. Als ich sie fragte, was sie denn sonst so zur Zeit des Sonnenuntergangs gemacht habe, antwortete sie unter Tränen, dass sie dann immer gearbeitet habe oder in ihren eigenen inneren Dialog verstrickt gewesen sei. Sie habe den Sonnenuntergang kaum zur Notiz genommen. Lucy hatte zu wenig Distress-Toleranz besessen, um der Verführung durch ihre innere Erzählerin zu widerstehen. Von diesem Tag an wurde jeder Sonnenuntergang für sie zu einer Erinnerung daran, dass Präsenz und Freude Entscheidungen sind, die sie selbst treffen musste, um das Gute im Leben zu erfahren – ungeachtet der äußeren Umstände. Trotz der begrenzten Zeit, die ihr noch blieb, war Lucy nach eigenen Worten in ihrem letzten Lebensjahr öfter für ganz normale, aber glückliche Momente präsent als in den vorhergehenden fünfzig Jahren.

Bei vielen Menschen wie Lucy verändert sich ihr restliches Leben zum Guten, wenn sie sich aufgrund ihrer Erkrankung dazu entschließen, ihre Einstellungen, ihr Verhalten und ihre Vorstellungen tief greifend zu verändern. Anstatt Stress und Leid noch zu fördern, ermöglicht es einem die Distress-Toleranz, in schwierigen Situationen präsent und handlungsfähig zu bleiben, während man gleichzeitig eine emotionale Mitte beibehält, die das eigene Wohlergehen unterstützt. Es ist, als sei der hartherzige Erzähler ein bedrohlicher Ausbildungsoffizier, bei dessen Megafon die Batterien ausgegangen sind: Dazu ausgebildet, uns zu schnellem Handeln und einer raschen Reaktion zu drängen, ohne auf die Folgen zu achten, besitzt er plötzlich nicht mehr die Macht, uns einzuschüchtern und in den altvertrauten Irrgarten von Grübelei und Sorge hineinzutreiben. An die Stelle des Ausbildungsoffiziers mitsamt seinen erbarmungslosen Perfektionsansprüchen und seinem Hang zu scharfer Kritik tritt im Laufe der Zeit ein fürsorglicher, mitfühlender Coach, der Zuversicht vermittelt und zu gewissenhaftem Bemühen inspiriert.

Radikales Annehmen

Wir alle haben eine sehr tiefe Sehnsucht, glücklich zu sein. Wenn wir allerdings nicht so viel Glück erfahren, wie wir es gerne möchten, dann versuchen wir in aller Regel, das, was uns im Wege steht, abzulehnen oder zu verleugnen. Aber das, vor dem wir dann weglaufen wollen, ist im Normalfall nichts, was einfach weggehen würde. Wenn man vor all dem Kummer und Leid im Leben weglaufen wollte, wäre das so, als wollte man vor seinem eigenen Schatten davonlaufen. Doch selbst in einem dunklen Zimmer wartet dieser auf uns, bis es wieder hell wird.

Wenn man vor unangenehmen Situationen oder Begegnungen davonlaufen will, setzt man sich nicht mit den tiefer liegenden Prozessen auseinander, die Leid und Kummer in unserem Inneren und in unserem Leben festhalten. Ereignisse gehen vorüber, doch unser Geist kann sich noch jahrzehntelang daran erinnern. Distress-Toleranz bedeutet nicht die Abwesenheit von Leid oder das Verleugnen von Leid. Es bedeutet vielmehr, dass man Unangenehmes, Unbehagen und negative Gefühle durchlebt, während man sich gleichzeitig bewusst und achtsam entscheidet, wie man sich verhalten und wie man auf die Unbill reagieren will.

Der achtsame Weg verlangt nicht von uns, dass uns wir entscheiden, ob wir uns unserem Kummer ergeben oder ob wir ihn wegschieben sollen. Der achtsame Weg verlangt von uns, dass wir die Umstände unseres Lebens annehmen als das einzige Mittel, das wir haben, um die Qualität und den Sinn unseres Lebens zu verbessern. Wir haben nur das vor uns liegende Leben, mit dem wir arbeiten können.

Wie schon früher erwähnt, verwenden wir im Rahmen der Achtsamkeitslehren den Begriff „radikales Annehmen", um den Prozess der Anwendung von Fertigkeiten der Distress-Toleranz zu beschreiben. Distress-Toleranz bedeutet, die Lautstärke und den emotionalen Einfluss unseres inneren Geplappers, das heißt der Stimme von Grübelei und Sorge, herunterzudrehen. Radikales Annehmen verlangt nicht von uns, Stress zu verdrängen oder uns im Jammer zu suhlen, sondern einen jeden Tag unseres Lebens als solide Basis für unser unmittelbares und unser zukünftiges Wohlergehen zu nutzen.

Wenn Sie versuchen, dem Stress zu entfliehen, dann machen Sie ihn zum Mittelpunkt Ihres Lebens. Der Stress wird zum Bezugspunkt auf dem Kompass Ihres Daseins, weil alles in Ihrem Leben darum geht, von ihm wegzukommen.

Die Perspektive des radikalen Annehmens ist eine andere. Wenn Sie radikales Annehmen üben, stellen Sie Wohlergehen und Glück in den Mittelpunkt Ihres Daseins. In Ihrem Leben geht es dann darum, zu Glück und Erfüllung zu gelangen.

Wir stellen uns Annehmen normalerweise als etwas Passives vor, doch das radikale Annehmen ist ein Aufruf zum Handeln. Es verlangt nicht, dass Sie sich gegenüber leidvollen Situationen oder Interaktionen selbst aufgeben, sondern vielmehr, dass Sie Ihre Last als Ihren Ausgangspunkt nehmen, um positive Veränderungen herbeizuführen. Wenn Sie als Ehepartner/in oder Freund/in misshandelt werden, bedeutet radikales Annehmen nicht, dass Sie die Misshandlung dulden sollten. Es bedeutet, dass Sie die Realität Ihrer Situation akzeptieren sollten, damit Sie jetzt sofort etwas daran ändern können, anstatt lediglich darauf zu hoffen, dass Ihnen die Veränderung in den Schoß fallen wird. Ebenso würde radikales Annehmen, wenn Sie etwa drogensüchtig wären, nicht bedeuten, dass Sie Ihren Suchtdruck akzeptieren und ihm nachgeben sollten. Vielmehr verlangt das radikale Annehmen von Ihnen, die Realität Ihrer Abhängigkeit anzuerkennen und, anstatt zu warten, bis Sie einen neuen Hoch- oder Tiefstpunkt erreicht haben, jetzt sofort anzufangen, die Veränderungen in Ihrem Leben einzuleiten.

Was ist daran so radikal?

Radikales Annehmen ist eines der größten Geschenke der Achtsamkeitspraxis, bei dem wir uns die Wandlungsfähigkeit unseres Geistes bewusst zunutze machen. Unser Ziel bei dieser Wandlung besteht darin, mehr Möglichkeiten für und Kontrolle über Freude und Wohlbefinden zu erlangen. Radikales Annehmen ist die Alternative zu ständig erhöhtem Stress, zu Sorge und zu Grübelei. Im Gegensatz zu Angst oder Furcht ist es die absolute Offenheit, mit der man das Leben erlebt.

Um radikales Annehmen praktizieren zu können, sollte man sich nach der Empfehlung vieler buddhistischer und anderer spiritueller Lehrer zunächst gut mit der Erkenntnis vertraut machen, dass das Leben unbeständig und unvorhersehbar ist. Man braucht nicht Krebs zu haben, um für kostbare Augenblicke präsent sein zu können oder um Freude und Glück an den alltäglichsten Orten zu finden.

WENN DOCH NUR Wir durchleben unsere Tage in der Überzeugung, wir hätten genug Zeit, uns Sorgen zu machen, von besseren Zeiten zu träumen, jedes Problem zu lösen und darauf zu warten, dass sich das Leben zum Besseren wendet. Wenn ich doch nur mehr Geld hätte. Wenn sich doch nur meine Eltern besser verhalten hätten. Wenn nur diese eine Person nicht so kritisch oder so gemein gewesen wäre. Wenn nur weniger Verkehr gewesen wäre. Wenn nur das Wetter besser gewesen wäre. Wenn mir nur ein bisschen mehr Zeit geblieben wäre. Wenn nur dieses oder jenes nicht geschehen wäre, dann wäre der Tag perfekt gewesen.

Jetzt anfangen! Radikale Annahme kommt aus der Überzeugung, dass wir nicht bis morgen oder bis nächste Woche oder bis alle Wünsche erfüllt sind warten können, ehe wir unser Leben verändern. Wir müssen hier und jetzt anfangen, wo wir gerade sind, mit allem, was wir sind, und nicht mit einem „wenn doch nur …". Wir müssen genau diesen gegenwärtigen Moment mit all seinen Unzulänglichkeiten und Mängeln als Ausgangspunkt nehmen, um die radikalen Veränderungen vorzunehmen, die zu einem schöneren, erfüllteren Leben führen werden. Die Sonne kann uns nicht lehren, den Sonnenuntergang zu bewundern; wir müssen unser Bewusstsein selbst in die Erfahrung des Sonnenuntergangs mit einbringen.

Wir müssen sofort anfangen, denn wir müssen die Tatsache akzeptieren, dass das Leben nicht immer so verläuft, wie wir es gerne hätten. Leid, Elend, Krankheit und Tod finden den Weg zu uns allen. Wir alle sind nur für bestimmte Zeit hier, und keinem von uns ist ein weiterer Tag garantiert. Und doch verschwenden wir unsere Zeit in Irrgärten herumwandernd, in Gedanken verloren und uns um Zukünftiges sorgend, was oftmals so gar nicht eintritt.

Es ist keine Zeit zu verlieren. Leiden, Not und Schmerzen finden uns, ohne dass wir groß nach ihnen Ausschau halten müssten. Mehr Freude in Ihrem Leben: Danach sollten Sie suchen. Aufgrund der Unsicherheit und Vergänglichkeit unseres Lebens sollten wir alle Möglichkeiten an positivem Potential nutzen. Die buddhistischen Lehren fordern uns auf, mit demselben intensiven Einsatz nach Glück zu streben und Achtsamkeit zu praktizieren, mit dem wir eine Feuersbrunst in unserem Haus bekämpfen würden. Unser Leben steht auf dem Spiel, und die Dringlichkeit ist offensichtlich.

Das Fundament legen für Achtsamkeit

Seit der frühesten Einführung in der „*Lehrrede von den Grundlagen der Achtsamkeit*", dem *Mahā-Satipatthāna-Sutta*, ist die Praxis von Achtsamkeit eng mit der Bewältigung unserer eigenen Sterblichkeit in Verbindung gebracht worden. Dieser Text ist über zweitausend Jahre alt und einer der ersten, der nach dem Tode jenes Mannes, den wir heute den Buddha nennen, niedergeschrieben wurde. In diesem Text lehrt der Buddha die Grundlagen der Achtsamkeitspraxis, wie wir sie bereits behandelt haben. Er lehrt Praktizierende, wie Achtsamkeit mit der richtigen Sitzhaltung und Atembeobachtung zu üben ist. Er lehrt auch, wie Achtsamkeit bei einer Vielzahl von Alltagstätigkeiten geübt werden kann, wie etwa beim Gehen, beim Sitzen, beim Essen und beim Liegen.

Dann fordert der Buddha die Praktizierenden auf, zu den Leichenfeldern zu gehen, die im alten Indien üblich waren. Die „Leichenfeldbetrachtungen", wie sie genannt werden, waren der erste Rahmen, in dem Achtsamkeit außerhalb des klösterlichen oder weltabgewandten Lebens praktiziert wurde. Leichenfelder, so wie man sie heute noch in Südasien und Tibet findet, sind jener Teil der Siedlung, wohin die Menschen ihre Toten bringen, damit diese auf Scheiterhaufen verbrannt werden oder aber (wie im Falle der Armen) Wind und Wetter und den Tieren überlassen werden.

In der traditionellen vedischen Gesellschaft, in der der Buddha lebte, war es ein revolutionärer Akt, den Fuß in einen Feuerbestattungsbezirk zu setzen, um dort Meditation zu üben. Alles, was mit diesen Orten zu tun hatte, war und wird häufig immer noch als unrein und unangenehm betrachtet. Diese Stätten waren voller verkohlter Knochenstücke, streunender Hunde und Schakale. Zu jeder Tages- und Nachtzeit trugen die Familien die Leichname ihrer Angehörigen dorthin, damit diese verbrannt werden konnten. An manchen Tagen konnte es sein, dass die Leichname stundenlang in der sengenden Hitze lagen und der Verwesungsprozess schnell einsetzte. Die Menschen, die dort arbeiteten, vollzogen zwar die heiligen Bestattungszeremonien, wurden aber dennoch als Unberührbare betrachtet und von der normalen Gesellschaft ausgeschlossen. Die Familienangehörigen mussten, ehe sie nach Hause zurückkehren konnten, in einem Tempel rituell gesäubert, d. h. von ihrem Gang zur Totenstätte gereinigt werden. Und trotz alledem wurde den Nachfolgern des Buddha empfohlen, sich auf diesen Leichenfeldern aufzuhalten und dort ihre Achtsamkeitspraxis zu beginnen. Von Tag zu Tag wurden sich diese frühen Praktizierenden bewusster, dass das Feuer auch auf sie wartete und dass der Tag der letzten Reise zum Scheiterhaufen immer näher rückte.

Die Vergänglichkeit ist unser Lehrmeister

Dass der Buddha seinen Anhängern Meditation auf den Leichenfeldern empfahl, hatte wohl drei Gründe: Zum Ersten wurde denjenigen, die an seinen Lehren interessiert waren, dadurch unmissverständlich klargemacht, dass sie es mit dem spirituellen Vorankommen ernst meinen mussten, denn dies war kein Weg für Zimperliche. Zweitens erinnerte es diese ersten Praktizierenden daran, dass der Tod bedingungslos annimmt: Der Tod kommt jeden holen, ungeachtet der Krankengeschichte, des Alters, des Geschlechts, der ethnischen Herkunft und des Einkommens. Der Tod macht keine Unterschiede und wartet auch nicht auf den Zeitpunkt, den man für den richtigen hält – bei ihm gibt es kein „erst wenn". Sein Kommen ist unbedingt und endgültig.

Diese frühen Buddhisten, die Tag für Tag Menschen in tiefer Trauer sahen und beobachteten, wie Säuglinge, Kinder, Junge und Alte gleichermaßen verbrannt wurden, erfuhren unmittelbar die Allgegenwärtigkeit des Todes. Diesen Praktizierenden wurde radikale Annahme durch diesen erbarmungslosesten aller Lehrer gelehrt. Sie saßen da, achteten auf den Atem, während ihr Geist immer weiter vor sich hinplapperte, so wie es unser eigener auch tut. Die einzige Anweisung, wie sie mit den Bildern, Geräuschen und Gerüchen der Verbrennungsstätte fertig werden sollten, lautete, dass sie sich mit der Stimme eines tröstenden, beruhigenden Erzählers immer wieder im Stillen sagen sollten: „Keiner von uns ist von diesem Schicksal ausgenommen." (Walshe 1987). Die Wiederholung dieses Mantras in engster Nachbarschaft zur Vergänglichkeit des Lebens erlaubte es ihnen, bedingungsloses Annehmen zu erproben.

Erinnern wir uns an die Erste Edle Wahrheit: Leiden ist allgegenwärtig. Dennoch ist Leiden auch ein Lehrer in radikaler Annahme. Dem Tod ins Gesicht zu sehen, indem sie auf dem Leichenfeld Achtsamkeit übten, hat diesen Praktizierenden die gleiche bedingungslose Annahme vermittelt, die der Tod selbst zu praktizieren scheint. In den Flammen des Scheiterhaufens oder unter der Erde auf dem Friedhof sind wir alle gleich. Es gibt keinen Rang, keine Rasse, kein Geschlecht und kein Einkommen mehr, wenn unser Leben vorbei ist. Wir alle sind unvollkommene, strauchelnde Menschen, die durch unseren Kopf voller Geplapper über Hoffnungen, Träume und Schäume vereint sind. Ich glaube, dass die Praktizierenden der „Leichenfeldbetrachtungen" ihr eigenes inneres Geplapper und ihren eigenen Stress etwas weniger ernst zu nehmen begannen, indem sie ihre Vorstellungen dessen, was es heißt, Mensch zu sein, mit Hilfe dieser egalitären Perspektive veränderten – das heißt, sie wurden weniger egozentrisch.

Der dritte und letzte Grund, weshalb der Buddha meiner Meinung nach seine Anhänger dazu gedrängt hat, auf den Leichenfeldern zu praktizieren, besteht darin, ganz praktisch eine Lektion erteilt zu bekommen, wie kurz das Leben sein kann. Indem sie vom Tod radikale Annahme lernten, wurden diese frühen Praktizierenden von einem Gefühl tiefer Dringlichkeit erfasst, sich voll und ganz auf den spirituellen Weg einzulassen, um dadurch tiefe Freude, Zufriedenheit und Sinn im Leben zu finden. Wenn man einmal erlebt hat, dass der Tod zu jeder Zeit und in jeder Situation kommen kann, wird einem bewusst, wie zerbrechlich und vergänglich das Leben sein kann. Viele meiner Krebspatienten scheinen die gleiche Veränderung durchzumachen. Sie sehen zu, wie andere, mit denen sie ihre Schützengräben teilen, aufstehen, um zu kämpfen, und nicht mehr zurückkehren. Sie wissen, dass keiner vom Schicksal der Sterblichkeit ausgenommen ist. Es ist keine Zeit zu verlieren, mit spiritueller Praxis anzufangen und das Beste aus den kostbaren Tagen zu machen, die uns noch verbleiben.

Wie die Leichenfeldpraktizierenden werden auch viele Menschen, die eine nahe und enge Begegnung mit der Sterblichkeit hatten, bis ins Mark ihres Wesens erschüttert. Der Buddha hat erkannt, wie kraftvoll uns die Konfrontation mit unserer Sterblichkeit dazu motivieren kann, ein erfüllteres, sinnvolleres Leben zu führen. Das Meditieren über den Verlust aus der Perspektive der direkten Erfahrung war so tief greifend, dass der Buddha der Überzeugung war, es sei der allerbeste Lehrer, um die Schüler auf den spirituellen Weg zu bringen. Nach wochenlanger Praxis zwischen den Flammen der Scheiterhaufen sollten die Praktizierenden ihre kleinlichen Ängste und vorübergehenden Sorgen, ihre ohrenbetäubende innere Kritik und Plapperei hinter sich lassen. Nicht nur alle spirituellen Lehren sollten in den „Neun Leichenfeldbetrachtungen“ aufgehen, sondern auch die Hindernisse auf dem Weg zum spirituellen Fortschritt.

Tieferes Glück

Wenn man von den Totenstätten kommt, fühlt sich das Leben so vergänglich an wie jeder einzelne Atemzug. Meiner Ansicht nach war für diese Leichenfeld-Meditierenden das Glück, nach dem sie suchten, ein anderes, als Sie und ich es uns vielleicht vorstellen. Anstelle von Glück, das von angenehmen Erfahrungen abhängig ist, suchten diese Praktizierenden nach Gleichmut bzw. Zufriedenheit im Leben. Für den ausgeglichenen Geist dieser Achtsamkeitsübenden war es ebenso befriedigend, die richtigen Bedingungen für die Erfahrung von Glück herzustellen, wie die Erfahrung von Glück selbst.

Innere Zufriedenheit und Ausgeglichenheit gehen sehr viel tiefer als die vorübergehende Hochstimmung und Freude, die wir normalerweise mit Glück gleichsetzen. Man kann sich Freude durch Glück wie eine Belohnung oder ein kleines Überraschungsgeschenk vorstellen. Sie kommt und geht, und die Achtsamkeit kann uns sicherlich dabei helfen, diese angenehmen Momente der Freude auszukosten, indem wir dafür ganz präsent sind. Es ist absolut nicht verkehrt, Spaß zu haben, solange es ein gesunder Spaß ist. Oftmals schenken uns die vorübergehenden kleinen Freuden im Leben Kraft, um die Reise zu tieferem Glück fortzusetzen, so wie ein Schluck Wasser auf dem Weg zu einer Oase inmitten einer ausgetrockneten Wüste.

Innere Zufriedenheit gleicht eher der sicheren, stabilen Basis, die von der Bindungstheorie beschrieben wird. Innere Zufriedenheit wird von derjenigen Erzählstimme genährt, die aus Achtsamkeit geboren ist und die unsere Stressreaktion befrieden kann, indem sie uns zu radikaler Annahme bringt. Innerer Frieden bedeutet ebenso wenig wie die Distress-Toleranz, dass man sich passiv mit allem zufriedengibt. Vielmehr bedeutet innerer Frieden, jeden vorbeiziehenden Gedanken und jedes Gefühl gleichberechtigt und offen anzunehmen und zu erkennen, dass diese ebenso endlich und vergänglich sind wie dieses kostbare Menschenleben.

Wenn Zorn aufkommt, dann wird er von der besänftigenden Stimme Ihres inneren Meditierenden angenommen und verwandelt. Sie akzeptieren Ihre Wut, doch Sie sind nicht Ihre Wut. Wenn ein Glücksgefühl aufkommt, nehmen Sie auch dieses an, Sie heißen sein Erscheinen willkommen und genießen es. Und doch sind Sie auch nicht Ihr Glücksgefühl. Wenn Angst aufkommt, nehmen Sie sie an, ohne Angst zu bekommen, dass sie da ist. Sie wandeln sie in die Erinnerung um, tief in den Bauch hinein zu atmen, und lassen die Angst mit Ihrem Atem los. Sie sind nicht Ihre Angst.

So wie die Flammen des Scheiterhaufens alles Leben gleichermaßen aufnehmen, so kann auch Ihr Geist ein jedes Gefühl gleichermaßen annehmen. Glück hängt davon ab, dass alles gut geht, doch innerer Friede ist unabhängig und frei davon, was mit Ihnen oder um Sie herum geschieht. Diese Haltung des Gleichmuts baut auf der Einsicht in die Unbeständigkeit auf.

Sie können für die Momente präsent bleiben, die Ihnen momentan Freude bringen, ja diese sogar mit neuer Intensität erleben, und Sie können sich durch das Wissen um die vergängliche Natur von Traurigkeit, Wut und Angst beruhigen lassen. Innere Zufriedenheit und Gleichmut lassen Sie Ihre innere Mitte bewahren, ganz gleich, welchen Umständen oder welchen Herausforderungen Sie gegenüberstehen. Dies ist eine subtilere und doch tiefgründigere Ebene der Lebenszufriedenheit als der endlose Versuch, immer wieder neu hinter wohltuenden Erfahrungen herzujagen. Mit einem Geist, der auf innere Zufriedenheit ausgerichtet ist, werden Sie sich viel eher all der Möglichkeiten zu Glück und Freude bewusst, die sich in jedem beliebigen Augenblick in Ihrer Nähe befinden. Alles Seiende geht vorüber. Das achtsame Bewusstsein von dieser Vergänglichkeit – und daher Kostbarkeit – unseres Daseins ermöglicht es dem Praktizierenden, in seiner Mitte zu bleiben, anstatt sich von flüchtigen emotionalen Zuständen mitreißen zu lassen.

Innere Zufriedenheit ist nahezu gleichbedeutend mit der spirituellen Befreiung, die sich aus dem unmittelbaren Erfahren des wahren Wesens der Wirklichkeit ergibt. Viele Menschen glauben daran, dass das tägliche Leben und die Alltagsrealität, die wir erfahren, nur ein kleiner Teil eines gewaltigen, voneinander abhängigen und sich ständig wandelnden Zusammenspiels von millionenfacher Ursache und Wirkung sind. Wir alle existieren nur in Beziehung zueinander, und wenn man versucht, das ungeheure Ausmaß unseres Lebens und unserer Beziehungen zu begreifen, dann erfasst die individuelle Perspektive des Einzelnen nur einen winzig kleinen Teil einer unendlich großen kosmischen Landschaft.

Wahres Glück liegt im Gewahrsein der unermesslichen Größe des Lebens und in der Anerkenntnis der Flüchtigkeit unserer individuellen Erfahrungen.

Kernpraxis

Distress-Toleranz

Wenn Sie Achtsamkeitspraxis durchführen, werden Sie, wie zahllose andere auch, beobachten, dass Sie im Laufe Ihrer Sitzung neu auftretende Empfindungen wahrnehmen. Ich selbst werde fast immer mit einem ständig wiederkehrenden Juckreiz an der Augenbraue oder am Ohr konfrontiert, wenn ich meine Meditationssitzung beginne. Ein solcher Juckreiz scheint zur Erfahrung vieler Meditierender zu gehören. Nun, da ich ihn erwähnt habe, werden vermutlich auch Sie den Juckreiz oder irgendeine andere unangenehme Empfindung bemerken.

Wenn Sie den Juckreiz wahrnehmen, stehen Sie vor einer Entscheidung und einer großen Lektion in Sachen radikale Annahme. Es ist metaphorisch gesehen das Dilemma, mit dem wir uns alle in irgendeiner Weise unser ganzes Leben lang herumschlagen.

- Verändern Sie Ihre Meditationshaltung, um sich an der Stelle des Juckreizes zu kratzen?
- Sitzen Sie mit dem Juckreiz und beschäftigen Sie sich damit?
- Kehren Sie mit Ihrer Aufmerksamkeit wieder zum Atem zurück?

Als ich vor Jahren mit meiner eigenen Praxis anfing und der Juckreiz die ersten Male auftrat, habe ich mich fast immer gekratzt. Doch dann habe ich bemerkt, dass kurz darauf erneut ein Juckreiz auftrat, manchmal an derselben Stelle, manchmal auch an einer anderen.

Als ich dann anfing, in einer Gruppe zu meditieren, wurden mir meine Bemühungen, mich an der juckenden Stelle zu kratzen, deutlicher bewusst. Ich wurde zurückhaltender. Als ich die Zeit, die ich bis zum Kratzen brauchte, in die Länge zog, bemerkte ich, wie sich mein innerer Erzähler an die Irritation, die ich an meiner Haut spürte, anzuheften begann. Das wurde zum Riesenteil meines inneren Kommentars, aber ich saß ja in einem Raum voller Leute, die ganz still saßen. Also kratzte ich nicht. Stattdessen beobachtete ich, wie sich mein innerer Erzähler durch den Juckreiz vereinnahmen ließ, während ich meine Achtsamkeit auf das Steigen und Fallen meines Atems gerichtet hielt.

Etwas Merkwürdiges geschah: Der Juckreiz verschwand. Ich brauchte gar nicht zu kratzen. Allerdings kam erneut ein Jucken auf und danach manchmal wieder eins. Als ich mich einmal entschieden hatte, diese Reize aufkommen und wieder vergehen zu lassen, fing ich an, die Bedeutung des radikalen Annehmens in meinem eigenen Leben zu begreifen. Der Juckreiz wird immer wieder kommen, und er wird immer wieder gehen. In der Achtsamkeitssitzung verpflichte ich mich dazu, jeden Juckreiz zu akzeptieren und in den kostbaren gegenwärtigen Moment hinein loszulassen.

Und welche ständig wiederkehrende Ablenkung können Sie in Ihrer Praxis akzeptieren, indem Sie deren Kommen und Gehen beobachten und dabei stets bei Ihrem Atem bleiben? Wenn Sie Ihren Geist darin üben, mit seinen jeweiligen Juckreizen still zu sitzen, lernen Sie, sich einer inneren Zufriedenheit bewusst zu werden, die nicht von der Jagd nach Erfreulichem abhängt.

Denken Sie daran, alles geht vorüber.

KAPITEL 7

Angewohnheiten für Ihr psychisches und physisches Wohlbefinden

Wenn man die eigenen mentalen Muster zu verändern versucht, ist das nicht so einfach wie das Auswechseln einer Glühbirne oder das Wechseln der Kleidung. Es ist ein sehr komplexer Prozess. Sich geistig zu verändern, um dadurch mehr Freude und weniger Stress im Leben erfahren zu können, das erfordert Hingabe und Entschlossenheit. Damit die Veränderung klappt, müssen Sie sich behutsam die Voraussetzungen für einen gesunden Geist schaffen, der ebenso selbsterhaltend, stabil und vertraut wird, wie Ihnen Ihr grüblerischer, kummervoller Geist heute erscheint. Ihr tägliches Leben und Ihre Entscheidungen müssen mitwirken, um Ihr ganzheitliches Wohlbefinden zu stärken. Wenn Ihr Wohlbefinden einmal eine Eigendynamik entwickelt hat, werden Sie mehr Freiheit empfinden, selbst zu entscheiden, wie Sie die kostbaren Augenblicke Ihres Lebens erleben wollen.

Übung im Wohlbefinden

Sie sind dabei, dieses Buch zu lesen, um den Weg zu denjenigen Veränderungen zu finden, die Sie anstreben. Ich habe schon verschiedentlich betont, dass es bei Veränderungen – nämlich dem Geist beizubringen, wie er zufriedener ist, und dem Körper beizubringen, wie er weniger gestresst ist – immer um prozesshafte Vorgänge geht. Der achtsame Weg lehrt uns, dass all diese Veränderungen Hingabe und konsequente Praxis erfordern. Es gibt hier keine Ziellinie, und irgendwelche Versprechungen von schnellen Lösungen und Wunderheilungen sind unhaltbar und leer.

Ihrem Körper und Ihrem Geist ist anerzogen worden, das Leben auf eine ganz bestimmte Weise zu erfahren, und sie werden immer wieder rasch zu diesen tiefen, stabilen Mustern zurückkehren wollen. Leider werden wir im hektischen Getriebe unserer heutigen Gesellschaft weder dafür belohnt noch dazu ermutigt, uns während des Tages Zeit zu nehmen, um den Bedürfnissen für unser Wohlbefinden nachzukommen. Wenn wir vor der Wahl stehen, eine neue Angewohnheit aufzunehmen oder beizubehalten oder aber wieder zum ferngesteuerten Grübeln und Sorgen zurückzukehren, fallen die meisten von uns automatisch ins ferngesteuerte Dasein zurück.

Richtiges Bemühen

Wenn es um die konsequente Praxis von Wohlbefinden geht, hat die alte taoistische Redensart „Eine Reise von tausend Meilen beginnt mit dem ersten Schritt“ sicherlich seine Richtigkeit. Veränderungen geschehen durch ein Bemühen, das von der richtigen Absicht und vom richtigen Wissen getragen wird. Ohne ausreichendes Bemühen wird man sich immer wieder mit dem gleichen belastenden Denken und Fühlen konfrontiert sehen. Die Zeit, mit dem Verändern anzufangen, ist hier und jetzt gegeben.

Ihr Weg zu einem zufriedeneren und achtsameren Dasein ist einer, der täglich ebenso genährt und umsorgt werden muss wie ein neues Haustier oder ein kleines Kind. Ihr Körper und Ihr Geist erfordern die gleiche bedingungslose Liebe, das Setzen von Grenzen und gesunde Rituale, denn, sich selbst überlassen, werden sie vermutlich nicht immer die klügsten Entscheidungen treffen.

Als würden Sie ein Baby oder ein neues Haustier erziehen, müssen Sie versuchen, Ihren Körper und Ihren Geist so zu nähren, dass sich diese für die besten Wahlmöglichkeiten entscheiden. Der achtsame Weg fordert Sie auf, sich selbst ein fürsorglicher Elternteil zu sein.

Der Prozess der Neuverschaltung Ihres Gehirns durch die Achtsamkeitspraxis ist der erste notwendige Schritt. Sie haben durch die Einsicht in die Bindungstheorie erfahren, dass Ihre Kindheitserfahrungen viel mit den von Ihren Eltern ererbten Einstellungen zu tun haben. Sie können zwar Ihre Kindheit nicht mehr ändern, aber Sie können viele Teile Ihres jetzigen Lebens verändern und dadurch der Zufriedenheit, der Freude und dem Wohlbefinden einen fruchtbaren Boden bereiten.

Aus wissenschaftlichen Studien ist klar ersichtlich, dass eine regelmäßige Achtsamkeitspraxis die Auswirkungen Ihrer Kindheitserfahrungen zum Teil neu schreiben und auch Ihren übermäßig kritischen inneren Erzähler von Ihrer Stressreaktion abkoppeln kann (Creswell et al. 2007). Das Ergebnis für Sie könnte ein friedlicheres Leben sein. Die therapeutisch wirksame Dosis der Achtsamkeitspraxis, die am eingehendsten untersucht wurde, liegt bei jeweils mindestens 15 Minuten Meditation in zwei täglichen Praxissitzungen (Teasdale et al. 2000).

Ursache und Wirkung

Der achtsame Weg lehrt Sie, dass Ihr Glück, Ihre Gesundheit und Ihr Wohlbefinden nicht bloß Ziele sind, die irgendwann in ferner Zukunft erreicht werden. Sie ergeben sich vielmehr aus dem Verhalten und den Entscheidungen, die Sie *hier und heute* in jedem einzelnen kostbaren Augenblick Ihres Lebens an den Tag legen. Achtsamkeitspraxis bietet Ihnen die Möglichkeit, dem Ruf nach Wohlbefinden nachzukommen, indem Sie sich bewusst werden, welche Wahl Sie selbst jeweils treffen und wie sich diese Entscheidungen auf Ihre geistige, körperliche und spirituelle Gesundheit auswirken.

Achtsamkeit kann zwar den Grundpfeiler für ein gesünderes Leben darstellen, doch alle anderen Bestandteile dieses gesunden Lebens sind Ihre Aufgabe. Denken Sie daran, dass es bei der Achtsamkeit – auch in der therapeutisch wirksamen Dosis – ebenso wie bei Veränderungen und bei neuen Perspektiven keine endgültige Ziellinie gibt. Sie erfordern vielmehr eine fortlaufende Praxis, Verfeinerung und Bemühung. Das Leben in all seiner Unbeständigkeit, mit all seinen Fehlern und Ungewissheiten, ist die Gelegenheit, die wir alle bekommen haben, um uns bestmöglich dafür einzusetzen.

Aber dieses Wissen allein ist nicht genug. Es ist auch an der Zeit, zu handeln.

Was die Achtsamkeit erleichtert

Im Laufe der Jahre habe ich die Anleitungen zur richtigen Sitzhaltung als für die Achtsamkeitspraxis entscheidend zu schätzen gelernt. Meiner Erfahrung nach ist der Zweck der richtigen Sitzhaltung grundsätzlich der, dass die Atemzüge bei der Bauchatmung fließend und gleichmäßig vor sich gehen können, während man im Geiste mitzählt.

Wenn man den Geist auf diese Weise beschäftigt und gleichzeitig in Form von guter Sitzhaltung und Atmung auf den Körper achtet, kann der außer Kontrolle geratene innere Erzähler – die Stimme von Stress, Sorge und Grübelei – allmählich leiser werden und in den Hintergrund treten. Die Stressreaktion löst sich in der ausgeglichenen Weite unseres Atems auf. Man schafft sich im eigenen Bewusstsein einen Raum für das Bewusstsein selbst. Dann kann Achtsamkeit geschehen.

So wie Ihre körperliche Haltung die Grundlage für die Achtsamkeit ist, sind Ihr alltäglicher Lebensstil und Ihre Maßnahmen zur Gesundheitspflege die Grundlage für Ihr Wohlbefinden und Ihre allgemeine Gesundheit. Die Entscheidungen, die Sie in Ihrem Leben treffen, können entweder Ihrem Wohlbefinden eine stabile Basis bieten, oder aber Ihrem Grübeln, Ihrer Sorge, Ihrer Depression und Ihrer Angst.

Die vier Pfeiler des Wohlbefindens

Als klinischem Psychologen in einem Zentrum für Krebsbehandlung bietet sich mir ein einzigartiger Einblick in die Verflochtenheit von geistiger, körperlicher und seelischer Gesundheit. Nachdem ich schon viele Jahre mit Krebspatienten gearbeitet und dabei beobachtet habe, wie sich die Statistiken im Bereich Krebsvorsorge und –heilung über diesen Zeitraum hinweg weiterentwickelt haben, scheint sich ein klares Bild zu ergeben, wie nachhaltige Verbesserungen bei der geistigen, körperlichen und seelischen Gesundheit erzielt werden können.

Das bedeutet, dass neben der regelmäßigen Achtsamkeitspraxis eine gesunde Ernährung, regelmäßige körperliche Bewegung (wenn Ihr Arzt diese nicht aus gesundheitlichen Gründen ausschließt) und ein guter Schlaf die Grundbausteine für ein Leben in Wohlbefinden sind. Ein Leben in Sorge und Grübelei kann diesen wesentlichen Bausteinen nur allzu leicht im Wege stehen.

Ich bezeichne diese Grundbausteine – die regelmäßige Achtsamkeitspraxis, eine gute Ernährung, körperliche Bewegung und guter Schlaf – als die *vier Pfeiler des Wohlbefindens.* Wenn diese Pfeiler fest im Boden verankert sind wie die Pfosten eines Zelts, kann unser Wohlbefinden leichter und schneller aus den Alltagserfahrungen unseres Lebens heraus entstehen. Bitte nutzen Sie alle diese Grundbausteine, wenn es Ihnen möglich ist. Wenn es Ihnen nicht möglich ist, allen vieren gerecht zu werden, versuchen Sie nach besten Kräften, sich an möglichst viele davon zu halten. Lassen Sie sich, wenn Sie einem davon nicht gerecht werden können, bitte nicht von den guten Seiten der drei anderen abbringen.

Achtsam Sport treiben

Für die Mehrzahl von uns gilt, dass unsere Vorfahren viel mehr körperliche Bewegung hatten als wir. In früheren Jahrhunderten war das Leben härter und kürzer, aber auch körperlich aktiver. Unsere Ahnen brauchten keinem Fitnessklub beizutreten, kein Laufband zu benutzen und keine Sportkleidung anzuziehen. Für sie war es mehr als genug an körperlicher Aktivität, dass sie von ihrem Zuhause zu ihrem Arbeitsplatz laufen, auf dem Land arbeiten und vielerlei Dinge erledigen mussten. Sie fielen körperlich erschöpft ins Bett, nur um sich am nächsten Tag wieder zur gleichen Plackerei zu erheben, oftmals sogar noch von einer Peitsche oder von der Aussicht auf Hunger und Elend angetrieben.

Selbst heute noch ist die Vorstellung von planvoller körperlicher Bewegung in vielen Teilen der Welt absurd. Dort sind die zum Leben notwendigen Dinge ohne die Mühsal der Feldarbeit, das Tragen schwerer Lasten und stundenlange Fußmärsche nicht zu erreichen.

Im Gegensatz dazu hat man in den hoch industrialisierten Ländern gewaltige Fortschritte darin gemacht, die Grundbedürfnisse im Leben schneller und leichter zu befriedigen. Leider bedeutet das für die meisten von uns, dass uns die Entscheidung zu körperlicher Bewegung selbst überlassen bleibt und dass sich viel zu viele entschließen, sich möglichst wenig oder gar nicht zu bewegen. Wir müssen trainieren, um uns wieder zu bewegen und Vitalität vom Herzen her durch den Körper strömen zu lassen.

Sport und das Grübeln

Wenn Sie zu Grübelei und Sorge neigen, wenn Sie nur allzu oft bedrückt erscheinen, dann besteht eine große Wahrscheinlichkeit, dass Sie sich nicht genügend bewegen und dass Sie gewaltigen Nutzen daraus ziehen könnten, wenn Sie öfter Sport treiben würden. Forschungsergebnisse deuten darauf hin, dass ein Mangel an körperlicher Bewegung eng mit belastender geistiger Aktivität verbunden sein kann und diejenigen Verbindungen zwischen den Gehirnzellen förmlich einrasten lässt, die einen daran hindern, sich so zu verändern und zu wandeln, wie man es gerne täte (Christie et al. 2008). Zu viel zu sitzen ist sowohl für unseren Körper als auch für unseren Geist ungesund, und regelmäßige sportliche Betätigung allein kann schon das Gehirn in der Veränderung unterstützen.

Aus meiner klinischen und persönlichen Erfahrung heraus kann ich nur sagen, dass regelmäßig und konsequent ausgeübte körperliche Bewegung und Achtsamkeitspraxis eine ungeheuer wirksame Kombination darstellen, um Depressionen und Angstzustände zu lindern. Gemeinsam unterstützen sie die Entwicklung von Wohlbefinden, ganz gleich, welchen Umständen man gerade ausgesetzt ist.

Die Herausforderung liegt stets darin, eine regelmäßige Gewohnheit neu zu entwickeln und beizubehalten. Hier kann die Achtsamkeit Ihnen dabei helfen, Routineaktivitäten, die Ihrem Wohlbefinden dienlich sind, zu einem regulären Teil Ihres Lebens werden zu lassen. Es ist zwar gut, zu wissen, dass Sport gut für uns ist, aber wie auch bei der Achtsamkeitspraxis reicht das bloße Wissen vom gesundheitlichen Nutzen nicht aus – nur wenn man auch tätig wird, kann sich etwas verändern.

Wenn Ihr Arzt keine Bedenken hat, dann wird Ihnen regelmäßige körperliche Bewegung helfen, auch Ihr geistiges Wohlbefinden zu fördern. Es gibt viele verschiedene Sport- und Bewegungsarten, die Sie je nach Ihren Möglichkeiten und Ihrem gesundheitlichen Zustand ausüben können. Wenn Ihr gesundheitlicher Zustand Ihnen keine sportliche Betätigung erlaubt, gibt es vielleicht andere Möglichkeiten wie etwa die Physiotherapie, die Sie mit Ihrem Arzt besprechen sollten.

Sie können schnell spazieren gehen (walken), joggen, schwimmen, Ballsportarten ausüben oder in ein Fitnesscenter gehen und die dort vorhandenen Geräte nutzen, wie z. B. Laufband oder Gewichte. Diese Aktivitäten werden in der Regel als mäßig bis leicht anstrengende Sportarten betrachtet. Während des Tages können Sie außerdem die Treppe nehmen, anstatt mit dem Aufzug oder mit der Rolltreppe zu fahren, oder den Wagen etwas weiter entfernt parken, um sich so ein wenig zusätzliche Bewegung zu verschaffen. Das gilt dann als leichte Bewegung.

Das gesundheitsfördernde Maß an körperlicher Aktivität

Aus wissenschaftlichen Studien geht hervor, dass körperliche Betätigung am wirksamsten ist, wenn etwa drei- bis fünfmal pro Woche eine halbe Stunde lang eine durchschnittlich anstrengende Sportart ausgeübt wird. In einer Studie wurde gezeigt, dass sich das Auftreten von depressiven Episoden bei den Teilnehmenden nach drei Monaten mit einem derartigen Trainingsplan um die Hälfte verringert hatte (Dunn et al. 2005). Es macht Mut, dass es nie zu spät ist, von der gesundheitsfördernden Wirkung körperlicher Bewegung zu profitieren. Sogar Senioren, die in ihrem Leben noch nie Sport getrieben haben, können von der stimmungsaufhellenden Wirkung dieses regelmäßigen Pensums an körperlicher Aktivität profitieren (Antunes et al. 2005). In einer weiteren Studie, in der dieses Pensum zugrunde gelegt wurde, stellte man fest, dass sportliches Training nach Ablauf von vier Monaten die gleiche Wirkung zeigte wie die Einnahme der empfohlenen Dosis eines bekannten Antidepressivums (Brenes 2007).

Sehen Sie es einmal so: Sport wirkt ebenso gut wie eine Tablette gegen Depressionen, dabei kostet er nichts und hat noch dazu positive Nebenwirkungen, was die Steigerung Ihrer Lebensenergie, Ihrer Gesundheit und Ihres inneren Wohlbefindens betrifft!

Botenstoffe für Körper und Geist

So wie die Wirkung von Achtsamkeit können auch die Auswirkungen von sportlicher Betätigung im menschlichen Gehirn nachverfolgt werden. Allem Anschein nach kann körperliche Bewegung unsere Stimmungslage aufhellen, indem sie das Gehirn bei der Regulierung der Ausschüttung von Stoffen, die *Zytokine* genannt werden, unterstützt. Viele Wissenschaftler betrachten Zytokine als Teil der Brücke in der Körper-Geist-Verbindung (Vitetta et al. 2005). Zytokine sind besondere Zellen, die die Kommunikation des Gehirns mit dem Immunsystem ermöglichen – jenem Teil des Organismus, der Infektionen abwehrt, bei der Heilung unterstützt und unsere Gesundheit aufrechterhält. Es gibt viele verschiedene Arten von Zytokinen, etwa das Interferon und das Interleukin. Jede Art hat ihre eigene Aufgabe, zum Beispiel die Körpertemperatur zu erhöhen oder das Gefühl von Trägheit zu erzeugen.

Wenn Sie Schnupfen haben, dann ist es nicht der Schnupfen an sich, der Sie erschöpft und schläfrig macht. Es ist vielmehr die Freisetzung von Zytokinen in Ihrem Körper, die Sie erleben. Die Stressreaktion stimuliert die Freisetzung von Zytokinen in Voraussicht einer körperlichen Beschädigung (die altbekannte Kampf-oder-Flucht-Reaktion, die seit Urzeiten in unserem Körper verankert ist), doch diese Freisetzung kann auch dazu führen, dass Sie lethargisch und schmerzempfindlich werden und nicht mehr sehr viel Lebensfreude verspüren.

Durch korperliche Aktivität kann die Ausschüttung von Zytokinen im Körper verändert werden, so dass das Gehirn nicht für immer in diesen eingefahrenen Bahnen verläuft (Cotman, Berchtold und Christie 2007). So wie die Achtsamkeitspraxis dem Gehirn bei der Veränderung helfen kann, indem man dabei die Bauchatmung und die inneren Vorgänge beobachtet, ebenso kann das Ausüben von Sport dem Gehirn bei der Veränderung helfen, indem körperliche Bewegung ihre heilsame Wirkung dazu beiträgt.

Viele meiner Grübelpatienten glauben nicht an Sport als Stressbewältigungsmethode, weil sie meinen, sie würden die Trainingsstunde in Gedanken verloren hinter sich bringen und sich nach dem Training noch gestresster fühlen als vorher. Dabei kann die sportliche Betätigung viele Möglichkeiten zum Praktizieren von grundlegenden Achtsamkeitsfertigkeiten bieten.

So können Sie zum Beispiel beim Ausatmen Ihre Atemzüge zählen, wenn Sie walken oder joggen. Eine Zeit lang habe ich selbst meine Atemzüge beim Joggen gezählt und die Dauer meiner Läufe auf eine bestimmte Anzahl von Atemzügen festgesetzt.

Anstatt sich in Gedanken zu verlieren, Musik zu hören oder gar im Fitnessstudio auf einen Bildschirm zu starren, können Sie Ihre körperliche Aktivität als ein Mittel nutzen, sich der kostbaren Momente bewusst zu sein, in denen Sie etwas für Ihre Gesundheit tun und Ihr körperliches Wohlergehen fördern.

Die Verbindung zwischen Sport und Stimmung mag uns bereits klar gewesen sein, aber jetzt haben wir auch den klaren Beweis seitens der Wissenschaft, dass Sport ebenso gesund für unseren Geist ist wie für unseren Körper: Durch sportliche Betätigung wird das Körper-Geist-System buchstäblich ausgearbeitet, so dass das Gehirn widerstandsfähiger werden und sich besser vor Depressionen, Angstzuständen und den belastenden Zuständen schützen kann, die in der Regel damit einhergehen (Duman 2005).

Sich achtsam ernähren

Im Laufe der Jahre habe ich beobachtet, dass Menschen, die anfangen, regelmäßig Sport zu treiben, ganz allgemein mehr in Kontakt mit ihrem Körper kommen. Und wenn man mehr in Kontakt mit dem Körper ist, fängt man an, gesündere Entscheidungen hinsichtlich der eigenen Essgewohnheiten zu treffen.

In der Regel ist eine Ernährung, die aus vernünftig bemessenen Portionen besteht und wenig gesättigte Fettsäuren, dafür aber viel Obst, Gemüse und Vollkornprodukte enthält, für eine gute Herz- und Allgemeingesundheit ideal. Wir können nun auch sagen, dass eine solche Ernährung in Kombination mit regelmäßiger körperlicher Aktivität auch gut für unsere seelische Stimmungslage ist (Hendrickx, McEwen und van der Ouderaa 2005). In sehr direktem Sinne ist das, was gut für den Körper ist, auch gut für den Geist.

Die Nahrung, die Sie zu sich nehmen, spielt für Ihre Gesundheit und Ihr Wohlbefinden eine ausgesprochen wichtige Rolle. Es gibt Hunderte, wenn nicht Tausende, von Ernährungsformen unter allen möglichen Bezeichnungen und mit allen möglichen Versprechen. In traditionellen Texten wird für Mönche und Achtsamkeitspraktizierende eine vegetarische Ernährungsweise empfohlen, doch in Wirklichkeit ernähren sich Buddhisten ganz unterschiedlich. Wenn Ihnen die vegetarische Ernährungsweise zusagt, dann zögern Sie nicht, auf Fleisch zu verzichten. Es geht nicht darum, Sie für die eine oder andere Ernährungsweise zu begeistern. Vielmehr fordert Sie der achtsame Weg auf, jede einzelne Mahlzeit als eine Chance zu betrachten, sich klug zu entscheiden und auf die Auswirkungen Ihrer Entscheidungen zu achten. Es geht darum, dass Sie sich bewusst werden, wie Sie essen, so wie es bei der Sitzpraxis darum geht, sich bewusst zu werden, wie man denkt und fühlt.

Essen ist etwas, das wir von Geburt an instinktiv tun. Babys werden mit einem Saugreflex geboren, um Milch trinken zu können, sobald sie auf die Welt kommen. Sie können zwar noch nicht darum bitten, werden sich aber Hände, Füße oder was sonst gerade in Reichweite ist, in den Mund stecken, wenn sie Hunger haben. Für die erwachsenen Menschen in unserer Gesellschaft ist Essen hingegen ein Bedürfnis, dem wir eher durch schnell zubereitete Fertignahrung nachkommen – und das eher mit einer Menge an emotionalem Gepäck verbunden ist statt mit Klarheit und Präsenz.

Wenn Sie zu sorgenvoller Grübelei neigen und zu den Kreisläufen von Depression und Angst, die oft damit einhergehen, dann ist Ihr Verhältnis zum Essen wahrscheinlich eines, das einige Verbesserung gebrauchen könnte. Zu Depression und Angst gehört, dass der Appetit gestört ist (Andréasson et al. 2007). Vielleicht essen Sie häufig zu viel oder zu wenig und haben Schwierigkeiten, beim Essen ein Sättigungsgefühl zu erreichen. Um diesen Mangel an angenehmen Gefühlen zu kompensieren, beschließen Sie vielleicht unbewusst, übermäßig große Portionen oder übermäßig süße oder salzige Lebensmittel zu sich zu nehmen (Cohen und Farley 2008).

Ich bin der Überzeugung, dass sich bei Ihnen mit Hilfe von regelmäßigen Abläufen wie der Achtsamkeitspraxis und körperlichem Training auch ein stärkeres Bewusstsein hinsichtlich der Nahrung entwickeln wird, die Ihr Körper braucht, um gesund zu bleiben. Wir wissen bereits aus Studien zur Hirnforschung, dass die Wahrnehmung des eigenen Körpers durch Achtsamkeit verbessert werden kann. Regelmäßige körperliche Aktivität kann dazu beitragen, dass sich der Körper gesund fühlt und dass sich das Gehirn besser auf die Veränderungen einstellen kann, die die Achtsamkeit mit sich bringt. Jetzt können Sie auch jede Mahlzeit und jeden kleinen Imbiss dazu nutzen, diese Gefühle von Gesundheit zu verstärken und sich auf Ihre Aufgabe zu besinnen: Ihren Geist, Ihren Körper und Ihre Seele zu pflegen und zu nähren.

Wenn Sie mit der Praxis von Achtsamkeit beginnen, können Sie Ihre Bewusstheit nutzen, um sich so zu ernähren, dass sich Ihr Körper wohlfühlt. Beobachten Sie ganz bewusst, wie Sie sich körperlich bei klugen Essensentscheidungen fühlen, und wie Sie sich bei ungesunder Ernährung fühlen.

Das Wissen um die Zusammenhänge zwischen Ihrem Stresspegel und Ihrer Atmung lässt Sie nun auch durchschauen, wie sich Ihre Essensentscheidungen auf Ihre Stimmungslage auswirken können. Die Qualität und Quantität der Lebensmittel, die Sie zu sich nehmen, kann es Ihnen körperlich erleichtern oder erschweren, tief in den Bauch hinein zu atmen – also ein weiterer Aspekt, wie sich Ihre Essensentscheidungen möglicherweise auf Ihren Stresspegel auswirken.

Es ist an der Zeit, sich so zu entscheiden, dass Sie durch Ihr Essverhalten Ihr Wohlbefinden fördern.

Achtsam schlafen

Als grüblerischer und sorgenvoller Mensch sind Ihnen Schlafstörungen wahrscheinlich nur allzu vertraut. Ein schlechter Schlaf und Grübelei scheinen sich zueinander zu verhalten wie die Henne zum Ei: Gelegentlich ist es schwer, zu sagen, was zuerst da ist. Können Sie nicht schlafen, weil Sie grübeln, oder grübeln Sie, weil Sie ohnehin nicht schlafen können? Die Studie von A. J. Guastella und M. L. Moulds von 2007 deutet darauf hin, dass Menschen, die zum Grübeln neigen, nach belastenden Ereignissen nicht schlafen können, weil sie länger wachbleiben und nachdenken als andere.

Regelmäßige körperliche Bewegung kann Ihnen sicherlich dabei helfen, nachts besser zu schlafen: Der Körper hat mehr Veranlassung zu schlafen, weil er die nächtliche Erholung braucht. Interessanterweise kann Ihnen auch die regelmäßige Achtsamkeitsmeditation zu einem besseren Nachtschlaf verhelfen (Carlson und Garland 2005).

Es sollte nicht unterschätzt werden, wie wichtig eine gut durchschlafene Nacht ist. Schlaf ist gesundheitlich stärkend. Im Schlaf werden nicht nur unser Gehirn und unser Körper regeneriert und geheilt, die Geschehnisse des Tages integriert und Informationen verarbeitet, sondern ein guter Schlaf fördert auch unser Gedächtnis (Ellenbogen et al. 2007). Regelmäßiger guter Schlaf verbessert außerdem die Stimmungslage und fördert das Gefühl von Hoffnung und Verbundenheit mit anderen Menschen (Haack und Mullington 2005).

Ein persönliches Beispiel

Als vor mehreren Jahren mein erster Sohn geboren wurde, lernte ich das Verhältnis zwischen Schlaf und Stimmungslage gut kennen. Mein Sohn war ein schwieriger Schläfer, und in seinem ersten halben Lebensjahr vergingen kaum jemals mehr als zwei Stunden, bis er wieder aufwachte und zu schreien anfing. Folglich litten auch meine Frau und ich unter chronischem Schlafmangel.

Nach ein paar Wochen spürte ich, wie meine emotionale Ausgeglichenheit nachließ, sogar trotz meiner regelmäßigen Meditationspraxis. Ich wurde sehr viel schneller reizbar und emotional überfordert durch Dinge, die mir normalerweise nicht viel ausgemacht hätten. Und was das Schlimmste war: Selbst wenn mein Sohn einmal eine ganze Nacht durchschlief, hatte sich mein Körper daran gewöhnt, sich unruhig hin und her zu wälzen.

Als mein Sohn zu einem besseren Schlaf fand, musste auch ich mich wieder zu einem besseren Schlaf umerziehen. Ich hatte während dieser Zeit zwar meine Meditationspraxis beibehalten, war aber nun gezwungen, mich an die gleichen Richtlinien zu halten, die ich meinen Patienten mit Schlafproblemen an die Hand gebe.

Als Erstes und Wichtigstes fing ich an, wieder regelmäßig Sport zu treiben. Zweitens befolgte ich einige Regeln, die die Psychologen als *Schlafhygiene* bezeichnen. So wie eine erfolgreiche Achtsamkeitspraxis von der richtigen Sitzhaltung abhängt, damit Achtsamkeit eintreten kann, ebenso hängt guter Schlaf von der Schlafhygiene ab, damit er eintreten kann. Ich habe die folgenden Richtlinien auch vielen meiner Patienten beigebracht, denn sie zeigen bei denen, die sie befolgen, einen durchschlagenden Erfolg.

Schlafhygiene

Die wichtigsten Punkte bei der Schlafhygiene sind folgende:

- sieben Tage die Woche immer zur gleichen Zeit abends ins Bett gehen und morgens aufstehen
- nach 16 Uhr keine Koffeingetränke mehr zu sich nehmen
- den Schlafbereich nur zum Schlafen nutzen; im Bett oder vom Bett aus nicht fernsehen, keinen PC benutzen, nicht telefonieren und nicht lange lesen
- in den zwei Stunden vor der Nachtruhe keine Gewaltfilme im Fernsehen sehen, nicht im Internet surfen und keine Videospiele spielen. Das kann auch bedeuten, dass man die Abendnachrichten auslassen muss.
- schweres Essen vor der Nachtruhe vermeiden
- Wenn Sie eine halbe Stunde, nachdem Sie ins Bett gegangen sind, immer noch wach liegen, dann stehen Sie auf. Gehen Sie herum. Gehen Sie für einige Minuten in ein anderes Zimmer und tun Sie ein paar tiefe Atemzüge bis in den Bauch hinein. Gehen Sie wieder ins Bett und versuchen Sie erneut, einzuschlafen.
- nicht immer wieder auf die Uhr schauen
- Bringen Sie sich abends mit einem regelmäßigen Zu-Bett-geh-Ritual zur Ruhe. Nehmen Sie eine Dusche oder ein Bad, ziehen Sie sich den Schlafanzug an, putzen Sie sich die Zähne und gehen Sie zur Toilette, ehe Sie ins Bett gehen. All das sendet Ihrem Körper

das Signal, dass es Zeit zum Schlafen ist. Folgen Sie, wenn möglich, jeden Abend dem gleichen Ritual. Ziehen Sie sich morgens sobald wie möglich den Schlafanzug aus; er soll nur zum Schlafen da sein.

Als Praktizierender von Achtsamkeit besitzen Sie auch die einzigartige Fähigkeit, achtsam einzuschlafen. Ich habe die am Ende dieses Kapitels beschriebene Technik genutzt, um Dutzenden von Menschen zu einem natürlichen Einschlafen zu verhelfen, selbst in den hartnäckigsten Fällen von Schlaflosigkeit.

Wache Achtsamkeit und Schlaf dienen unterschiedlichen Zwecken, obwohl sie sich ein wenig überlappen, indem sie beide eine heilende Wirkung zeigen. Ein Wort zur Vorsicht: Achtsames Schlafen ist ungemein erholsam, sollte aber nicht als eine Ihrer beiden täglichen Praxissitzungen gelten. In buddhistischen Schulen ist man der Überzeugung, dass man, damit die Meditation etwas bewirken kann, nach der Achtsamkeitspraxis auch Phasen des ganz normalen Alltagslebens braucht, so dass es überhaupt etwas zu verinnerlichen gibt. Meditation kann zwar entspannend wirken, ist aber auch als Übung gedacht, die unserem Körper und Geist die Botschaft sendet, dass wir deren Gesundheit und Wohlbefinden wertschätzen, indem wir uns dieser regelmäßigen Bemühung hingeben.

Kernpraxis

Die vier Pfeiler des Wohlbefindens

Diese Reihe von Kernpraktiken stammt aus dem *Mahā-Satipatthāna-Sutta,* dem traditionellen buddhistischen Text, in dem die Achtsamkeitsmeditation zum ersten Mal schriftlich festgehalten wurde. Der erste Pfeiler ist Ihre Praxis der Achtsamkeitsmeditation. Die drei weiteren Pfeiler werden Sie in der Veränderung Ihres Lebens noch weiter unterstützen.

Achtsames Gehen

Stehen Sie mit geradem Rücken aufrecht da, die Knie sind ganz leicht gebeugt und der Kopf schaut geradeaus. Vergewissern Sie sich, dass Ihre Augen auf gleicher Höhe sind und dass Sie den Kopf gerade halten.

1. Beginnen Sie mit der Bauchatmung.
2. Entspannen Sie beim Ausatmen den Körper, oben am Scheitel beginnend.
3. Nehmen Sie die Empfindungen in Ihrem Körper wahr, während Sie langsam in ihm hinabgehen.
4. Wo halten Sie Anspannung fest? Wie fühlen sich Ihr Kiefer, Ihre Schultern, Ihr Brustraum, Ihr Bauchraum an? Lassen Sie insbesondere diese Bereiche locker werden, während Sie Ihre aufrechte Haltung beibehalten.
5. Sagen Sie sich im Stillen: „Ich stehe aufrecht."
6. Stellen Sie sich vor, wie aller Stress, alle Anspannung und Verkrampfung mit jedem Atemzug von Ihrem Körper in den Boden hinein abfließen. Behalten Sie Ihre aufrechte Haltung bei, während Sie fest im Boden verankert sind.
7. Heben Sie nach einigen Minuten beim Einatmen langsam den rechten Fuß. Halten Sie in der kleinen Pause vor der Ausatmung kurz inne und nehmen Sie wahr, wie der Körper sein Gewicht verlagert. Setzen Sie den rechten Fuß beim Ausatmen mit einem Schritt nach vorne auf. Nehmen Sie wahr, wie Ihr Körper das Gewicht wieder auf den rechten Fuß verlagert.
8. Heben Sie den linken Fuß, noch ohne ihn vollständig vom Boden abzuheben, während Ihr rechter Fuß ganz aufsetzt und Sie Ihre Ausatmung zu Ende gehen lassen.
9. Heben Sie beim Einatmen nun den linken Fuß vom Boden ab. Nehmen Sie wahr, wie sich Ihr Gleichgewicht auf den rechten Fuß verlagert. Halten Sie kurz inne. Setzen Sie den

linken Fuß mit einem Schritt nach vorne auf den Boden ab und beobachten Sie, wie sich Ihr Gewicht wieder auf den linken Fuß verlagert.

10. Sagen Sie jedes Mal, wenn Ihr Fuß auf den Boden aufsetzt, im Stillen zu sich selbst: „Ich gehe."

Üben Sie auf diese Weise fünf Minuten lang oder auch länger, wenn es Ihnen angenehm ist. Bei Meditationsretreats wird achtsames Gehen angewendet, um die Monotonie der längeren Sitzphasen zu unterbrechen.

Bei dieser Übung können Sie Achtsamkeit nutzen, um sich bewusst zu werden, was Sie bei den Bewegungen des Gehens körperlich wahrnehmen. Versuchen Sie, das achtsame Gehen in dieser Weise mindestens einmal wöchentlich auszuüben. Dadurch können Sie beobachten, wie es sich anfühlt, in Ihrem Körper zu sein, und wie sich Ihr Körpergefühl von Tag zu Tag durch die regelmäßige sportliche Betätigung verändert.

Achtsames Essen

Stellen Sie einen Teller oder eine Schale mit Essen vor sich hin. Praktizieren Sie Bauchatmung und schauen Sie das Essen an. Fragen Sie sich still: „Wie ist dieses Essen zu mir gelangt?"

1. Denken Sie an die Menschen, die in dem Geschäft oder dem Lokal arbeiten, wo Sie das vor sich stehende Essen gekauft haben, an die Menschen, die das Geschirr gemacht haben, von dem Sie essen, an die Menschen, die das Besteck gemacht haben, das Sie benutzen, an die Menschen, die den Tisch gebaut haben, auf dem Ihr Essen steht, an die Bauern und die Feldarbeiter, die auf dem Land gearbeitet haben, um Ihnen diese Mahlzeit zu ermöglichen, an die Lastwagenfahrer, die die Lebensmittel dorthin gebracht haben, wo Sie sie eingekauft haben.

2. Danken Sie im Stillen jedem einzelnen Menschen, der Ihre Mahlzeit möglich gemacht hat.
3. Wenn Ihre Mahlzeit tierische Produkte enthält, dann danken Sie dem Tier für das Opfer, das es erbracht hat, um Ihren Körper zu nähren und zu erhalten. Wenn Ihre Mahlzeit Pflanzen, Früchte oder Körner enthält, so danken Sie der Pflanze für ihre Anstrengung, diejenige Nahrung hervorzubringen, die jetzt vor Ihnen steht.
4. Nehmen Sie jetzt einen Bissen zu sich.
5. Behalten Sie ihn einen Moment lang im Mund. Untersuchen Sie den Geschmack. Schmeckt er süß, salzig, sauer, bitter, scharf?
6. Spüren Sie die Temperatur des Essens. Ist es heiß, kalt, warm?
7. Beginnen Sie zu kauen.
8. Beobachten Sie die Textur des Essens. Ist es hart, weich, knusprig, zäh?
9. Wie oft müssen Sie kauen, ehe Sie den Bissen herunterschlucken können?
10. Entsinnen Sie sich, wie oft Sie Ihr Essen schon in aller Eile und nicht sehr bewusst heruntergeschlungen haben. Beobachten Sie, wie anders es ist, wenn Sie mit Ihren Nahrungsmitteln präsent sind, wenn Sie beim Vorgang des Essens präsent sind und mit jedem Bissen auch Ihr Wohlbefinden nähren.
11. Sagen Sie sich im Stillen bei jedem Bissen neu: „Ich esse."

Üben Sie mindestens einmal die Woche, achtsam zu essen. Eine besonders kraftvolle Variante ist die, jede Mahlzeit so zu beginnen. Sie werden feststellen, dass Sie bewusster auswählen, was Sie zu sich nehmen wollen, wenn Sie einmal angefangen haben, achtsam zu essen und den ersten Bissen jeweils so zu beginnen.

Achtsames Schlafen

Um achtsames Einschlafen zu praktizieren, legen Sie sich abends ins Bett und fangen Sie mit der Bauchatmung an.

1. Nehmen Sie Ihren Körper wahr. Stellen Sie sich vor, wie eine Welle der Entspannung von den Zehenspitzen aus langsam durch Ihren ganzen Körper emporwandert.
2. Stellen Sie sich vor, wie Ihre Bauchatmung diese langsame, sanfte Welle der Entspannung von Ihren Füßen aufwärts zieht und in jeden einzelnen Winkel Ihres Körpers schickt. Sagen Sie mit jedem Ausatmen still zu sich: „Ich schlafe", während sich diese Welle in Ihrem Körper ausbreitet.
3. Wenn sich die Welle bis zu Ihrem Scheitel hin ausgebreitet hat – wie viele Atemzüge Sie auch dafür benötigen –, fangen Sie an, beim Ausatmen mitzuzählen, einen Atemzug nach dem anderen. Wenn Sie den Faden verlieren, fangen Sie wieder bei eins an.
4. Wenn Sie bei 100 angekommen sind, fangen Sie an, rückwärts zu zählen, einen Atemzug nach dem anderen.

Wenn Sie mitten in der Nacht aufwachen, können Sie diese Übung so oft wie nötig wiederholen. In meiner klinischen Erfahrung bin ich niemandem begegnet, der es geschafft hätte, bei einem solchen Mitzählen der Atemzüge wach zu bleiben.

Nur allzu viele unserer Entscheidungen, was, wie viel oder wie wenig wir essen, wie viel wir uns bewegen und wie wir schlafen sollen, werden völlig unbewusst und automatisch getroffen. Als seien wir ins Auto oder in den Bus gestiegen und wären am Zielort angekommen, ohne im Geringsten bemerkt zu haben, wie wir dorthin gelangt sind, stellen wir vielleicht fest, dass wir uns bequem statt gesund ernähren, verspannt herumsitzen, anstatt unseren Körper durch Bewegung fit zu halten, und gegen die Schlaflosigkeit ankämpfen, anstatt Methoden auszuprobieren, durch die wir am Morgen erfrischt aufwachen könnten.

Mit Hilfe von Achtsamkeit können Sie sich bewusst entscheiden, die Ernährung, die körperliche Bewegung und den Schlaf zu bekommen, die Sie brauchen.

KAPITEL 8

Sinnvolle Ziele erreichen

Die vier Pfeiler des Wohlbefindens schaffen in Ihrem Leben Raum für mehr Zufriedenheit und Sinnerfüllung. Die Befreiung Ihres Geistes von Grübelei, Sorge und Kummer kann sogar noch mehr bewirken, um einem größeren Wohlbefinden den Boden zu bereiten. Diese Freiheit kann Ihnen nämlich auch ein neues Empfinden für den Sinn in Ihrem Leben vermitteln.

Bedenken Sie einmal, was gerade geschieht. Sie sind dabei, feinfühliger und aufmerksamer wahrzunehmen, was Sie körperlich empfinden, wenn Sie normale Alltagstätigkeiten durchführen. Sie sind für Ihre ganz gewöhnlichen Alltagserfahrungen präsenter. Das achtsame Bewusst-Sein beim Atmen, beim Sitzen, beim Stehen, beim Gehen, beim Essen und beim Einschlafen verleiht diesen ganz normalen Tätigkeiten etwas Besonderes, ja fast Heiliges, das des Staunens würdig ist. Während Sie für solche ganz gewöhnlichen Momente immer präsenter und sich der Kraft bewusst werden, durch dieses Präsentsein die Wunder des Alltags wahrnehmen zu können, stellen Sie fest, dass Sie immer öfter Augenblicke erfahren, die mit Sinn erfüllt sind.

Sie fangen an, klüger zu entscheiden, was Sie mit Ihrem und für Ihren Körper tun, weil Sie genauer wissen, was Ihr Körper will. Ihr Geist entwickelt Fürsorglichkeit für Ihren Körper, und im Gegenzug wird Ihr Körper zum Schoß eines liebevollen Elternteils, in dem Ihr Geist ruhen kann. Wenn Ihre Entscheidungen nicht so klug ausfallen, wie Sie gehofft haben, können Sie sich selbst verzeihen und beschließen, es nächstes Mal besser zu machen, anstatt sich lediglich unwohl oder schuldig zu fühlen. Leidvolle Erfahrungen scheinen Ihnen nicht mehr so nachzuhängen, weil Sie jetzt auf die nächste gute Gelegenheit hin ausgerichtet sind und nicht mehr ausschließlich auf die Fehler aus der Vergangenheit.

Belehrungen aus der Quelle

Es scheint etwas zu geben, das unsere Körperbewusstheit mit unserer Fähigkeit zur Achtsamkeit verbindet, so dass wir anfangen können, uns anders zu verhalten, anders zu denken und anders zu fühlen. Nachdem der Buddha uns im *Mahā-Satipatthāna-Sutta* in den Grundlagen der Achtsamkeitsmeditation beim Atmen, Gehen, Stehen, Sitzen, Schlafen und in der Bewegung unterrichtet hat, fordert er uns auf, uns durch die „Leichenfeldbetrachtungen" der Vergänglichkeit unserer körperlichen Existenz bewusst zu werden. Doch vor diesen Belehrungen kommt erst noch ein detailliertes Durchgehen durch den eigenen Körper, bei dem über alle Bestandteile des Organismus reflektiert wird. Diese Liste ist so ausführlich und eingehend, dass sie auch das Knochenmark, das Rippenfell, das Körperfett, den Schleim und das Darmgekröse einschließt, also Bestandteile des Körpers, deren wir uns normalerweise nicht bewusst sind.

Dass diese detaillierte Liste der menschlichen Anatomie unmittelbar nach den Belehrungen über die Achtsamkeit erscheint, ist angesichts der Gehirnstudien, von denen Sie im 5. Kapitel gelesen haben, ganz verblüffend. Wie wir uns erinnern, hat man bei Gehirnscans entdeckt, dass diejenigen Bereiche im Gehirn, die der

Körperwahrnehmung dienen, durch regelmäßige Achtsamkeitspraxis aktiviert werden, während gleichzeitig der barsche innere Erzähler in den Hintergrund tritt (Hölzel et al. 2008). Ich bin mir nicht sicher, ob dem Buddha all das bewusst war, aber es ist doch interessant, dass er direkt nach seinen Belehrungen zur Achtsamkeit genau diesen Schaltkreisen im Gehirn ein besonders kräftiges Konditionstraining zukommen lässt, um den Praktizierenden dadurch zu einem noch größeren Nutzen zu verhelfen!

Achtsame Entscheidungen

Ich bin davon überzeugt, dass es großen Nutzen birgt, über jeden einzelnen Bestandteil des eigenen Körpers in all seinen anziehenden und abstoßenden Einzelheiten zu meditieren. Auf ganz konkrete Art und Weise können wir dadurch begreifen, dass der Körper eine miteinander verbundene Ansammlung von Gewebe, Knochen, Blut und Membranen ist, die Luft, Wasser und Nahrung in Energie umwandelt und Abfallstoffe produziert. Wenn wir diese Bestandteile und Prozesse bewusst wahrnehmen, können wir ein tiefes Bewusstsein davon entwickeln, wie kostbar unser menschlicher Körper ist, wie hart er arbeitet, und dass wir ebenso gut für ihn sorgen müssen, wie wir uns um unseren Geist bemühen. Eine solche Bewusstheit unterstützt uns darin, den Körper als physische Realität zu sehen und nicht nur als Handlanger unserer emotionalen Bedürfnisse.

Wenn Sie sich Ihrer eigenen inneren Organe bewusst sind, werden Sie meiner Ansicht nach eher gesunde als emotional motivierte Entscheidungen treffen. Wie oft haben Sie, wenn Sie beispielsweise an Sodbrennen, an der sog. Refluxkrankheit oder am Reizdarmsyndrom leiden, nicht schon etwas gegessen, von dem Sie genau wussten, dass Sie es später bereuen würden? Wenn Sie Ihren Geist und Ihren Körper pflegen, werden Sie vielleicht feststellen, dass Sie eher auf Nahrungsmittel verzichten können, die Ihren Organismus reizen, und stattdessen Lebensmittel wählen, die Ihnen besser bekommen.

Der achtsame Weg will Ihnen die Augen öffnen für all die vielen Möglichkeiten, die sich zugunsten von Gesundheit und Wohlbefinden bieten, so dass sich Ihr Handeln auf denjenigen Zustand von Gesundheit ausrichten kann, den Sie ja anstreben. Dieser Weg vermittelt Ihnen keine Unzufriedenheit über Ihren Körper und dessen reale oder bloß in Ihrer Einbildung existierende Schwächen, sondern er regt Sie vielmehr dazu an, Ihren eigenen Körper durch gesundheitsfördernde Angewohnheiten zu achten und zu nähren. Wenn Sie Ihren Körper beim Body-Scan in allen Einzelheiten durchgehen, können Sie auch spürend beobachten, welche Veränderungen zum Besseren die vier Pfeiler des Wohlbefindens nicht nur in Ihrem Geist, sondern auch in Ihrem Körper bewirken können.

KERNPRAXIS

Der Body-Scan

Bei dieser Übung schließen Sie die Augen und richten Ihre Aufmerksamkeit auf jeden Teil Ihres Körpers, der aufgezählt wird; Sie spüren, wie jeder Bereich entspannter und etwas schwerer wird, wenn Sie mit Ihrer Aufmerksamkeit hineingehen. Bei dieser Übung zählen Sie nicht die Atemzüge mit, sondern Sie sagen: „Dieser Körperteil fühlt sich … an“, ehe Sie zum nächsten Körperteil übergehen. Zum Beispiel spüren Sie etwa bei den Zehenspitzen: „Dieser Körperteil fühlt sich entspannt an“; bei Ihrem Unterkiefer beobachten Sie eventuell: „Dieser Körperteil fühlt sich verspannt an“ usw. Machen Sie Ihre Beobachtung, entspannen Sie sich in die Wahrnehmung hinein und gehen Sie dann zum nächsten Bereich über. Ich führe hier nur die Ihnen vertrauten Körperteile an, aber mit der Zeit können Sie auch noch speziellere, etwa Rippenfell und Darm, mit einschließen.

Gehen Sie vor der Durchführung des Body-Scans zur Toilette, weil Sie sonst vielleicht Ihre Praxis unterbrechen müssten.

Legen Sie sich an einer ruhigen Stelle bequem hin. Machen Sie drei lange, tiefe Bauchatemzüge. Ziehen Sie die Ausatmung in die Länge, so dass alle verbrauchte Luft tief aus der Lunge ausgestoßen wird.

1. Richten Sie Ihr Bewusstsein auf Ihre Zehenspitzen und spüren Sie, wie diese immer entspannter und schwerer werden. Wie fühlen sie sich an?
2. Schicken Sie Ihre Aufmerksamkeit als Nächstes in Ihre Füße, in die Fußknöchel, die Schienbeine und die Waden, eines nach dem anderen. Nehmen Sie jeweils wahr, wie es sich dort anfühlt.
3. Gehen Sie jetzt nacheinander weiter zu den Knien, den Oberschenkeln, den Hüften und zum Becken – spüren Sie Knochen, Fleisch und Haut.
4. Nehmen Sie nun wahr, wie sich Ihr Bauch mit jedem Atemzug hebt und senkt. Können Sie Ihre leere Blase spüren? Können Sie spüren, wie Ihre kräftige Wirbelsäule alles an Ort und Stelle hält? Entspannen Sie sich und gehen Sie weiter.
5. Konzentrieren Sie sich als Nächstes auf Ihren unteren Bauch und die Eingeweide. Welches Gefühl spüren Sie dort? Ist der Darm leer? Sind dort verkrampfte Stellen? Entspannen Sie sich und gehen Sie weiter.
6. Schicken Sie Ihr Bewusstsein zu Ihrer Leber. Können Sie spüren, wie sie glatt im hinteren rechten Bereich Ihres Bauches liegt? Können Sie sich Ihre beiden Nieren vorstellen, wie sie rechts und links im Bereich des mittleren Rückens liegen? Sind die Nieren entspannt bei der Arbeit, Ihr Blut zu reinigen?
7. Wie geht es Ihrem Magen, der unterhalb des Zwerchfells und neben der Leber unter dem Rippenbogen eingebettet ist? Haben Sie Hunger oder sind Sie satt? Stellen Sie sich vor, wie die Magenwände Ihre Nahrung in Nährstoffe umwandeln.

8. Bringen Sie ein Gefühl von Leichtigkeit und Entspannung in Ihren ganzen Bauchraum und in den unteren Rücken. Atmen Sie und fahren Sie fort.

9. Richten Sie Ihre Aufmerksamkeit nun auf Ihr Zwerchfell, das sich oberhalb Ihres Magens befindet, und anschließend auf die Lunge darüber, die sich dank dieses hilfreichen Muskelbandes füllt und leert. Konzentrieren Sie sich dann auf Ihr Herz – es ist weit, warm und großzügig. Visualisieren Sie die Bewegung Ihres Herzens und all das reichhaltige Blut, das es durch jedes Gefäß in Ihrem Körper pumpt. Bringen Sie Ihre Aufmerksamkeit zu Ihren Rippen und Ihrem oberen Rücken, Ihrem Rückgrat. Entspannen Sie den Brustraum und den oberen Rücken.

10. Führen Sie Ihre Aufmerksamkeit nun in Ihre Fingerspitzen und in die Daumen, die Hände, die Handgelenke, in alle Knochen in Ihren Händen und Handgelenken. Machen Sie weiter mit den Nerven, den Muskeln und Sehnen in Ihren Unterarmen, Ihren Ellbogen, Ihren Oberarmen. Wie fühlt sich jeder einzelne Bereich an? Entspannen Sie nacheinander jeden einzelnen Bereich.

11. Gehen Sie zu Ihren Schultern weiter. Entspannen Sie diesen magischen Teil Ihres Körpers, wo Arme, Brustkorb, Rücken und Kopf miteinander verbunden sind.

12. Lenken Sie Ihre Aufmerksamkeit auf Ihren Nacken, Ihren Hals, den Punkt, wo der Nacken in den Kopf übergeht, und die Vorderseite Ihres Kopfes.

13. Kommen Sie nun zu Ihrem Kinn, zu Ihren Kiefergelenken und Ihrem Mund. Haben Sie Durst? Spüren Sie nacheinander Zunge, Zähne, Zahnfleisch und Nase. Spüren Sie die Temperatur der Luft, die in Ihre Nasenlöcher hinein- und wieder aus ihnen herausströmt. Spüren Sie Ihre Wangen, Ohren, Ihre Haut, Ihr Haar, die Knochen, die Augen und die Augenlider. Wandern Sie zur Stirn und zu den Augenbrauen. Entspannen Sie Ihr Gehirn, Ihren Schädel und Ihre Kopfhaut.

14. Holen Sie erneut dreimal tief in den Bauch hinein Luft. Dehnen Sie den letzten Atemzug aus, um alle verbrauchte Luft auszustoßen. Machen Sie die Augen auf und drehen Sie sich auf die Seite. Kommen Sie langsam hoch.

Die Leichenfeldbetrachtungen

Nachdem dieser Body-Scan im *Mahā-Satipatthāna-Sutta* vorgestellt wird, folgen darauf die „Leichenfeldbetrachtungen", die jeder Achtsamkeitspraktizierende in jenen Tagen durchführen sollte. Sie haben bereits im 6. Kapitel etwas darüber erfahren, doch jetzt möchte ich noch etwas tiefer darauf eingehen.

Entsinnen Sie sich, dass Leichenfelder ein in emotionaler, mentaler und physischer Hinsicht äußerst schwieriger Aufenthaltsort sind. Es ist ein Ort, wo menschlicher Schmerz und menschliches Leid ihren Höhepunkt erfahren. Tag und Nacht ziehen trauernde Familien in einem endlosen Strom von Trauer und Verzweiflung vorbei. Die Menschen, die hier verbrannt werden, sind gewöhnlich erst wenige Stunden vor ihrer Einäscherung verstorben. Der Schmerz des Verlusts ist bei den Angehörigen noch tief und frisch.

Radikales Annehmen der Vergänglichkeit

Durch die Bewusstwerdung der Allgemeingültigkeit und Unausweichlichkeit des Todes erfuhren die frühen Meditierenden die Motivation, eine regelmäßige Praxis zu beginnen und beizubehalten. Die Anweisungen verlangen von den Mönchen, sich Leichen in unterschiedlichen Stadien von Fäulnis und Verfall anzuschauen. Das Einzige, was sie dabei denken sollen, ist dies: „Dieser mein Körper ist von derselben Natur; auch er wird so werden; er ist nicht von diesem Schicksal ausgenommen."

Meiner Ansicht nach hat der Buddha mit dieser Anweisung die Erkenntnis umgesetzt, dass sich in der existentiellen Konfrontation zwischen dem unaufhörlichen Gedankenstrom des inneren Erzählers und einer höheren Bewusstheit vom Tod des Körpers ein großes Potential der Achtsamkeitsmeditation umsetzen lässt. Die „Neun Leichenfeldbetrachtungen“ sollen die Kontemplierenden nicht nur zu einer regelmäßigen Praxis und zur spirituellen Entwicklung bewegen, sondern auch die nichtigen Argumente des inneren Erzählers in den richtigen Rahmen rücken. Wie alle anderen Lebewesen werden auch wir selbst eines Tages sterben. In Bezug auf diese Tatsache wird deutlich, wie unwichtig viele unserer Sorgen und Bedenken sind und wie wenig hilfreich der Tonfall unseres inneren Erzählers eigentlich ist. Wählen also Ihren inneren Erzählstrom weise, denn es ist der Filter, durch den Sie das Leben erfahren.

Die Absicht hinter einer solchen Art von Meditation ist keine morbide. Ein Thema, das sich in den mir vertrauten Traditionen des Tibetischen Buddhismus ständig wiederholt, ist die Aufforderung, über die Gewissheit des Todes und die Ungewissheit des Todeszeitpunkts zu reflektieren. Ein Tag ohne dieses Bewusstsein der Sterblichkeit gilt als vergeudeter Tag.

Diese Besinnung ist eine Form von radikaler Annahme. Man wird aufgefordert, die tiefste Angst anzunehmen, die in jedem Lebewesen steckt: die Angst vor dem Tod. Mit dieser Angst präsent zu sein bedeutet nicht, dass man den Tod herbeiwünschen oder glorifizieren soll, sondern dass man die Endlichkeit der eigenen Existenz anerkennt, um das Beste aus der Zeit zu machen, die einem gegeben ist. In vielen spirituellen Traditionen hat man erkannt, wie wertvoll es ist, tief über unsere Sterblichkeit nachzudenken. Der Aschermittwoch und die Fastenzeit im Christentum beispielsweise kreisen ebenso um Tod, Erlösung und spirituelle Wiedergeburt wie die Hohen Feiertage im Judentum. All diesen Traditionen ist die Überzeugung gemeinsam, dass uns das Bewusstsein von der Vergänglichkeit unseres Körpers helfen soll, die kostbare Zerbrechlichkeit unseres menschlichen Daseins anzuerkennen und dadurch das Potential jedes einzelnen Augenblicks noch stärker zu würdigen.

Ziel für Sie sollte es sein, eine sichere Beziehung zu Ihrem Leben zu entwickeln. Die Analogie zur Bindungstheorie besteht darin, dass eine verlässliche Bindung dem Kind ein Gefühl von Sicherheit vermittelt, mit dem es die Welt erkunden und mit dem es lernen kann, in Abwesenheit der Eltern innerlich eigenständig Trost und Ausgeglichenheit zu finden. In vergleichbarer Weise bietet Ihnen der achtsame Weg die Chance, als erwachsener Mensch im Angesicht Ihrer Sterblichkeit Freude an der Erkundung der Welt zu haben und innerlich eigenständig Trost und Ausgeglichenheit zu finden.

Das Ergebnis ist Sinn

Diese Meditationen über den Körper und dessen kostbare Zerbrechlichkeit sind eine Weiterentwicklung der zentralen Lehrsätze der Ersten Edlen Wahrheit: Leiden ist allgegenwärtig, begleitet jeden Menschen und stellt sich nur allzu bereitwillig ein. Unsere Freiheit, uns ein glücklicheres, sinnerfüllteres Leben zu erschaffen, entsteht dadurch, dass wir dieses Grundgesetz des Lebens auf jeder Ebene anerkennen – nicht nur auf der intellektuellen. Je stärker wir uns bemühen, die Unausweichlichkeit des Leidens durch hohle und seichte Unternehmungen zu verdrängen, und Stunde um Stunde damit vergeuden, unser gedankliches Räderwerk durch bloß in unserer Einbildung bestehende oder unwichtige Sorgen und Nöte am Laufen zu halten, desto mehr Gelegenheiten lassen wir uns entgehen, jenes sinnerfüllte Leben zu leben, nach dem wir uns so sehnen. Jeder Einzelne von uns hat bereits zahlreiche Tragödien und Herausforderungen durchgemacht und wird noch weitere erleben. Wenn wir dieses Naturgesetz anerkennen, wird die Energie frei, mit der wir das Leiden transzendieren können, anstatt zu versuchen, dessen Unausweichlichkeit zu leugnen.

Viktor Frankls Logotherapie

Derjenige, der in der modernen Psychologie meiner Meinung nach viele der in diesem Buch behandelten Ideen am besten zum Ausdruck gebracht hat, ist Viktor Frankl, der Begründer der *Logotherapie* oder „Heilung durch Sinn“. Viktor Frankl war Psychoanalytiker und Neurologe, der im 20. Jahrhundert lange Zeit in Wien gelebt hat. Eine Zeit lang galt er als offensichtlicher Nachfolger von Sigmund Freud. Dann jedoch brach er öffentlich mit Freud, weil er der Ansicht war, dass die Menschen ebenso sehr durch ihr Bedürfnis motiviert sind, Sinn in ihrem Leben zu erfahren, wie durch die sexuellen Impulse, über die sich Freud so ausführlich ausgelassen hatte.

Im Laufe der 30er Jahre des 20. Jahrhunderts hatte Frankl sowohl in seinem Heimatland Österreich als auch im Ausland einige Berühmtheit erlangt. Doch kurz bevor er sein wegweisendes neues Werk zur Veröffentlichung bringen konnte, wurde er zusammen mit vielen österreichischen Juden, Kommunisten, Homosexuellen und Zigeunern in Arbeits- und Konzentrationslager gesteckt. In seinem Buch *Man's Search for Meaning* (deutsch: *… trotzdem Ja zum Leben sagen. Ein Psychologe erlebt das Konzentrationslager*), das 1956 erstmals veröffentlicht wurde, schildert Frankl, wie er eines Tages spontan eine nahezu mystische Erfahrung hatte – eine Offenbarung über das Wesen von Sinn im menschlichen Leben. Sie wurde ihm am Ende eines Tages der Zwangsarbeit zuteil, an dem er die Verbrennungsöfen in einem Vernichtungslager der Nazis reinigen musste.

Eine Offenbarung in der Hölle

Frankl beschreibt, wie er, an seine Mithäftlinge gekettet, beim Sonnenuntergang einen Weg in den bayerischen Alpen entlanggeht. Gedanken an seine Frau kommen ihm in den Sinn, und er fragt sich, ob sie wohl gerade den gleichen prächtigen Sonnenuntergang sehen kann, den er sieht. Er weiß dabei nicht einmal, ob sie noch am Leben ist oder nicht. Er weiß allerdings, dass sie *nicht weiß*, was er sieht, denkt oder fühlt oder ob *er* noch am Leben ist oder nicht. Als im Tal die Lichter in den Dörfern angehen, wird ihm bewusst, dass die Menschen dort nichts von seinem Leiden wissen oder sich nicht darum kümmern. Tatsache ist, er weiß von niemandem mehr, den er in seinem geliebten

Wien gekannt hat. Er weiß nicht einmal, ob er am nächsten Tag noch leben wird oder ob seine Mithäftlinge dann seine sterblichen Überreste wegräumen werden. Die einzige Gewissheit, die er in diesem Augenblick in seinem Leben hat, ist die tiefe Ungewissheit gegenüber dem Schicksal seiner Lieben und seiner eigenen Zukunft.

Wenn ich Frankls Worte lese, erfüllen mich Trauer und Mitgefühl mit ihm und seinen Mitgefangenen und Schock über das Ausmaß menschlicher Grausamkeit. Und doch schreibt Frankl, dass er nicht erlebt, dass sich seine Traurigkeit, seine Wut und seine Verzweiflung verhärten, sondern dass ihn vielmehr ein Gefühl von tiefer Freiheit überkommt. Er fühlt sich frei und erkennt, dass wir alle letzten Endes auf dieser Welt allein sind, wie auch immer unser Lebensweg aussehen mag. Und doch ist dieses Alleinsein zugleich auch Freiheit.

Für Frankl bedeutet dieses Gefühl, allein zu sein, dass wir eigenständige Wesen sind. Wir sind nicht stärker an jemand oder etwas anderes gebunden, als wir es selbst zulassen. Im tiefsten Grunde sind wir allein. Mit dieser Einsamkeit geht die Freiheit einher, uns unseren eigenen Sinn zu erschaffen, sowie das Bewusstsein, dass wir für die Folgen der Handlungen und des Sinns, für die wir uns entschieden haben, selbst verantwortlich sind. Als Psychotherapeut unterstütze ich tagtäglich Menschen, die darum ringen, Verantwortung für die Veränderung und das Wachstum in ihrem Leben zu übernehmen. Das bedeutet in der Regel, ihren Geist umzuschulen, um beobachten zu können, wozu sie sich selbst entscheiden.

Gewiss hat Frankl es sich nicht ausgesucht, in den Konzentrationslagern die verkohlten Überreste des Massenmordes wegzuräumen. Menschen suchen es sich auch nicht aus, Krebs zu bekommen. Der Gedanke, dass wir unsere Erfahrungen selbst wählen können, soll nicht bedeuten, dass wir uns für traumatische Erlebnisse entscheiden, die uns zustoßen könnten, sondern dass wir, von sehr wenigen Ausnahmen abgesehen, letzten Endes die Wahl haben, wie wir mit unseren Erfahrungen umgehen wollen. Unsere Individualität gibt uns die Freiheit, für uns den Sinn zu wählen, mit dem wir unser Leben erfüllen. Frankl hat entdeckt, dass er, allen Bemühungen seiner Folterknechte zum Trotz, dennoch in der Lage war, zu entscheiden, wie er durch diese Erfahrung hindurchgehen und seine eigene Würde bewahren konnte.

Für Sie könnte das bedeuten, dass Sie eine sinnvolle Möglichkeit finden, mit einer Situation umzugehen, die sich Ihrer Kontrolle entzieht, und dabei nicht Ihr Wohlbefinden zu opfern. Wenn Sie allerdings mit einer Situation konfrontiert sind, in der Ihre Gesundheit oder Ihre Sicherheit durch Missbrauch oder eine Sucht gefährdet sind, möchte ich Sie dringend bitten, sich unverzüglich professionelle Hilfe zu holen. Insbesondere in solchen Situationen ist der erste Schritt – nämlich sich aus den destruktiven Umständen zu entfernen – in der Regel der schwierigste, aber rückblickend auch der lohnendste. Abgesehen von derartigen Situationen hat fast jeder von uns seine persönliche Flut an täglichen Stressfaktoren, mit denen er ständig fertig werden muss. Es kann uns demütig machen, von jemandem wie Viktor Frankl Unterstützung zu erfahren, der der Menschheit berichtet, wie er in den dunkelsten Kapiteln der Geschichte Licht gefunden hat.

Der Weg zur Freiheit

Frankl lehrt uns, dass wir unsere grundsätzliche, uns angeborene Freiheit entweder dazu nutzen können, unser Leiden zu vergrößern, oder dazu, unsere Freude und Zufriedenheit zu vergrößern. Wir sind mit der Fähigkeit ausgestattet, zu wählen, wie wir das Leben erfahren wollen. Obwohl unsere Handlungen und unsere Entscheidungen, wie wir leben wollen, auch andere Menschen betreffen, haben sie Auswirkungen, für die allein wir selbst verantwortlich sind. Der achtsame Weg mit konsequenter, regelmäßiger Praxis ist eine Wahlmöglichkeit, die uns helfen kann, die Verantwortung für unsere eigene Gesundheit und unser eigenes Wohlbefinden zu übernehmen, anstatt lediglich auf die Menschen und Geschehnisse um uns herum zu reagieren. Um es noch einmal zu betonen: Achtsamkeit und Glück werden einem nicht auf einem

Silbertablett serviert. Man muss sie aktiv verfolgen und wahrnehmen, sie kultivieren und die Früchte ernten.

Die Kraft des Entscheidens

Frankl hat von seiner Überzeugung gesprochen, dass das, was in vielen Fällen den Unterschied zwischen Leben und Tod in den Lagern ausgemacht hat, die Frage war, ob die Menschen mit ihrer angeborenen Entscheidungsfreiheit in Verbindung standen und irgendeinen Sinn in ihrem Leiden sahen oder nicht. Auch Sie können im Angesicht Ihres eigenen, persönlichen Leidens zwischen Möglichkeiten wählen.

Wenn die Insassen anfingen, gegenüber ihrer eigenen Sinnfindungsfähigkeit gleichgültig zu werden oder Sinnlosigkeit zu empfinden, war der Tod oft nicht mehr weit. Sie blieben manchmal einfach in ihren Stockbetten liegen, unfähig aufzustehen, und wussten doch genau, dass dies hieß, dass die Wachen sie auf verschiedenartige grausame Weise in den Tod schicken würden.

Wenn sie sich jedoch dafür entschieden, sich auf irgendeine Weise einen Sinn zu erschaffen, dann folgte in der Regel eine zähe Entschlossenheit, am Leben zu bleiben, die manchmal an ein Wunder grenzte. Halb verhungert und schwer unterernährt, in bitterkalten Wintern bloß in Lumpen gehüllt, konnten diese ganz gewöhnlichen Menschen durch ihren Glauben an einen Sinn und einen Zweck von den Wachen niemals vernichtet werden, wie viel Misshandlungen und Grausamkeiten sie auch erdulden mussten.

Die lebensrettenden Entscheidungen, von denen Frankl spricht, waren nicht unbedingt weltbewegender Natur. Von vielen Überlebenden von Konzentrationslagern habe ich gehört, dass sie manchmal im Geiste Spiele spielten, nur um überhaupt ein Gefühl von Eigenkontrolle und bewusster Ablenkung zu erfahren. Niemand wusste von diesen ganz persönlichen Gedankenspielen, die ihnen große Kraft gaben.

Die Entscheidung, mit welchem Fuß zuerst aufzutreten oder aus welcher Richtung die Linien in der Maserung ihrer Stockbetten zu zählen, wurde zu einem persönlichen Sieg, dem die Demütigungen durch die Wachtposten und die Sklaverei des Lagers nichts anhaben konnten. Diese trivialen geistigen Beschäftigungen, mit einer akuten, durch das Leid geborenen Achtsamkeit betrieben, wurden zu lebensspendenden Elixieren. Sie halfen den Gefangenen nicht nur, die Zeit herumzubringen, sondern es waren auch Formen des subtilen Widerstands gegen die Gleichgültigkeit und Lieblosigkeit, die sie umgaben.

Die Bedeutung von Sinn

Was Frankl als den Schlüssel zu seinem Überleben anerkennt, das war die Tatsache, dass er etwas hatte, wofür er leben konnte, vom einen Augenblick zum nächsten. Sinn kann etwas Großes sein, so gewaltig und weit wie der Himmel, aber oft auch etwas ganz Kleines, das sich vermittelt, wenn man für die kleinsten Dinge präsent ist. Der Schlüssel zu Frankls Überleben konnte nicht verlässlich bei seinen Angehörigen liegen, denn er wusste ja nicht einmal, ob sie nicht schon tot waren. Er wollte leben, um sein Buchmanuskript veröffentlichen zu können, das ihm in dem Moment, als er das Lager betreten hatte, entrissen worden war. Das war das Bestreben seines Lebens, sein größtes Ziel und noch nicht erreichtes Vorhaben.

Um mit seiner menschlichen Fähigkeit, Sinn zu empfinden, in Verbindung zu bleiben, brauchte Frankl auch kleinere, leichter erreichbare Ziele auf seinem Weg. Die Möglichkeit, dass sein Manuskript veröffentlicht werden würde, war eher abstrakt und lag in weiter Ferne. Einen Sinn in der harten Wirklichkeit, die jetzt um ihn herrschte, zu empfinden, bedeutete für ihn, für kleine Inseln der Schönheit und der Freude präsent zu sein: für den Sonnenuntergang über einem Gebirgstal, für den seltenen Klang einer Vogelstimme durch den Stacheldrahtzaun, für das zarte Licht der Morgendämmerung – trotz all der Schrecken, die der Tag mit sich bringen würde.

Frankls Erkenntnisse fanden auf Leichenfeldern statt, die im Dienste einer monströsen Form von menschlicher Bösartigkeit standen. Es waren nicht die Stätten des religiösen Rituals, von denen der Buddha gesprochen hat. Wenn man die Geschichte Frankls liest, wird die Realität des Holocausts nicht verklärt. Ich bin vielmehr der Meinung, dass Frankls Menschlichkeit erhöht wird. Es vermittelt Demut und Inspiration, wenn man sich vorstellt, wie Frankl – ein begnadeter Helfer, am Verhungern, in Lumpen gehüllt, auf einer Bretterliege schlafend und nur noch mit seidenem Faden am Leben hängend – eine Offenbarung über das Wesen der menschlichen Freiheit erfährt.

Ironischerweise ist das Manuskript, das Frankl nach seiner Ankunft im Lager so betrauert und immer wieder neu entworfen hat, nie veröffentlicht worden. Wozu auch immer es vor dem Holocaust gedacht gewesen war, hatte sich danach grundlegend verändert. Sinn ist Frankls eigener unmittelbarer Erfahrung nach fließend. Wie Achtsamkeit ist auch Sinn ein sich stetig wandelnder und weiterlaufender Prozess, der Höhen und Tiefen aufweist.

Es liegt an Ihnen, sich Sinn zu erschaffen

Frankl hat beobachtet, dass der Sinn im Leben, der uns vorantreibt und durch die schwierigsten Umstände hindurchträgt, oftmals ebenso wie die Freiheit ganz allein unser eigener ist. Er hat sich vor niemand anderem zu rechtfertigen, und seine Bedeutung ist relativ. Häufig kann ein Sinn in etwas gefunden werden, was nur für einen selbst eine emotionale Bedeutung hat, anstatt in etwas äußerlich Offensichtlichem. Ihre ureigene, ganz persönliche Empfindung von Sinn ist so, als träfen Sie in einer großen Menschenmenge einen lieben Freund. Von all den Hunderten von Menschen, die sich dort befinden, hat nur ein einziger eine Bedeutung, aber diese Bedeutung hat er nur für Sie. Für alle anderen ist diese Person nur ein weiteres Gesicht in der Menge. Aber das schmälert Ihre Freundschaft nicht. Ebenso verhält es sich auch mit dem Sinn; dass er nur für Sie da ist, das macht ihn so bedeutsam.

Ihre Ziele sind Ihre Entscheidung

Zum achtsamen Weg gehört es, dass man sich gewöhnlicher Momente und des Geplappers der eigenen Gedanken bewusst ist. Sie haben die Wahl, ob Sie präsent sein wollen. Sie haben die Wahl, ob Sie achtgeben wollen. Mit Hilfe des konsequenten Übens von Präsenz können Sie sich mehr und mehr für diese besonderen Momente öffnen. Ihr Geist kann eine gesunde Mitte bewahren, indem er sich in seiner Fähigkeit zur Sinnfindung gründet.

Ihre Fähigkeit, täglich und konsequent Achtsamkeit zu praktizieren, bewusst zu essen, Sport zu treiben und gut zu schlafen, ergibt sich aus den Entscheidungen, die Sie im Laufe des Tages treffen. Wenn sich Ihre Praxis erst einmal gut eingespielt hat, wird sie allmählich in Ihre Entscheidungen mit einfließen. Dieses Buch zu lesen genügt dazu nicht. Ihre Entscheidungen und Handlungen müssen mit den Zielen für Ihr neues Leben übereinstimmen.

Das Verfolgen einer regelmäßigen Praxis der Achtsamkeit und des Wohlbefindens unterstützt Sie auch darin, weitere positive Angewohnheiten in Ihrem Alltag einzuführen und beizubehalten. Die Ziele, die Sie sich für Ihre Gesundheit stecken, liefern Ihrem Geist neues Material zum Nachdenken anstelle der belastenden Dinge, über die es sich weitaus leichter nachgrübeln lässt. Im Laufe der regelmäßigen konsequenten Praxis können Sie auch Ihre Fortschritte viel besser nachvollziehen und so das Gefühl gewinnen, dass Sie Ihrem neuen Leben schon ein Stückchen nähergekommen sind und auf dem Weg etwas bewirken können.

Vergessen Sie jedoch nicht, dass sich Ihr Fortschritt nicht am Grad Ihres Erfolges bemisst; daran, ob Sie entspannende oder „gute“ Achtsamkeitssitzungen haben. Ihr Fortschritt bemisst sich an Ihrer Entscheidung, Achtsamkeit konsequent zu praktizieren. Das Ziel besteht darin, die Absicht und Durchführung zu würdigen, dass jede Praxissitzung Ihr Wohlbefinden fördert, und Ihrem Geist beizubringen, im Potential des gegenwärtigen Augenblicks zu sein, anstatt über Vergangenheit und Zukunft nachzugrübeln.

Der Prozess, den Zielen für Ihre Praxis nachzukommen, ist ebenso wichtig, wenn nicht noch wichtiger, als das, was in der einzelnen Sitzung geschieht. Ihr Geist wird immer mit seinem Geplapper beschäftigt sein, aber der achtsame Weg lädt Sie ein, selbst zu entscheiden, wie Sie dieses Geplapper erleben und welchen Einfluss Sie es auf Ihr Leben nehmen lassen. Indem Sie auf das Geplapper achtsam sind, anstatt sich davon vereinnahmen zu lassen, üben Sie denjenigen Teil Ihrer selbst aus, der Entscheidungen trifft. Ihre „sinnstiftenden Muskeln" werden ordentlich trainiert. Sagen Sie sich jeden Tag, an dem Sie einem oder allen vier Pfeilern des Wohlbefindens gerecht werden, dass Sie Ihr Ziel erreicht haben, etwas für sich zu tun, das vorzeigbare Ergebnisse aufweist. Jede dieser Verhaltensweisen ist ein wichtiger Schritt. Sie erreichen Ihre Ziele – glücklicher und gesünder zu sein und mehr Freude am Leben zu haben – Schritt für Schritt.

Sinnvolle Aktivität

Eines der lebhaftesten Beispiele dafür, wie wichtig das Setzen von Zielen ist, ereignet sich jeden Tag in dem Krankenhaus, in dem ich arbeite. Ich komme dort oft mit Menschen zusammen, die schon sehr lange auf Station sind, manchmal schon wochen- oder gar monatelang. Irgendwann gegen Ende ihres Aufenthalts wird ihnen gewöhnlich Physiotherapie verordnet. Ich bin den Krankengymnasten immer wieder für die selbstlose Hingabe dankbar, mit der sie den Patienten helfen, nach langen Zeiten der Bettlägerigkeit hochzukommen und wieder herumzulaufen.

Der Effekt, den dies auf die Stimmung der Patienten hat, ist geradezu dramatisch. Nach Wochen oder Monaten, in denen sie krank und hilflos im Bett liegen mussten, werden die Genesenden nahezu von Euphorie ergriffen, wenn sie wieder fünf oder zehn Meter weit gehen können, eine Strecke, die ihnen vor ihrem Krankenhausaufenthalt lächerlich erschien. Jedes Mal, wenn der Physiotherapeut ihr Zimmer betritt, leuchtet ihr Gesicht vor Freude auf, weil sie diejenige Person sehen, die für sie die Rückkehr zu Gesundheit und Wohlbefinden repräsentiert. In dieser Situation beobachte ich nicht nur, wie eine körperliche Neukonditionierung vor sich geht, sondern auch, wie realistische Ziele gesetzt, verfolgt und erreicht werden. Diese Phase der Genesung ist also auch eine seelische Neukonditionierung, bei der Menschen, die sich in ihrem Krankenbett schon viel zu lange hilflos gefühlt haben, allmählich wieder ihre Fähigkeit erfahren, ihr Schicksal selbst zu bestimmen, indem sie sich Ziele setzen und diese erreichen.

Sinnvolle Ziele

Bei diesen Patienten kann, wie bei jedem von uns, der völlige Mangel an körperlicher Bewegung Gefühle von Angst und Depression auslösen oder verstärken. Deshalb besteht eine der Maßnahmen, die die Physiotherapeuten ergreifen, wenn sie den Zustand der Patienten untersucht haben, darin, gemeinsam Ziele zu setzen. Zunächst besteht das Ziel darin, bis zum Schwesternzimmer zu laufen. Wenn dieses Ziel erreicht ist, wird es neu gesteckt. Jetzt besteht das Ziel darin, bis zum Schwesternzimmer und zurück zu laufen.

Man braucht aber nicht im Krankenhaus zu liegen, um von den Richtlinien zu profitieren, die die Physiotherapie in puncto Zielesetzen bietet. Eines der beiden Merkmale, die für Sie auf dem achtsamen Weg relevant sind, lautet zunächst, dass die Ziele realistisch sein sollten. Jemand, der gerade eine Operation am Kniegelenk hinter sich hat, wird wohl kaum am nächsten Tag schon Salsa tanzen können. Jemand, dem gerade ein Knoten aus der Brust entfernt wurde, wird am nächsten Tag noch keine Gewichte heben. Hier könnte das Ziel darin bestehen, einen Arm auszustrecken. In vergleichbarer Weise könnte das Ziel für Sie sein, eine bestimmte Anzahl an Achtsamkeitssitzungen in der Woche durchzuführen, eine gewisse Zeitspanne für eine sportliche Betätigung aufzubringen und eine konkrete, realistische Veränderung in Ihren Ernährungsgewohnheiten vorzunehmen – etwa die, täglich eine Dose Limo oder einen ungesunden Snack wegzulassen.

Ihre Ziele sollten nicht derart hochgesteckt und schwer zu erreichen sein, dass Sie schon von vornherein überfordert und dadurch untergraben werden. Wenn Sie solche Ziele haben, sollten Sie realistischer vorgehen. Es kann einige Zeit dauern, bis Sie in der Lage sind, die therapeutisch wirksame Dosis von Sport und Meditation durchzuführen. Die wenigsten meiner Patienten schaffen das auf Anhieb. Realistischerweise muss die therapeutisch wirksame Dosis nach und nach in Ihren Alltagsablauf eingeführt werden. Es erfordert Zeit und Mühe, sie in Ihr Leben zu integrieren; auch das ist ein länger dauernder Prozess.

Als Zweites sollten Sie bedenken, dass eine Physiotherapie zwar täglich durchgeführt wird, die damit verbundenen Ziele jedoch in der Regel auf wöchentlicher Basis kontrolliert werden. Ich denke, das könnte auch für Sie eine hilfreiche Strategie sein. Achtsamkeit zeigt sich zwar Moment für Moment, doch um achtsamer zu werden, braucht man eine lebenslange Praxis. Wenn Sie Ihre Fortschritte im Minutentakt oder auch Tag für Tag überprüfen, haben Sie vielleicht das Gefühl, nicht so viel erreicht zu haben, als wenn Sie sie wöchentlich oder gar monatlich nachverfolgen. Sie werden zwar feststellen, dass Sie im jeweiligen Moment schon nützliche Auswirkungen verspüren, aber der Fortschritt, den Sie durch den wöchentlichen oder monatlichen Abgleich verzeichnen, wird Ihnen noch wesentlich lohnender erscheinen. Das Setzen von sinnvollen Zielen schickt Sie los auf den achtsamen Weg: Es ist der erste Schritt, wie Sie erfolgreich eine aktive Rolle darin übernehmen, Ihren grüblerischen, sorgenvollen Geist zu beruhigen und gleichzeitig für Ihr ganzheitliches Wohlbefinden zu sorgen, es zu pflegen und zu verstärken. Dann können Sie auf eine Leistung zurückblicken, die Ihnen Freude und Zuversicht vermittelt – und sich auf eine neue freuen –, wenn Sie Ihren Fortschritt überprüfen.

KAPITEL 9

Psychische Widerstandskraft*

So wie die Achtsamkeit entfaltet und zeigt sich auch Sinnhaftigkeit immer dann, wenn wir ihr in unserem Bewusstsein Raum geben. Und wie das Glück müssen wir auch die Sinnhaftigkeit aktiv verfolgen, weil sie sich nicht immer spontan und von selbst einstellt. Für Viktor Frankl war die Suche nach Sinn ein Prozess ohne einen Endpunkt. Er bezeichnete es als das Finden von Sinn, nicht als das Geben oder Erzeugen von Sinn. Es ist ein Weg, ein Prozess.

Weil es sich um eine Suche nach Sinn handelt, hat diese einen offenen Ausgang und kann ihre Nahrung aus unseren Lebenserfahrungen beziehen. Sinnvolle Ziele können sehr weit gefasst sein, so wie etwa Frankls Wunsch, sein Manuskript zu veröffentlichen. Sie können auch ganz spezifisch sein, etwa wenn man für einen Sonnenuntergang oder einen Schluck Wasser ganz präsent sein

* Der hier verwendete psychologische Fachausdruck „resilience" (dt. Resilienz) bezeichnet die Fähigkeit eines Menschen, Lebenskrisen ohne anhaltende Beeinträchtigungen durchzustehen u. als Anlass für Entwicklungen zu nutzen (vgl. Roland Haas, Wörterbuch der Psychologie und Psychiatrie, sowie Wikipedia); A. d. Ü.

möchte. Man kann in bestimmten Aufgaben oder in flüchtigen Genussmomenten nach Sinn suchen. Wenn Sie sich spezifische, sinnstiftende Ziele setzen, dann ist es am besten, wenn diese realistisch und erreichbar bleiben.

Die Weiterentwicklung von Sinn

Wie alles im Leben kann sich auch der Sinn im Leben verändern. Er passt sich neuen Umständen an. Wie jeder einzelne Augenblick, so ist auch ein Sinn einzigartig. Er muss durch uns selbst geschaffen und erkundet werden, baut auf das Vorhergehende auf und zieht uns vorwärts in neue Richtungen des Lebens.

Als Frankl sein Manuskript einmal veröffentlich hatte, zogen neue Horizonte des Sinns für ihn auf. Die Suche setzte sich fort und hörte niemals auf. Für Frankl schien das Leben aus einer Reihe von neuen Horizonten und Abenteuern zu bestehen. Selbst mit über siebzig machte er noch den Pilotenschein.

Auch bei Ihnen kann sich der Sinn in Ihrem Leben verändern, wenn Sie für neue Erfahrungen offen sind. Vielleicht haben Sie bereits ein sinnvolles Ziel erreicht, waren sich dessen jedoch zum damaligen Zeitpunkt nicht bewusst. Viele Menschen blicken beispielsweise sehnsüchtig auf ihre Jugend oder ihre jüngeren Jahre zurück, weil das Leben damals noch vor ihnen zu liegen schien und der Sinn ihres Lebens und seine Ausrichtung noch nicht feststanden. Der Sinn bestand in jenen Tagen darin, dass das Leben noch Möglichkeiten und Versprechen bereithielt.

Doch wenn die Jahre vergehen, haben viele Leute das Gefühl, dass sie ihre Träume oder Vorhaben nicht so verwirklichen konnten, wie sie es sich gewünscht haben. Manche Teile ihres Lebens, etwa die berufliche Laufbahn oder die Familienplanung, erscheinen nicht so erfüllend wie einst erhofft. Vielleicht haben auch Sie das Empfinden, nicht so sinnvoll und intensiv zu leben, wie Sie es sich in Ihrer Jugend erträumt haben. Diese Enttäuschung bietet Stoff für viele Stunden oder Monate des Grübelns, der Sorge und der Bedrückung. Sie nimmt so überhand, dass es kaum mehr möglich zu sein scheint, aus irgendeinem Lebensbereich Erfüllung zu beziehen. Augenblicke ziehen vorüber und gehen verloren, weil Sie wie ferngesteuert leben.

Jeder Moment, den Sie damit verbringen, in Erinnerungen an Ihre Jugend zu schwelgen, ist ein in der Vergangenheit verbrachter. Doch das Heute ist die ruhmreiche Vergangenheit von morgen, die später eine Bedeutung annehmen kann, die sich Ihnen heute noch verbirgt. Es könnte helfen, wenn Sie sich aufmachen und den Sinn in den Augenblicken von heute suchen, um hier und jetzt ein Gefühl von Sinnerfüllung zu erfahren und nicht erst später.

Grübelei, Sorge und Sinn

Grübelei und Sorge scheinen in jenen Bereichen unseres Lebens aufzukommen, in denen es offensichtlich an einem Sinn fehlt oder in denen wir nicht die Macht zu haben meinen, einen Sinn herzustellen. In der Regel sind dies die Orte, wo kleineres oder größeres Leid geschieht. Dieses Leid kann so unbedeutend sein wie ein Missverständnis an der Supermarktkasse oder so bedeutend wie finanzielle Schwierigkeiten, Krankheit oder Scheidung.

Für uns alle gilt, dass wir die Zerbrechlichkeit des menschlichen Daseins ganz besonders spüren, wenn unser Körper krank wird. Es kann einiges Bemühen erfordern, dieses Zerbrechlichkeitsgefühl dazu zu nutzen, unser Erleben von gesundem, wohltuendem Vergnügen zu schärfen.

Unsere Karriere kann einen enttäuschenden Knick erfahren, und wir können die Last verspüren, Geld verdienen zu müssen oder von unserem Berufsweg in die Irre geführt worden zu sein. Es erfordert Mühe, eine Möglichkeit zu finden, wie die Arbeit für unseren Lebensunterhalt unser Glück oder das Glück anderer fördern kann.

Man kann sich von anderen Menschen abgeschnitten fühlen. Es mag so aussehen, als seien neue Freundschaften unmöglich.

Allein schon der Gedanke, sich mit anderen abzugeben, kann Stress erzeugen. Es erfordert Mühe, Freude am Zusammensein mit anderen zu empfinden.

Ein glückliches Familienleben aufrechtzuerhalten ist nicht immer leicht, und man erlebt vielleicht Stress und Spannungen, weil man ein Produkt der eigenen Familiengeschichte ist. Wenn man mit der eigenen Familie zusammen ist, die sich meisterhaft darauf versteht, unsere frühesten und am tiefsten sitzenden Auslöser zu betätigen, erfordert es eine besondere Anstrengung, sich bewusst zu machen, dass man die Wahl hat, wie man reagieren möchte.

Alle schwierigen Situationen im Leben erfordern einige Bemühung, damit man sie in sinnvolle Erfahrungen umwandeln kann. Denken Sie daran, wie es für Sie war, als Sie lesen lernten. Zuerst haben Sie mit einem einzigen Buchstaben angefangen, sind dann zu einem ganzen Wort übergegangen und schließlich zu einem einfachen Satz. Jahre später lesen Sie dieses Buch, in dem all die Buchstaben, Wörter und Sätze miteinander verknüpft sind. Aber mit diesem Wissen und Können sind Sie nicht auf die Welt gekommen. Sie mussten es erst erlernen und dann einüben. Es erforderte am Anfang einige Mühe, und jetzt sind Sie ein Könner. Und Sie haben sich entschieden, in diesem Augenblick diese Worte zu lesen, damit Sie ein erfüllteres, zufriedeneres Leben leben können.

Sinn herzustellen ist eine Wahl

Auch die Suche nach Sinn bedeutet, eine Reihe von Schritten zu tun. Sie müssen vielleicht mit kleinen, konkreten Schritten anfangen, um dann zu weiter gesteckten Zielen vorankommen zu können. Einige dieser kleinen Schritte könnten sein, Achtsamkeitspraktiken zu erlernen, regelmäßig Sport zu treiben, auf eine gute Ernährung und einen guten Schlaf zu achten, um Ihre körperliche Gesundheit zu unterstützen; Geld für einen guten Zweck zu spenden, um Ihrem Broterwerb einen tieferen Sinn zu geben; oder eventuell einen sinnerfüllteren Berufsweg einzuschlagen. Sie könnten bewusst beschließen, auf Ihr Wohlbefinden zu achten, wenn Sie mit Ihrer Familie zusammen sind, und sich für bessere Verhaltensweisen im Umgang mit ihr entscheiden. Sie müssen sich entscheiden, auf Ihre eigenen Entscheidungen achtsam zu sein.

Die Suche nach Sinn auf dem achtsamen Weg ist ebenso sehr eine Lebenseinstellung wie eine Reihe von Aufgaben. Es ist eine Wahl und eine Perspektive, eine Orientierung auf der nicht voraussagbaren Lebensreise. In meiner klinischen Praxis habe ich festgestellt, dass die Suche nach Sinn zwar unbeschreibliche Qualitäten besitzen kann, dass es aber am günstigsten ist, möglichst präzise und genau das zu benennen, wonach man eigentlich sucht.

So ist „Suchen nach Sinn" zwar ein edles Ziel, aber leider nicht sehr konkret. Stattdessen könnten Sie es vielleicht so formulieren: „Ich möchte bewusster auf Momente achten, die mich glücklich machen" oder noch spezifischer: „Ich werde heute den Sonnenuntergang bewusst genießen", oder Sie können den Sinn auf irgendetwas in Ihrer unmittelbaren Lebensumgebung beziehen. Ihr Ziel kann es sogar sein, dass Sie sich einen Moment Zeit nehmen, um den Anblick oder die Stimmung in dem Zimmer oder in dem Umfeld zu würdigen, in dem Sie sich gerade befinden – das heißt, einfach präsent zu sein. Sinn herzustellen heißt, sich bewusst zu Präsenz zu entschließen und einer Sache, die Sie bereits tun oder gern vermehrt tun würden, Sinn beizumessen.

Frankl hat erkannt, dass es uns hilft, Sinn zu erfahren, wenn wir ganz präsent und achtsam sind. Meiner Überzeugung nach ist die Achtsamkeitspraxis eine Verkörperung der Suche nach Sinn selbst, weil wir keinen Sinn im Leben empfinden können, wenn wir dessen einzelne Momente nicht empfinden können. Wenn Sie wie ferngesteuert leben, werden die bedeutungsvollen Momente Ihres Lebens an Ihnen vorüberziehen, während Grübelei und Sorge bleiben. Wenn Sie sich hingegen bewusst auf die Suche nach Sinn einlassen, erfährt das bedrückende mentale Drehbuch, das Ihr Leben bisher bestimmt hat, einen gesunden Ausgleich.

Der psychischen Widerstandskraft die Bühne bereiten

Ohne Achtsamkeit und ohne die Suche nach Sinn können Sie zwar Leid ertragen, aber Sie können dabei nicht in der Verfolgung Ihrer Ziele wachsen. Ihre Erfahrung von Leid ist auf den Kummer beschränkt: auf Grübelei, Sorgen, Angst, Wut und Depressionen – und umschließt nicht die Sinnerfahrung oder das Wachstum, die sich auch aus dem Leid ergeben können. Wenn sich die vorherrschende Rolle von Angst und Grübelei in Ihrem Leben ändert, dann ändert sich auch der Sinn in Ihren Leidenserfahrungen, seien es nun die kleinen Ärgernisse des Lebens oder größere Traumata und Herausforderungen.

Wenn Ihr Geist mit Widrigkeiten konfrontiert ist, dann ist es am hilfreichsten, wenn Sie sich einen Silberstreif am Horizont suchen. Wenn ich Menschen mit Krebs begegne, berichten mir diese trotz ihres Kummers fast einhellig, dass sie sich bestimmten Freunden oder Familienangehörigen nun viel näher fühlten, und darüber selbst überrascht sind. Überlebende von Krebserkrankungen gehen aus dieser Erfahrung fast immer mit einer größeren Leidenschaft fürs Leben oder neuen Prioritäten hervor, die ihnen selbst und ihren Angehörigen helfen, stärker auf Gesundheit und Wohlbefinden zu achten. Eine der erstaunlichsten Erfahrungen, die ich zu verschiedenen Gelegenheiten gemacht habe, war die, dass mir Überlebende von Krebs berichteten, sie seien aufgrund der Weisheit, mit der sie jetzt lebten, für die Erfahrung der Krebserkrankung tatsächlich dankbar.

In der Psychologie wird dies *Resilienz* genannt. Eine empirische Studie, die im Jahre 2000 von J. D. Teasdale geleitet wurde, zeigt auf, dass konsequente Achtsamkeitspraxis dem Menschen helfen kann, angesichts von Problemen im Leben widerstandsfähiger zu werden. Bei Menschen, die einmal Depressionen bekommen, ist beispielsweise die Wahrscheinlichkeit erhöht, dass sie erneut depressiv werden. Wenn die Tür einmal geöffnet wurde, lässt sie sich das nächste Mal noch leichter öffnen, und die Chancen sind hoch, dass man einen Rückfall erleidet. Achtsamkeit hingegen scheint das bei Menschen, die häufig Depressionen hatten, zu verhindern. Die therapeutisch wirksame Dauer in der Teasdale-Studie betrug acht Wochen tägliche Praxis mit einer wöchentlichen Gruppensitzung. Die Auswirkungen auf die Rückfallquote wurden nach einem Jahr gemessen.

Ein weiterer faszinierender Effekt von Achtsamkeitspraxis könnte der sein, dass sie tatsächlich auch den Körper widerstandsfähiger werden lässt. In einer interessanten Studie von 2003 haben R. J. Davidson und seine Kollegen entdeckt, dass eine regelmäßige, konsequente Achtsamkeitspraxis – acht Wochen lang eine Stunde am Tag mit der Teilnahme an einer wöchentlichen Meditationsgruppe – bis zu vier Monate lang die elektrische Aktivität in einem Bereich des Gehirns steigerte, der mit guten Gefühlen in Zusammenhang gebracht wird. Das Maß dieser Steigerung sagte voraus, in welchem Grade sich das Immunsystem der Teilnehmenden vor einem Grippevirus schützen konnte, das ihnen zu Beginn des Experiments injiziert worden war.

Die regelmäßige und konsequente Praxis von Achtsamkeit ließ die Meditierenden nicht nur weniger furchtsam werden, sondern sie schien auch noch lang anhaltende positive Gefühle in ihrem Gehirn zu erwecken und ihr Immunsystem bei der Abwehr von Krankheiten zu stärken. Die Wirkungen einer durchgehenden Achtsamkeitspraxis bestanden in einer besseren Stimmungslage, weniger Angstgefühlen und einer robusteren Gesundheit. Und noch einmal: all das nach nur acht Wochen konsequenter Praxis. Stellen Sie sich vor, was eine fortdauernde Praxis für Ihr ganzes Leben bewirken könnte!

Ihre Achtsamkeit ist allein Ihre eigene

Sicherlich hat die Achtsamkeit nicht die Ereignisse im Leben der Teilnehmenden an diesem Experiment verändert, und das wird sie bei Ihnen auch nicht können. Sie müssen mit dem arbeiten, was da ist. Ihre Achtsamkeitspraxis wird Ihre täglichen Ärgernisse nicht verschwinden lassen. Die Leute auf den Straßen werden nicht besser Auto fahren, wenn Sie Achtsamkeit praktiziert haben. Sie werden auch nicht anders mit Ihnen umgehen, wenn Sie praktiziert haben. Und ganz gewiss wird Ihre Praxis der Achtsamkeit die allgegenwärtige Realität der Ersten Edlen Wahrheit, die Allgegenwärtigkeit von Leiden, nicht außer Kraft setzen.

Was die Praxis von Achtsamkeit neben der körperlichen Bewegung, der gesunden Ernährung und dem guten Schlaf allerdings sehr wohl für Sie tun kann, ist, Ihnen die Energie zu verleihen, sowohl mit den kleinen als auch mit den großen Widrigkeiten, denen Sie in Ihrem Leben gegenüberstehen, besser fertig zu werden. Anstatt zuzulassen, dass Ihr Leben der Gewohnheit von Grübelei und Sorge Nährstoff liefert, was zu den unvermeidlich darauf folgenden Phasen von Depression und Angst führt, können Sie es zu einem Träger von Sinn, Wohlbefinden und Zufriedenheit auf Ihrem Weg werden lassen.

Widerstandsfähigkeit einladen

Ich habe festgestellt, dass meine widerstandsfähigsten Patienten folgende Lebenseinstellung haben: Sie empfinden jedes Hindernis und jeden Rückschlag in ihrem Leben eher als eine Herausforderung, die es zu meistern und der es einen Sinn abzuringen gilt, als ein Problem, von dem man sich umwerfen lässt. Ebenso wie die Suche nach einem Sinn und wie der achtsame Weg ist auch die Widerstandsfähigkeit eine Entwicklung, die sich aus den Ungewissheiten und den Höhen und Tiefen des Lebens ergibt.

Widerstandsfähigkeit bedeutet nicht, so zu tun, als sei nichts geschehen, oder sich vom Leben unberührt zu zeigen. Im Gegenteil, Widerstandsfähigkeit bedeutet Wandel – aber sinnvollen, positiven Wandel, ein Wachstum im widrigsten aller Umstände, so wie das Erlebnis mit der saftigen Erdbeere, die am Rande eines steilen Abhangs wuchs. Durch Widerstandsfähigkeit werden die Ungeheuerlichkeit, die Tragödie und die Schrecken des Leidens nicht versteckt. Doch durch sie wird der Schrecken in Sinn verwandelt.

Denken Sie an Viktor Frankl. Sicherlich kann niemand behaupten, seine Zeit in den Konzentrationslagern sei schön oder positiv gewesen. Aber sie hat einen Sinn gehabt. Aufgrund von Frankls inneren Entscheidungen ist für uns alle Gutes aus dem Schrecken und der Dunkelheit entsprungen, die damals über der Welt lagen. Dieses Gute kam nicht durch die Arbeits- und Todeslager oder durch den Holocaust – es kam durch Frankl. Bei den Krebspatienten, mit denen ich arbeite, wird die Chemotherapie durch deren Widerstandsfähigkeit nicht angenehmer. Doch Sinnhaftigkeit gibt der Erfahrung einen Zweck, und mit einem Zweck kann der Patient die Behandlung ein wenig leichter ertragen.

Wir alle leben ein persönliches Leben, das garantiert einmal zu Ende sein wird. Wir sind alle Gefangene unserer Sterblichkeit. Und doch besitzen wir wie Frankl eine im tiefsten Inneren verankerte Freiheit, die unermesslich groß, unantastbar und universal ist. Wenn wir uns entscheiden, unsere Lebenserfahrungen dazu zu verwenden, um unsere Freiheit und unsere Sinnstiftungsfähigkeit zu erwecken und zu stärken, dann können selbst die schwierigsten Situationen im Leben noch in etwas Sinnvolles, ja vielleicht sogar Spirituelles, verwandelt werden.

Sinn schenkt uns den emotionalen und spirituellen Treibstoff, den wir brauchen, um zu gedeihen, und um demjenigen Menschen näher zu kommen, der wir sein möchten. Unser inneres Potential kann hervorstrahlen. Anstatt uns auszubrennen, können die Herausforderungen des Lebens uns stärker werden lassen.

Widerstandsfähigkeit ist spirituell

Das Wissen darum, wie wichtig das Sinnempfinden für die Entwicklung von Glück ist, ist in der Psychologie und der Wissenschaft relativ neu – es gehört von jeher zum Gebiet der spirituellen Traditionen dieser Welt. Religiöse und spirituelle Lehrer haben schon immer gelehrt, dass Perlen großer Weisheit und Chancen zum Wachstum an den unwahrscheinlichsten Punkten in unserem Leben gefunden werden können, und so das Wunder der Widerstandsfähigkeit für uns alle erreichbar gemacht.

Ich betrachte die Vier Edlen Wahrheiten und die „Leichenfeldbetrachtungen" des Buddha als Werkzeuge zur Entwicklung von innerer Widerstandsfähigkeit. Da in seinen Lehren Leid als ein natürlicher, allgegenwärtiger Bestandteil unseres Lebens gesehen wird, kann man Leid als Ausgangspunkt für die Suche nach einem sinnerfüllteren Leben benutzen. Leid ist hier nicht mehr das genaue Gegenteil von Glück, sondern es wird zur Grundlage, auf der das Glück heranwachsen kann. Weil der Buddha gelehrt hat, dass das Leid allgegenwärtig ist, finden sich Gelegenheiten zum Glücklichsein überall um uns herum und warten nicht erst darauf, dass sich das Leid eine Auszeit nimmt.

In den spirituellen und religiösen Traditionen, die durch Abraham entstanden sind – im Judentum, im Christentum und im Islam – wird Leiden als ein Teil des „Willens Gottes" betrachtet. In diesen Traditionen wird gelehrt, dass wir, so wie Hiob, den Grund, den Sinn, von Gottes Willen oft nicht kennen mögen, dass es aber an uns selber liege, ob wir im Angesicht unseres individuellen Leidens entweder unseren Glauben stärker werden lassen und näher zu Gott gelangen wollen, oder ob wir uns von Gott abwenden und in die Hölle eines spirituellen Vakuums, eines Lebens ohne Sinn, verfallen.

Ich möchte hier nicht für irgendeine bestimmte spirituelle oder religiöse Tradition eintreten und nicht einmal dafür, dass Sie irgendeinen religiösen Glauben oder eine spirituelle Zugehörigkeit haben sollten. Wofür ich aber eintreten möchte, ist, dass Sie in Ihrem Leiden einen Sinn suchen sollten. Wie dieser Sinn in Ihrem Leiden aussieht, das bleibt Ihnen selbst überlassen, aber Sie werden feststellen, dass Sie widerstandsfähiger geworden sind, wenn Sie für sich einen Sinn gefunden haben.

Wenn Sie Ihr Leben mit all seinen Freuden und Leiden, seinen Siegen und seinen Niederlagen als sinnvoll betrachten, dann können Sie die Kraft finden, die Höhen und Tiefen nicht nur auszuhalten, sondern auch durch sie zu wachsen. Dadurch erobern Sie sich Ihre Freiheit zurück – Ihr Recht, das Ziel selbst zu bestimmen, zu dem der Weg Ihres Lebens führen soll.

Die Qualitäten von Widerstandsfähigkeit

Seit der jüngsten Entdeckung der menschlichen Tendenz zur Widerstandsfähigkeit durch die Psychologie können wir besser beschreiben, wie widerstandsfähige Menschen sind. Im Allgemeinen haben sie bessere Bewältigungsstrategien; sie sind eher auf den gegenwärtigen Augenblick und auf zukünftige Ziele ausgerichtet als auf ihre Erfahrungen aus der Vergangenheit oder ihre Sorgen über die Zukunft; sie haben mehr Hoffnung; sie sind eher in der Lage, Entscheidungen zu treffen, sich Hilfe zu suchen, anderen zu vergeben und anderen zu helfen; und sie konzentrieren sich auf ihre Stärken und Fähigkeiten (Glicken 2006). Dies sind ausgezeichnete persönliche Eigenschaften, auf die hinzuarbeiten es sich für jeden lohnt.

Meiner Überzeugung nach kann es helfen, widerstandsfähiger zu werden oder zumindest mehr von den Eigenschaften zu erlangen, die widerstandsfähige Menschen auszeichnen, wenn Sie sich bewusst auf die Suche nach Sinn begeben. Ich habe festgestellt, dass die widerstandsfähigsten Menschen sich häufig auch gar nicht für widerstandsfähig halten – deshalb besteht die Chance, dass Sie in Wirklichkeit schon innerlich stärker sind, als Ihnen bewusst ist.

Die Herausforderung der Vergebung

Im Zusammenhang mit dem grübelnden, sorgenvollen Geist ist die schwierigste Qualität, die es zu üben und zu praktizieren gilt, die der Vergebung. Es ist kein Zufall, dass die spirituellen Traditionen und die Weisheitslehren der Welt die zentrale Bedeutung des Vergebens besonders betonen.

So wird im christlichen Gebet, das als „Vaterunser“ bekannt ist, Gott im Besonderen gebeten: „... und vergib uns unsere Schuld, wie auch wir vergeben unseren Schuldigern“. Das siebenteilige Gebet des Buddha enthält ein Bekenntnis, sich selbst und anderen jeden Tag aufs Neue zu vergeben.

Das Vergeben gilt in der buddhistischen Tradition und in anderen spirituellen Lehren nicht nur deshalb als so wichtig, weil dadurch emotionale und spirituelle Energie freigesetzt wird, sondern auch, weil es eine Übung in der höchsten und schwersten aller menschlichen Bemühungen ist: in der Bemühung um Mitgefühl. Nicht zu verwechseln mit Mitleid ist Mitgefühl die Ausübung von radikaler Annahme. Mitgefühl heißt, mit einem und für ein anderes Wesen zu fühlen, als seien das Wohlergehen und Wohlbefinden dieser anderen Person unser eigenes Wohl.

Interessanterweise können Mitgefühl und Vergebung denjenigen mit dem angstbesetzten oder dem unsicheren Bindungstyp aufgrund ihres übermäßigen Nachdenkens und Grübelns schwererfallen als anderen (Burnette at al. 2009). Der grübelnde Geist scheint die Fähigkeit, anderen zu vergeben und für sie da zu sein, wirkungsvoll zu blockieren. Stattdessen fällt es leichter, auf Rache zu sinnen oder Groll zu hegen (McCullough et al. 2001).

Aber anderen Menschen oder dem eigenen Inneren gegenüber Wut oder Frustration zu zeigen ist keine Lösung. Unser Geist weiß ja bereits recht gut, wie er sich selbst und anderen das antun kann. Eine bessere Alternative wäre es, sich dem eigenen Inneren mit Mitgefühl bzw. radikaler Annahme und mit Liebe zuzuwenden, einer Form von Liebe und Fürsorge, die man sich selbst auch von anderen wünscht. Durch die Neueinstellung des eigenen Bindungstyps kann man mitfühlender und hilfsbereiter werden (Mikulincer et al. 2005). Man kann den eigenen Geist durch Mitgefühl nähren, so dass er dann auch anderen Menschen Mitgefühl schenken kann.

KERNPRAXIS

Liebevolle Güte

In der buddhistischen Tradition gibt es eine Reihe von Übungen, die als *Mettā,* d. h. liebevolle Güte, bekannt sind. Mettā ist dort, wo sich das radikale Annehmen und Vergebung begegnen, und im

Herzen ihres Schnittpunkts ist die bedingungslose Liebe. Beachten Sie bitte, dass das nicht heißen soll, dass Sie jedermann mögen müssen. Bedingungslose Liebe bedeutet, dass Sie Ihr Herz für alles Leben öffnen. Liebevolle Güte ist eine Wahl. Ebenso wenig wie das Glück und die Achtsamkeit wird sich das Gefühl, mit Ihrer inneren Freiheit in Kontakt zu stehen, von allein ergeben. Innere Freiheit, die durch Vergebung und durch radikales Annehmen entsteht, muss kultiviert werden und entsteht durch regelmäßige Praxis.

Suchen Sie sich für diese Übung einen ruhigen, bequemen Platz.

1. Schließen Sie die Augen und holen Sie dreimal bis tief in den Bauch hinein Luft.

2. Werden Sie sich beim ersten Atemzug Ihrer Umgebung bewusst.

3. Werden Sie sich beim zweiten Atemzug Ihres Körpers und Ihrer Körperhaltung bewusst. Ziehen Sie die Ausatmung in die Länge, um alle verbrauchte Luft aus den Tiefen der Lunge auszuatmen.

4. Werden Sie sich beim dritten Atemzug des Atems selbst bewusst.

5. Visualisieren Sie mit immer noch geschlossenen Augen Ihren Körper. Atmen Sie mit dem Bild Ihres Körpers vor Ihrem inneren Auge ein und sagen Sie zu sich: „Möge ich frei von Leid sein."

6. Sagen Sie sich beim Ausatmen: „Möge ich in Frieden sein."

7. Praktizieren Sie einige Atemzüge lang auf diese Weise.

8. Stellen Sie sich jetzt einen lieben Menschen vor, etwa ein Kind, einen Familienangehörigen oder einen lieben Freund. Wenn Ihnen niemand einfällt, kann es auch ein Haustier sein oder jemand, den Sie nicht kennen und von dem Sie meinen, er leide.

9. Sprechen Sie beim Einatmen im Stillen folgenden Wunsch für jenen Menschen aus: „Mögest du frei von Leid sein."

10. Sprechen Sie beim Ausatmen im Stillen folgenden Wunsch für jenen Menschen aus: „Mögest du in Frieden sein."
11. Praktizieren Sie einige Minuten lang so.
12. Stellen Sie sich nun jemanden vor, der Ihnen Schaden zugefügt hat, der Sie verletzt oder Ihnen wehgetan hat. Sprechen Sie beim Einatmen im Stillen folgenden Wunsch für jenen Menschen aus: „Mögest du frei von Leid sein."
13. Schicken Sie beim Ausatmen jenem Menschen folgenden Wunsch: „Mögest du in Frieden sein."
14. Stellen Sie sich nun unseren großartigen, gewaltigen Planeten Erde vor. Stellen Sie sich all die wimmelnden Massen von Menschen vor, all die Tiere, Pflanzen und Insekten. Schicken Sie dem Planeten und allen darauf befindlichen lebenden Wesen den Wunsch: „Mögen alle frei von Leid sein."
15. Schicken Sie dem Planeten Erde beim Ausatmen den Wunsch: „Mögen alle in Frieden sein."
16. Praktizieren Sie einige Minuten so weiter.

Ich weiß, dass diese Übung eine unglaublich tiefe Wirkung auf Sie haben kann, wie auch immer Ihre Lebensumstände oder Ihre individuelle Lebensgeschichte aussehen mögen.

Eine der tiefsten und ergreifendsten Erfahrungen, die ich als Psychologe jemals gemacht habe, war die Anleitung einer Sitzung von Mettā-Meditation in einem Raum voller Eltern, deren Kinder ermordet worden waren. Die wenigsten von uns können das Leid und die Tragik eines solchen Ausmaßes ermessen.

Und doch kamen am Ende der Sitzung viele Teilnehmende tränenüberströmt zu mir nach vorne. Sie alle wollten mir sagen, dass sie durch die Mettā-Übung wieder ihre Fähigkeit gespürt hätten, zu meditieren und spirituell zu wachsen, selbst viele Jahre nach dem Tod ihrer Kinder. Obwohl ich ihnen nicht vorgegeben hatte, wen sie visualisieren sollten, hatten sich die meisten von ihnen entschlossen, diejenige Person zu visualisieren, die ihr Kind umgebracht hatte. Nach der Mettā-Praxis empfanden sie – obwohl sie die Tat des Mörders sicherlich nicht entschuldigten – Befreiung durch spirituelle Vergebung, ob sie religiös eingestellt waren oder nicht. Diese Eltern verspürten die Freiheit, mit den Erinnerungen an ihre getöteten Kinder in Verbindung treten zu können, ohne den Ballast von Hass und Zorn auf die Mörder weiter mit sich herumschleppen zu müssen. Durch das Praktizieren von Vergebung für jemanden, den sie hassten, konnten sie eine reinere Liebe zu ihren Kindern empfinden.

Vergebung ist eine Frage der Entscheidung

Die Freiheit, zu vergeben und zu lieben, ist zwar unbezahlbar, aber durchaus erreichbar. Sie haben die Wahl, wie Sie Ihre emotionale Energie verwenden wollen: eingesperrt in Ihr vergangenes Leid oder frei im gegenwärtigen Moment. Vergebung schenkt uns die Freiheit, im Angesicht von Schmerz und Leid widerstandsfähig zu sein und zu gedeihen.

In meiner klinischen Erfahrung habe ich festgestellt, dass es Menschen, die zu Grübelei und Sorge neigen, tatsächlich leichter fällt, anderen zu vergeben, als sich selbst zu vergeben. Man neigt dazu, härter zu sich selbst zu sein als zu anderen. Daher bedeutet Vergebung für Sie nicht nur, dass Sie anderen vergeben, die Ihnen Ihrer Meinung nach Leid zugefügt haben, sondern auch, dass Sie sich selbst alle Ihre Fehler und falschen Entscheidungen verzeihen.

Wie ich bereits an früherer Stelle festgestellt habe, kann es beispielsweise sehr schwer sein, gesundheitsfördernde Angewohnheiten in Ihr Leben einzuführen. Diese Fähigkeit zu entwickeln ist ein Weg mit vielen Höhen und Tiefen. Werden Sie schnell unruhig, wütend oder enttäuscht über sich selbst, wenn Sie Ihre guten Angewohnheiten nicht durchführen oder beibehalten können? Schämen Sie sich darüber, ist es Ihnen peinlich, oder regt es Sie auf?

Helfen Ihnen diese negativen Gefühle, glücklicher zu sein? Höchstwahrscheinlich eher nicht. Vergeben Sie sich. Der achtsame Weg ist ein Prozess, den man Schritt für Schritt gehen muss.

Vergebung bedeutet Freiheit

Anderen zu vergeben bedeutet nicht, dass man sein eigenes Leid herabwürdigt oder dass man vergisst, wie grausam jemand einen vielleicht behandelt hat, oder dass man das üble Verhalten dieses Menschen weiterhin dulden sollte. Wenn Sie misshandelt oder körperlich angegriffen worden sind, sollten Sie sich unbedingt aus dieser Situation entfernen und sich an die Justiz wenden. In dieser Art von Fällen ist Vergeben *nicht* gleich Vergessen.

Für mich geht es bei Vergebung darum, sich von der Macht zu befreien, die andere über einen haben; die Fähigkeit, sich zum eigenen Fühlen zu befreien und die eigene Gefühlswelt von dem zu befreien, was andere einem angetan haben oder was man durchlitten hat.

Denken Sie daran, Vergebung bedeutet Freiheit – Ihre eigene Freiheit. Vergebung bedeutet, die emotionale Verbindung zu lösen, die Sie vielleicht an den Schmerz des Erlebten kettet, und sich innerlich zu bewegen, um Sinn zu schaffen, um zu wachsen und um eine glücklichere Lebensweise zu finden.

Die Freiheit, die die Vergebung und die Widerstandskraft mit sich bringen, kann auch das Freisein von Grübelei und Sorge bedeuten. Bei den meisten geht es ja, wenn sie grübeln und brüten, um noch nicht Abgeschlossenes: um das „was ist, wenn?" aus der Vergangenheit und in der Zukunft, um belastende Gespräche, um Streitereien und Tragödien, und um diejenigen Lebensbereiche, die keinen Sinn zu haben scheinen. Wenn man Mettā praktiziert und sich um Vergebung bemüht, kann das grübelnde Denken durch die Trost spendende Einstellung liebevoller Güte beruhigt werden. Mettā kann dem grübelnden Geist ein wohlerprobtes Drehbuch bieten, an das er sich halten kann wie an einen Anker, anstatt im Meer der Wut, der Rachsucht und des Kummers hin und her zu schwanken. Mettā ist ein ernüchterndes, erdendes Gegenmittel zum Rausch der Verbitterung, der Glück und Wohlbefinden wegzuschwemmen droht. Mettā kann zu Ihrer fürsorglichen Beschützerin werden, die Ihrem Geist Trost spendet und die schweren Ketten von erlittenem Leid und Unrecht von Ihnen abfallen lässt.

Auf dem Weg zum Mitgefühl

Alle großen spirituellen Traditionen und Weisheitslehren dieser Welt stellen das Mitgefühl als eines der zentralen Ziele im menschlichen Leben dar. Wer an Himmel und Hölle glaubt, ist der Überzeugung, dass gute Taten zu einem schönen Leben nach dem Tode führen und dass böse Taten zur ewigen Verdammnis führen. Für solche, die an die Reinkarnation glauben, sind gute Taten der Weg zu einer erfreulichen Wiedergeburt, wohingegen schlechte Taten den Weg zu einer niederen Lebensform bereiten. Sogar viele Atheisten und Agnostiker glauben, dass gute Taten ganz entscheidend sind, und zwar eben deshalb, weil keine Gottheit über uns wacht; so mögen unsere Taten vielleicht noch wertvoller sein, weil sie um ihrer selbst willen getan werden; um ihrer unmittelbaren irdischen Folgen willen und nicht wegen irgendeiner zukünftigen Belohnung.

Wenn wir von guten Taten reden, meinen wir damit im Allgemeinen ein moralisch-ethisch richtiges, aber auch mitfühlendes Verhalten. Was stellen Sie sich vor, wenn Sie von jemandem hören, er sei ‚ein wahrer Heiliger'? Höchstwahrscheinlich kommen Ihnen dann Güte, Herzenswärme und Mitgefühl in den Sinn.

Mitgefühl gehört jedoch nicht allein in das Reich von Heiligen und Legenden. Große Persönlichkeiten sind unserer Bewunderung würdig, jedoch nicht auf Kosten unseres eigenen spirituellen Fortschritts und unserer geistig-seelischen Gesundheit. Das Potential zu Widerstandsfähigkeit, zu Vergebung und Mitgefühl steckt in jedem Einzelnen von uns.

In einer seiner Belehrungen gibt Seine Heiligkeit der Dalai Lama die Geschichte von Milarepa wieder, eines hochverehrten tibetischen Heiligen aus dem 11. Jahrhundert (Gyatso 2004). Nach einer turbulenten Jugend als rebellischer und mordender Unhold begegnet Milarepa seinem spirituellen Lehrer, dem großen Übersetzer Marpa.

Milarepa nimmt sich Marpas Belehrungen zu Herzen und beginnt mit der Meditationspraxis. Viele Jahre später, am Ende eines langen Lebens, in dem er in ganz Tibet als spiritueller Lehrer gewirkt hat, hat Milarepa eine Vorahnung, dass er bald sterben wird.

Er versammelt alle seine Schüler und Anhänger um sich, um sich zu verabschieden und ein letztes Mal ihre Fragen zu beantworten. Einer der Schüler fragt ihn: „Bist du ein Gott oder ein Buddha?"

Erzürnt steht Milarepa auf und zeigt seinen Schülern und Anhängern sein Gesäß, das durch die jahrelange Meditationspraxis in abgelegenen Höhlen und auf hohen Berggipfeln von Schwielen überzogen ist. „Seht ihr das? Das bin ich. Was ich bin, das bin ich durch die Praxis. Ich bin kein Gott, ich bin kein Buddha. Ich bin nichts als ein Mensch – ein Mensch, der praktiziert hat."

Milarepa sagt uns allen am Ende seines langen Lebens, dass die Verwandlung, die uns von unserem altvertrauten Leiden zu einem sinnvollen, mitfühlenden Leben, vielleicht sogar zu einem mit Freude erfüllten Leben bringt, von jedem menschlichen Wesen erreicht werden kann. Dieser Weg ist eine Frage der Entscheidung: wie wir unsere Zeit nutzen und welche Ziele im Leben wir wählen. Milarepa fordert uns heraus: Sind wir bereit, es zu versuchen?

Kapitel 10

Den Weg vervollkommnen

Inzwischen haben Sie einige Erfahrung in der Praxis von Achtsamkeit gesammelt. Sie haben festgestellt, dass Achtsamkeit nicht so sehr bedeutet, einen stillen Geist zu besitzen, sondern eher, einen präsenten und annahmebereiten. Sie hatten die Gelegenheit, zu erkennen, dass Achtsamkeit nicht bedeutet, Ihre Gedanken zum Schweigen zu bringen, sondern dass es darum geht, Ihre Gedanken zu beobachten, ohne sich zu ihrem Sklaven zu machen. Achtsamkeit ist wie eine Tür, die Sie hinauslässt aus der erstickenden Enge von Grübelei, Sorge, Wut und Angst, hinaus in die frische Luft des Hier und Jetzt, hinaus in ein mitfühlenderes und gesünderes Leben.

Achtsamkeit, die Suche nach Sinn und andere weit gefasste Ziele wie Gesundheit und Wohlbefinden sind Prozesse, bei denen es keine einmalige Ziellinie, sondern viele einzelne Meilensteine auf dem Weg gibt. Wir können das ganze Leben lang nach Achtsamkeit, Sinn, Gesundheit und Wohlbefinden streben, doch jeden Tag beginnt die Reise von Neuem. Wie ein einzelnes Steinchen im Mosaik oder ein winziger Ausschnitt aus einem großen Gemälde mögen einzelne Augenblicke, von Nahem betrachtet, ganz klein, ja unbedeutend aussehen. Doch wenn man auf eine ganze Lebenszeit von Entscheidungen und Praktiken zurückblickt, die Augenblick für Augenblick aufgebaut worden sind, dann kann sich ein wunderschönes Gesamtbild ergeben.

Der achtsame Weg ist ein neuer Anfang

Dieses Buch hat Sie dazu eingeladen, sich Ziele zu setzen, bei denen es darum geht, in eine Lebens- und Seinsweise hineinzuwachsen, die anders ist als die, welche Sie schon allzu lange kennen. Sie wissen bereits, wie Sie sich selbst unglücklich machen können. Darin haben Sie eine fundierte Erfahrung, und obwohl es Ihnen leichtfallen und vertraut erscheinen mag, hat es Ihnen nicht das glückliche, erfüllte Leben beschert, das Sie sich erhofft hatten.

Bei prozessorientierten Zielen wie dem Verfolgen von Sinn, Gesundheit und Wohlbefinden geht es darum, Ihre eigene unbedingte Wachstumsfähigkeit anzuerkennen. Ihr Potential liegt weder in der Qualität noch in der Quantität Ihres Grübelns und Sorgens. Sie besitzen dasselbe Wachstumspotential, ungeachtet Ihres Alters, Ihrer Fehler, der Hindernisse, die Ihnen im Weg stehen, oder der Dinge, die Sie ablenken. Wenn Sie sich für inneren Frieden entschieden haben, werden Sie für andere und für sich selbst zu einem mitfühlenderen Menschen. Diese Qualität zeichnet jene aus, die den Sinn, den jeder neue Tag bringen kann, und ihr eigenes kostbares Menschenleben so sehr wertschätzen, dass sie Entscheidungen treffen, die ihnen helfen, jeden Tag erneut dazuzulernen und zu einem neuen, besseren Menschen zu werden.

Bedenken hinsichtlich der Achtsamkeit

Im Laufe der Jahre habe ich einige Leute sagen hören, dass das Praktizieren von Achtsamkeit einen zu einem Langweiler werden lasse oder einem die Persönlichkeit raube. Aufgrund der Art und Weise, wie Ihr Geist funktioniert, haben Sie vielleicht einige individuelle Verhaltens- oder Ausdrucksweisen oder eine Art von Witz entwickelt, die anziehend und lustig wirken. Ihr Geist mag Sie zwar zur Verzweiflung treiben, ist aber möglicherweise auch die Quelle Ihres Charmes und Ihres Humors. Eine der Mythen des achtsamen Weges lautet, dass Sie diese Individualität und eventuell sogar Ihren Antrieb zu Erfolg und Veränderung verlieren würden.

Das ist aber nicht der Fall. Mit Sicherheit werden Sie sich, wenn Ihre Achtsamkeitspraxis heranreift, in Ihrer Haut wohler fühlen. Dadurch können sich einige Ihrer Angewohnheiten verändern, aber vermutlich nur solche, die aus Ihrem Unbehagen und Ihrer übermäßig kritischen Einstellung zu sich selbst erwachsen sind. Höchstwahrscheinlich werden Sie mit Hilfe von Achtsamkeit unkonstruktive Verhaltensweisen ablegen und gleichzeitig diejenigen Eigenarten und Besonderheiten an sich selbst neu schätzen lernen, die Ihnen Charakter verleihen.

Eines der Ziele des achtsamen Weges besteht darin, dass Sie die Praxis zu Ihrer eigenen werden lassen, anstatt zu versuchen, zu sein oder zu handeln wie jemand anderer. Es geht mit Sicherheit nicht darum, dass Sie an Begeisterung für Ihr Leben verlieren oder Ihr Streben nach Erfolg vermindern. Sinn des achtsamen Weges ist es, dass Sie Ihre Ziele erreichen, und zwar so, dass Sie dabei glücklicher, zufriedener und weniger unglücklich und besorgt sind als momentan. Achtsamkeit will, dass Sie Sie selbst sind und sich damit wohlfühlen.

Ihr Geist lernt, eine annehmende, fürsorgliche Beziehung zu Ihnen selbst zu entwickeln, eine Beziehung, die Ihnen so vielleicht nicht von Ihren Eltern oder frühen Bezugspersonen gezeigt worden ist. Ihr Geist gibt Ihnen die Erlaubnis, Sie selbst zu sein. Indem Sie die Kunst des Präsentseins üben, lernen Sie, das Spannende am Leben und das Potential des Lebens intensiver zu erfahren, ohne sich dabei von den Höhen und Tiefen herumwerfen zu lassen. Ihr Geist, Ihr Atem, Ihre Entscheidungen sind allesamt Bestandteile der stabilen Basis, die Sie in Richtung Ihres Zieles lenkt: eines glücklicheren, gesünderen Sie-selbst-Seins.

Anstatt mit Hilfe von endlosem Geplapper, von Kritik, Selbstverachtung, Schuldgefühlen oder Angst gegen Sie anzukämpfen, kann Ihr Geist lernen, Ihre Erfahrungen willkommen zu heißen und Ihnen Vertrauen in Ihre Fähigkeit zu vermitteln, Ihren Zielen und Herausforderungen gerecht zu werden. Sicherlich werden Sie auch weiterhin ab und zu Ängste und Zweifel hegen, aber diese kommen und gehen wieder, ohne einen großen Eindruck in Ihrem Selbstwertgefühl zu hinterlassen. Sie können anderen und sich selbst dafür vergeben, dass Sie die Stolperfallen und Schlingen in Ihrem Denken selbst geschaffen oder gefördert haben. Ihre Zweifel und Bedenken mögen bleiben, aber wahrscheinlich nur als bloße Schatten ihrer früheren Macht und ferne Erinnerungen an eine frustrierendere Lebensweise, die Sie nun hinter sich gelassen haben.

Seien Sie achtsam

Als der Buddha vor 2500 Jahren die Achtsamkeitsmeditation lehrte, hat er nicht gesagt, man müsse unbedingt Mönch sein, um davon profitieren zu können. Er hat auch nicht erklärt, man müsse eine Gebühr zahlen oder eine Zulassung erwerben, um Achtsamkeit praktizieren zu können.

In Wahrheit hat er jeden, der seine Lehren hörte, dazu aufgefordert, diese selbst zu prüfen. Wenn die gewissenhafte Praxis und das Befolgen seiner Lehre bei irgendwem zur Erleuchtung führten, dann könnten seine Belehrungen als wahr erachtet werden. Wenn sie nicht zur Erleuchtung führten, dann wären sie die Palmblätter nicht wert, auf denen sie aufgeschrieben seien.

Für Sie bedeutet das, dass Sie Achtsamkeit in Ihrem Leben auf die Probe stellen müssen, statt mein Wort dafür zu nehmen oder lediglich darüber zu lesen. Wir hören von vielen Praktizierenden, die durch die Praxis der Lehren des Buddha zur Erleuchtung gefunden haben. Doch die Geschichten von anderen Praktizierenden nützen nichts, wenn Sie deren Methoden nicht in Ihrem eigenen Leben zur Anwendung bringen. Meditationsmeister können Sie inspirieren und motivieren, aber sie können Ihnen nicht helfen, wenn Sie nicht selbst versuchen zu tun, was diese getan haben.

Die Achtsamkeit ist Ihre eigene, und Sie können sie formen, gestalten und zu einer fundierten Version Ihrer eigenen Einzigartigkeit werden lassen. Sie brauchen in kein stereotypes Bild und in keine Erwartung dessen hineinzupassen, wie ein Praktizierender von Achtsamkeit sein sollte. Sie brauchen sich nicht außergewöhnlich zu kleiden und auch nicht dem neuesten Trend in Meditationszubehör zu folgen. Die Lehrer des tibetischen Buddhismus haben von ihren Praktizierenden stets verlangt, dass diese die Einzelheiten ihrer Praxis für sich behalten, um nicht arrogant oder eingebildet zu erscheinen. Ihre Erfahrungen auf dem achtsamen Weg sind ganz allein Ihre eigenen – eine Feier Ihrer Freiheit, Ihrer Unabhängigkeit und Ihrer Individualität.

Ihre Erfahrung in diesem kostbaren Augenblick ist allein die Ihre und nicht die meine oder die von irgendjemand anderem. Sie sind frei, ein Individuum zu sein in der achtsamen Erfahrung dessen, was genau jetzt in Ihrem Bewusstsein vor sich geht. Das ist die treibende Kraft, die hinter der Lehre des Buddha steht: die Praxis zur eigenen Praxis werden zu lassen.

Ihre Praxis wird sich von der meinen ebenso unterscheiden, wie sich die meine von der der Lehrer unterscheidet, die mich unterrichtet haben. Das Material, mit dem Sie arbeiten – Ihre Persönlichkeit –, unterscheidet sich ebenfalls von meinem. Und doch kann ich mit einiger Gewissheit sagen, dass einiges, was Sie zuvor an sich selbst gestört hat, Sie nun nicht mehr so stören wird. Das mag einige Ihrer Mitmenschen überraschen, ja sogar verwirren. Unsere Familien und unsere Freunde haben uns mit der Zeit gut kennengelernt und einige Erwartungen hinsichtlich unseres Verhaltens entwickelt.

Doch die Veränderungen in Ihrem Inneren, die Sie ausgeglichener und weniger gestresst werden lassen, müssen Ihnen nicht unbedingt die Persönlichkeit rauben. Ich bin der Ansicht, dass die Achtsamkeitspraxis nicht dazu führt, dass Ihr Verhalten und Ihr Gefühlsleben monoton und langweilig werden, sondern dass Ihre Leidenschaft fürs Leben insgesamt vielmehr gesteigert wird. Es gibt keine falsche Entscheidung zwischen interessant oder langweilig. Achtsamkeit heißt, alle Momente Ihres Lebens genießen zu können, anstatt sich mit den höchsten Höhen und tiefsten Tiefen des Lebens herumzuschlagen. Es geht darum, die Fähigkeit, Gefühle empfinden zu können, wertzuschätzen, anstatt sich damit zu beschäftigen, ob diese Gefühle nun gut oder schlecht sind.

Die emotionale Stabilität, die einen Hauptnutzen der Achtsamkeitspraxis darstellt, bedeutet nicht, dass Sie keine emotionalen Veränderungen mehr spüren könnten oder dass nichts Sie mehr aus der Fassung bringen könnte. Sie bedeutet, dass Sie Ihr Glück nicht mehr von bestimmten Umständen abhängig machen, sondern dass Sie Ihre eigene Fähigkeit, zu fühlen, zu denken und zu handeln, stärker wertschätzen und bewusster einsetzen können.

Stellen Sie sich zwei Leute vor, die bei einem Pferderennen zuschauen. Der eine ist ein Spieler, der all sein Geld auf ein einziges Pferd gesetzt hat. Das Pferd verliert, und er ist finanziell ruiniert. Für diesen Spieler ist das Rennen äußerst belastend, weil jenes bestimmte Pferd seine Erwartungen nicht erfüllt hat. Er geht verzagt, bankrott, in Sorge, Wut und Aufregung nach Hause. Die verlorene Wette überschattet jegliche Freude oder Begeisterung, die er während des Rennens empfunden haben mag.

Der andere, der sich das Pferderennen ansieht, liebt einfach nur Pferde und setzt keine Wetten. Er möchte verschiedene Rassen beim Rennen beobachten und deren Gang, Geschwindigkeit und Anmut miteinander vergleichen. Er feuert seinen Favoriten zwar an, doch er hat, ganz gleich, welches Tier die Ziellinie als Erstes überquert, einen wunderbaren Tag erlebt. Wegen der Freude an diesem Erlebnis ist er da und nicht wegen eines speziellen Pferdes. Für ihn ist das Rennen spannend und unterhaltsam. Er denkt an die Begeisterung der Menge und das Geschick von Pferden und Reitern; wer nun gewonnen hat, ist Nebensache. Er geht mit der schönen Erinnerung an diesen Wettbewerb von Kraft, Wendigkeit und Schnelligkeit nach Hause. Er akzeptiert das Ergebnis, weil er für die gesamte Erfahrung da gewesen ist, nicht nur, um den Sieger zu beobachten.

Der Weg in ein achtsames Leben

Achtsamkeit heißt, mit dem Bewusstsein ans Leben heranzugehen, dass alle lebenden Wesen, einschließlich Ihrer selbst, wertvoll, einzigartig, wunderbar und in Entwicklung begriffen sind. Denken Sie noch einmal an die „Leichenfeldbetrachtungen". Jedes Menschenleben ist vergänglich – das Ihre, das meine und das von jedem Menschen, den Sie kennen. Angesichts unserer Sterblichkeit ist es von noch entscheidenderer Bedeutung, Momente der Freude in unserem Leben zu finden, die uns zu Wachstum und zu einem erfüllteren Leben verhelfen.

Die stabile Grundlage bedingungsloser Liebe zu Ihrem grübelnden, sorgenvollen Geist ist das Fundament, auf dem Sie den achtsamen Weg gehen und jeden kostbaren und sinnvollen Moment in Ihrem Leben bewusst erleben können.

Das Zugehen auf Ihr Ziel

Es gibt zwei unterschiedliche Möglichkeiten, wie Sie zu Ihren Zielen gelangen können: auf ein Ziel zuzugehen, das Sie erreichen möchten, oder von einem Ziel wegzugehen, das Sie nicht erreichen möchten. Der Versuch, von Ihrem Denken mit seinen Angewohnheiten des Kreisens und Grübelns wegzukommen, mag Sie motiviert haben, den achtsamen Weg zu erkunden. Nun, da Sie einiges über die Dinge, die ich beschrieben habe, gelesen und einiges selbst erfahren haben und da Sie über die verifizierbaren Erfolge von Achtsamkeit Bescheid wissen, ist es an der Zeit, sich ein Ziel zu setzen, auf das Sie zugehen können.

Der achtsame Weg ist der aktive Prozess des Zugehens auf Ihr Ziel, zunächst weg von Angst und Depressionen, doch dann hin zu mehr innerem Frieden, zu Freude und Dankbarkeit. Der achtsame Weg ist Ihr Zugang zum Wohlbefinden.

Die vier Pfeiler des Wohlbefindens – die Praxis von Achtsamkeit, die körperliche Bewegung, eine gesunde Ernährung und ein guter Schlaf – sollen dafür sorgen, dass Sie Ihre inneren Batterien wieder aufladen können, und sollen Ihnen beibringen, bewusste, sinnvolle Entscheidungen zu treffen, die Ihre alltägliche Gesundheit und Zufriedenheit sicherstellen. Sie sollen Ihr Erleben nicht überdecken, sondern vielmehr Ihre Fähigkeit fördern, voll am Leben teilzunehmen, anstatt zuzulassen, dass der Kampf gegen Ihren eigenen Geist Sie sinnerfüllte Momente verpassen lässt. Diese Praktiken helfen Ihnen dabei, sich bewusst für Möglichkeiten zu entscheiden, durch die Sie Ihr Leben so aufbauen können, wie Sie es sich wünschen, anstatt dass Sie sich ständig nur darauf konzentrierten, das loszuwerden, was Sie sich nicht wünschen.

Weshalb manche aufhören zu praktizieren

„Ich bin immer noch gestresst!“ Eine der irrigen Annahmen derjenigen, die erst vor Kurzem mit dem Meditieren angefangen haben, ist die Erwartung, dass aller Stress verschwinden werde. Enttäuscht kommen neu Meditierende in mein Sprechzimmer, um mir zu berichten, dass sie etwas Belastendes erlebt hätten; sie sind überrascht, dass sich trotz einer täglichen „Schutzimpfung“ durch ihre Achtsamkeitspraxis wieder Stress in ihr Leben einschleicht. Ich bitte Sie dringend, nicht den gleichen Fehler zu machen und nicht die Praxis aufzugeben, nachdem Sie auf Ihrem Weg auf das erste Hindernis gestoßen sind.

Stress ist ein ganz natürlicher Teil unseres Lebens, genauso wie es Wut, Frustration, Freude und Dankbarkeit sind. Achtsamkeit ist ein Werkzeug und keine Waffe. Man kann Stress nicht durch Achtsamkeit vernichten, aber man kann besser damit umgehen. Achtsamkeit wird nicht verhindern, dass belastende Dinge geschehen, doch sie kann uns helfen, mehr darauf zu achten, wie wir auf die Belastung reagieren, und günstigere Reaktionsmöglichkeiten zu finden.

„Es ist nicht entspannend genug!“ Achtsamkeit kann Ihnen helfen, entspannter zu werden, aber manchmal ist es keine entspannende Praxis. Ihre Gedanken schweifen ab. Ihre Gedanken werden immer abschweifen. Das liegt in der Natur unseres Geistes. Manchmal sind wir für beunruhigende Gedanken, für unschöne Vorstellungen und für unangenehme Empfindungen präsent. Selbst noch nach Jahren der Praxis kann es Sitzungen geben, die wir fast nicht durchhalten. Ablenkungen oder unangenehme Dinge können im leeren Raum der Achtsamkeitssitzungen immer noch die Oberhand gewinnen. Was sich verändert, das ist die Art der Reaktion unseres Geistes, unseres Gehirns, unseres Körpers und unseres Verhaltens auf die unvermeidlichen Streifzüge unseres Geistes.

Durch den Vorgang des Sitzens, Gehens oder anderer Umsetzungen von Achtsamkeitsmethoden im Alltag wird unser Gehirn neu verschaltet, so dass wir innere Ausgeglichenheit und bedingungslose Liebe in Bezug auf unsere kostbaren Lebensmomente empfinden können. Urteile, Grübeleien und Sorgen treten in den Hintergrund, die Wertschätzung gesunder Entscheidungen im Zusammenhang mit unserem Verhalten und unseren Prioritäten tritt in den Vordergrund. Eine mitfühlende und verzeihende Einstellung uns selbst und anderen gegenüber kann auch entspannend wirken, aber der Prozess beginnt damit, dass wir durch unsere geistigen, körperlichen und emotionalen Ablenkungen „hindurchsitzen".

Aus schweren Zeiten kann Gutes hervorgehen

Achtsamkeit erscheint am beeindruckendsten, wenn sie jene Sitzungen verwandelt, in denen man das Gefühl hat, der schlechteste Meditierende aller Zeiten zu sein. Unsere Entschlossenheit, jene Sitzungen zu Ende zu führen, gibt unserem Geist die Kraft, sich gesunde Ziele zu setzen und diese unbeirrbar zu verfolgen, ganz gleich, was geschieht. Wir senden uns selbst die Botschaft, dass es unsere Ziele wert sind, verfolgt zu werden, weil unser kostbares Leben es wert ist, voll ausgeschöpft anstatt lediglich hingenommen zu werden.

Unsere schwierigen Sitzungen – jene, in denen wir uns beim Mitzählen der Atmung verhaspeln, in denen das Telefon klingelt, in denen das Jucken am Ohr oder an der Augenbraue nicht aufhören will, in denen es uns im Zimmer zu warm oder zu kalt erscheint, gerade wenn wir zur Ruhe gekommen sind, oder in denen wir geistig völlig unkonzentriert und zerstreut sind –, diese Sitzungen können unsere Entschlossenheit stärken, die Entscheidung über die Ausrichtung und den Sinn unseres Lebens selbst in die Hand zu nehmen. Wenn Sie trotz allem durch diese quälenden Sitzungen weiter sitzen, geben Sie Ihrem Geist die Botschaft, dass Ihr Wohlergehen Ihnen in diesem kostbaren Leben wichtiger ist als die Ablenkungen, die wie Regentropfen auf Sie niederprasseln.

„Ich lasse mich immer noch ablenken!“ Bitte machen Sie nicht den Fehler, Ihre Achtsamkeitspraxis aufzugeben, bloß weil weiterhin Ablenkungen auftreten. Besiegen Sie die Achtlosigkeit durch eine bewusst durchgehaltene, fundierte Praxis. Besiegen Sie Ihr stabiles Elend durch die therapeutisch wirksame Dosis gesunder Entscheidungen. Jeder der vier Pfeiler des Wohlbefindens legt einen Grundstein für das Leben, das Sie anstreben, ein Leben mit weniger Kummer und Grübelei als das, welches Sie derzeit führen. Sie müssen Ihre Wahl treffen, um Ihren Lohn zu erhalten; Achtsamkeit kommt zu denen, die sitzen, nicht zu denen, die weglaufen!

Verlieren Sie nicht den Mut, wenn Sie das Gefühl haben, immer wieder abgelenkt zu werden. Ablenkung ist in Wirklichkeit der Boden, auf dem die Achtsamkeit wächst. Wenn Sie von einer achtlosen Ablenkung zur achtsamen Bewusstheit zurückkehren, ist es oft die Rückkehr zur Wahrnehmung Ihres Atems – die Wahrnehmung Ihrer selbst als lebendiger Mensch –, die Ihnen das Gefühl gibt, ganz in Ihrer Mitte zu sein.

Diese paradoxe Beziehung zwischen Ablenkung und Achtsamkeit hat noch weit größere Konsequenzen. Achtsamkeit ist der Baum, an dem die Frucht des radikalen Annehmens wächst. So wie Achtsamkeit und Ablenkung häufig ineinander verschlungen sind, ist auch das Mitgefühl mit den Hindernissen verbunden, die Sie herausfordern. Achtsamkeit bietet Ihnen die Möglichkeit, Ihre Ablenkungen und Hindernisse in Werkzeuge des Wachstums zu verwandeln.

Die Achtsamkeit bringt Ihrem Gehirn bei, wie Ihr Geist Ihnen bei der Bewältigung und beim Wachstum durch die verschiedenen Prüfungen des Lebens helfen kann. Meine klinische Erfahrung mit Krebspatienten hat mich gelehrt, dass die schlimmsten Ängste und quälendsten Momente bei Menschen, die mit einer größeren Offenheit und radikalen Annahme präsent bzw. achtsam sind, als sie früher für möglich gehalten hätten, eine unbeirrbare Suche nach Freude, Sinn und Mitgefühl auslösen, die tiefer geht, als sie es sich je hätten träumen lassen. Wie die alte Redensart besagt: „Wenn sich eine Tür schließt, öffnet sich eine neue." Mit Hilfe des achtsamen Weges können Sie die Herausforderungen des Lebens nutzen, um sich in den Menschen zu verwandeln, der Sie immer sein wollten.

Sie brauchen nicht erst auf eine ernste Erkrankung zu warten, um mit der Schulung zu innerer Stärke zu beginnen. Die Zeit für eine solche Schulung ist genau jetzt, in diesem Augenblick, an diesem und an jedem Tag. Sie packen Ihre Koffer nicht erst am Flughafen, sondern Sie sind dabei, zu lernen, wie man den Herausforderungen des Lebens wohl vorbereitet begegnet.

„Es fällt mir wirklich schwer, zu verzeihen!" Eine weitere Schwierigkeit, der die Praktizierenden begegnen, ist die Aufgabe, zu verzeihen. Das kann edel klingen, ist aber alles andere als einfach. Die Achtsamkeit kann Ihre Aufmerksamkeit auf die automatisch ablaufenden Gedanken und Gefühle in Ihrem Innern lenken und es Ihnen erlauben, in der Haltung radikalen Annehmens einen Schritt zurückzutreten und so zu verhindern, dass Sie vom Gefühl Ihrer eigenen Wichtigkeit aufgezehrt werden. In dem Fenster, das die Achtsamkeit aufmacht, liegt das Potential, sich selbst und anderen für wahrgenommenes Unrecht zu vergeben und sich selbst zu verzeihen, dass man bedauerliche Entscheidungen getroffen hat.

Von Ihnen wird nicht verlangt, Ihr Selbstwertgefühl, Ihre Liebe zu sich selbst oder Ihre Würde aufzugeben. Vielmehr wird von Ihnen verlangt, den Egoismus aufzugeben, der davon kommen kann, dass man zu viel Zeit für die eigenen Sorgen, Ängste und

Gefühle von Groll, Schmerz und Leid aufbringt. Unser Egoismus und unsere Selbstzentriertheit – nicht unser Selbstwert – werden durch den tief empfundenen Wunsch aufgelöst, dass unsere Gegner und andere Menschen frei von Leid sein mögen, und zwar in demselben Sinne, in dem wir uns selbst vom Leiden befreien möchten. Sie brauchen die Taten anderer nicht zu vergessen, um ihnen für das Leid verzeihen zu können, das diese über Sie gebracht haben. Vergebung sollte nicht mit Naivität verwechselt werden. Vergebung heißt vielmehr, die bedingungslose Liebe zu einem selbst ins Gleichgewicht zu bringen mit dem Mitgefühl für andere und mit dem Bewusstsein, dass man nur ein winziger Teil in einem unendlich großen Universum ist.

Viele Leute geben lieber die Achtsamkeitspraxis auf, als ihr Gefühl von Selbstgerechtigkeit ins Lot zu bringen oder auch nur daran zu denken, jemandem zu vergeben. Selbst nach all diesen Jahren fällt es auch mir noch manchmal leichter, an meiner Selbstgerechtigkeit festzuhalten, als ganz automatisch Vergebung zu üben.

Doch wenn dies geschieht, macht mich die Achtsamkeit darauf aufmerksam, und statt für längere Zeit den Gefühlen von Schuld, Wut, Hass und Groll nachzugeben, merke ich, dass ich meine Energie sehr viel sorgsamer auf positive Ziele ausrichten kann. Wenn Zorn, Hass und Groll aufkommen, dann weiß ich, dass sie mich herausfordern, meine Fähigkeit zu Mitgefühl und radikaler Annahme zu vertiefen. Mein Geist darf sich zwar auf einen Tanz mit diesen störenden Gefühlen einlassen und manchmal sogar Trost finden in den Gedanken und Phantasien, die diese mit sich bringen, doch er weiß dabei, dass bald das Licht des Mitgefühls in meinem Inneren aufleuchten wird.

Bitte machen Sie nicht den Fehler, Ihre eigene entschlossene Achtsamkeitspraxis zugunsten Ihrer Selbstgerechtigkeit zu opfern.

Der Lohn der Praxis

Die Rolle des Vergebens sollte nicht unterschätzt werden. Im traditionellen buddhistischen Kontext ist eine größere Achtsamkeit an sich ein Ziel, doch das Ziel der Achtsamkeit ist letztendlich das Mitgefühl. Und wohin führt das Mitgefühl?

Im mindesten Fall können Sie ein besserer Mensch werden. In den Lehren des Buddhismus führt Mitgefühl zur Erleuchtung, zur Einsicht in die letzte Wirklichkeit, die Heilung, Frieden, unbegrenzte Weisheit und Transzendenz vermittelt. Die Buddhisten glauben, dass wir, wenn wir Erleuchtung erlangen, die Wahl haben, dem Kreislauf von Geburt, Alter, Krankheit, Tod und Wiedergeburt zu entrinnen, wenn dies unser Wunsch ist. In anderen religiösen Traditionen wird Erleuchtung so umschrieben, dass man dann in irgendeiner Weise bei Gott oder dem Schöpfer ist. In beiden Arten von Traditionen wird angedeutet, dass bei der Erleuchtung der Schleier unserer individuellen Existenz zerrissen wird und wir uns einer unermesslich großen kosmischen Realität bewusst werden.

Alle Weisheitstraditionen scheinen darin übereinzustimmen, dass es unsere Pflicht als Menschen auf dieser Erde ist, Liebe, Mitgefühl und Vergebung zu üben. Unsere individuelle seelische Gesundheit und das Wohlbefinden aller Lebensformen auf der Erde sind zu wichtig, als dass sie unserer fehlgeleiteten Selbstüberschätzung zum Opfer gebracht werden dürften. Die Reise zu unserem ganzheitlichen Überleben – dem körperlichen, dem geistigen, dem emotionalen, dem spirituellen und dem unserer Umwelt – beginnt und endet mit unserer Fähigkeit, eine mitfühlende Liebe zu uns selbst zu entwickeln, die wir an die dunkelsten und unwirtlichsten Orte mitbringen können, um unser Leben so auf eine gesündere und würdevollere Ebene zu heben. Wir müssen die Geschichte eines jeden Augenblicks unseres Lebens mit bedingungsloser Liebe, mit Achtsamkeit und Dankbarkeit, erzählen. Jeder Augenblick ist ein Schritt zu unserem lebenslangen Wohlbefinden und Wohlergehen.

Die Ironie der Geschichte ist die, dass der Weg zu Ihrem individuellen Wohlbefinden darin liegt, dass Sie Ihre Selbstzentriertheit verringern, Ihre kleinlichen Eifersüchteleien, Groll-, Angst- und Unmutsgefühle loslassen, und Ihre Aufmerksamkeit stattdessen auf Ihre innere Stärke, auf den Sinn und auf die Freude in Ihrem Leben ausrichten.

Ein Aufruf zum Handeln

Dieses Buch zu lesen und etwas über den Nutzen von Achtsamkeit, körperlicher Fitness, gesunder Ernährung und gutem Schlaf zu erfahren ist nicht genug. Sie müssen diese Abläufe in die Tat umsetzen, sonst vergeuden Sie die kostbaren Momente Ihres Lebens, die Sie in Freude, Achtsamkeit und Wohlbefinden erleben könnten. Ohne Ihre regelmäßigen und fortgesetzten Bemühungen, Ihre gesundheitsfördernden Entscheidungen beizubehalten, war jede wertvolle Minute, die Sie für das Lesen dieses Buches aufgebracht haben, reine Zeitvergeudung. Diese Momente bekommen Sie zwar nicht zurück, aber Sie können sie als Sprungbrett in Ihr neues Leben benutzen.

1. Fangen Sie jetzt an, indem Sie das Steigen und Fallen Ihres Atems in Ihrem Körper spüren.
2. Nehmen Sie beim Atmen die Empfindungen in Ihrem Körper wahr.
3. Richten Sie Ihre Aufmerksamkeit auf Ihren Atem, auf Ihre Körperempfindungen, auf Ihre Sitzhaltung.
4. Ihren Geist in den jetzigen Moment zu holen, das ist Freiheit – die Freiheit, Ihr optimales Potential auszuleben.
5. Alles beginnt mit diesem Augenblick.
6. Mit jedem Augenblick beginnt es erneut.

Quellenangaben

Deutschsprachige Literatur

Beck, Aaron T., Hautzinger, Martin [Hrsg.]: *Kognitive Therapie der Depression*, Weinheim, Basel, 1999.

Bowlby, John: *Bindung als sichere Basis. Grundlagen und Anwendung der Bindungstheorie*, München; Basel, 2008.

Frankl, Viktor E.: *… trotzdem Ja zum Leben sagen: ein Psychologe erlebt das Konzentrationslager*, München, 2009.

Harding, Sarah, Thrangu Rinpoche: *Erzeugung und Vollendung: wesentliche Punkte tantrischer Meditation*, Berlin, 2010.

Kabat-Zinn, Jon: *Gesund durch Meditation: das große Buch der Selbstheilung*, München, 1994.

Shantideva: *Shantidevas Leitfaden für die Lebensweise eines Bodhisattvas: wie man ein Leben von großer Bedeutung und Altruismus genießt*, Zürich; Berlin, 2003.

Siegel, Daniel J., Hartzell, Mary: *Gemeinsam leben, gemeinsam wachsen: wie wir uns selbst besser verstehen und unsere Kinder einfühlsam ins Leben begleiten können*, Freiamt im Schwarzwald, 2009.

Zhuang, Zhou, Wilhelm, Richard [Übers.]: *Das wahre Buch vom südlichen Blütenland/Dschuang Dsi*, Köln, 2007.

Englischsprachige Quellen

Ackermann, R., DeRubeis: Is depressive realism real?, *Clinical Psychology Review*, 11 (1991), 5, S. 565 – 84.

Ainsworth, M.D.S., Blehar, Waters, Wall: *Patterns of Attachment: A Psychological Study of the Strange Situation*, Hillsdale, 1978.

Andréasson, A., Arborelius, Erlanson-Albertsson, Lekander: A putative role for cytokines in the impaired appetite in depression. *Brain, Behavior, and Immunity*, 21 (2007), 2, S. 147 – 52.

Antunes, H.K.M., Stella, Santos, Bueno, de Mello: Depression, anxiety, and quality of life scores in seniors after an endurance exercise program. *Revista Brasileira de Psiquiatria*, 27 (2005), 4, S. 266 – 71.

Brenes, G.A., Williamson, Messier, Rejeski, Pahor, Ip, Penninx: Treatment of minor depression in older adults: A pilot study comparing sertraline and exercise. *Aging and Mental Health*, 11 (2007), 1, S. 61 – 68.

Broderick, P.C.: Mindfulness and Coping with rumination and distraction. *Cognitive Therapy and Research*, 29 (2005), 5, S. 501 – 10.

Burnette, J.L., Davis, Green, Worthington Jr., Bradfield: Insecure attachment and depressive symptoms: The mediating role of rumination, empathy, and forgiveness. *Personality and Individual Differences*, 46 (2009), 3, S. 276 – 80.

Carlson, L.E., Garland: Impact of mindfulness-based stress reduction (MBSR) on sleep, mood, stress, and fatigue symptoms in cancer outpatients. *International Journal of Behavioral Medicine*, 12 (2005), 4, S. 278 – 85.

Carmody, J., Baer: Relationships between mindfulness practice and levels of mindfulness, medical and psychological symptoms, and well-being in a mindfulness-based stress reduction program. *Journal of Behavioral Medicine*, 31 (2008), 1, S. 23 – 33.

Chiron, C., Jambaque, Nabbout, Lounes, Syrota, Dulac: The right brain hemisphere is dominant in human infants. *Brain*, 120 (1997), 6, S. 1057 – 65.

Christie, B.R., Eadie, Kannangara, Robillard, Shin, Titterness: Exercising our brains: How physical activity impacts synaptic plasticity in the dentate gyrus. *NeuroMolecular Medicine*, 10(2008), 2, S. 47 – 58.

Coffey, K.A., Hartman: Mechanisms of action in the inverse relationship between mindfulness and psychological distress. *Complementary Health Practice Review*, 13 (2008), 2, S. 79 – 91.

Cohen, D.A., Farley: Eating as an automatic behavior. *Preventing Chronic Disease*, 5 (2008), 1, S. 1 – 7.

Cotman, C.W., Berchtold, Christie: Exercise builds brain health: Key roles of growth factor cascades and inflammation *Trends in Neurosciences*, 30 (2007), 9, S. 464 – 72.

Cox, B.J., Enns, Kjernisted, Pidlubny: Psychological vulnerabilities in patients with major depression, vs. panic disorder. *Behavior Research and Therapy*, 39 (2001), 5, S. 567 – 73.

Creswell, J.D., Way, Eisenberger, Lieberman: Neural correlates of dispositional mindfulness during affect labeling. *Psychosomatic Medicine*, 69 (2007), 6, S. 560 – 65.

Davidson, R.J., Kabat-Zinn, Schumacher, Rosenkranz, Muller, Santorelli, Urbanowski, Harrington, Bonus, Sheridan: Alterations in brain and immune function produced by mindfulness meditation. *Psychosomatic Medicine*, 65 (2003), 4, S. 564 – 70.

Davila, J., Cobb: Predicting change in self-reported and interviewer-assessed adult attachment: Tests of the individual difference and life stress models of attachment change. *Personality and Social Psychology Bulletin*, 29 (2003), 7, S. 859 – 70.

Di Paula, A., Campbell: Self-esteem and persistence in the face of failure. *Journal of Personality and Social Psychology*, 83 (2002), 3, S. 711 – 24.

Drevets, W.C.: Neuroimaging and neuropathological studies of depression: Implications for the cognitive-emotional features of mood disorders. *Current Opinion in Neurobiology*, 11 (2001), 2, S. 240 – 49.

Drevets, W.C., Price, Furey,: Brain structural and functional abnormalities in mood disorders: Implications for neurocircuitry models of depression. *Brain Structure and Function*, 213 (2008), 1 – 2, S. 93 – 118.

Duman, R.S.: Neurotrophic factors and regulation of mood: Role of exercise, diet, and metabolism. *Neurobiology of Aging*, 26 (2005), Suppl. 1, S. 88 – 93.

Dunn, A.K., Trivedi, Kampert, Clark, Chambliss: Exercise treatment for depression: Efficacy and dose response. *American Journal of Prevention Medicine*, 28 (2005), 1, S. 1 – 8.

Ellenbogen, J.M., Hu, Payne, Titone, Walker: Human relational memory requires time and sleep. *Proceedings of the National Academy of Sciences*, 104 (2007), 18, S. 7723 – 28.

Farb, N.A.S., Segal, Mayberg, Bean, McKeon, Fatima, Anderson: Attending to the present: Mindfulness meditation reveals distinct neural modes of self-reference. *Social Cognitive and Affective Neuroscience*, 2 (2007), 4, S. 313 – 22.

Frankl, V.E.: *Man's Search for Meaning*, Boston, 2006

Glicken, M.D.: *Learning from Resilient People: Lessons We Can Apply to Counseling and Psychotherapy*, Thousand Oaks, 2006

Guastella, A.J., Moulds: The impact of rumination on sleep quality following a stressful life event. *Personality and Individual Differences*, 42 (2007), 6, S. 1151 – 62.

Gyatso, T.: *Annutarayoga-tantra ka abhisheka* (Buddhist. Initiationszeremonie), 10.-17. 8. 2000, in Ki Gompa, Spiti District, Hp, Indien

–: Teachings on „Instructions on the Garland of View“ by Padmasambhava, 20.-21. 9. 2004, University of Miami Convocation Center, Coral Gables, FL.

Haack, M., Mullington: Sustained sleep restriction reduces emotional and physical well-being, *Pain*, 119 (2005), 1 – 3, S. 56 – 65.

Harris, P.W., Pepper, Maack: The relationship between maladaptive perfectionism and depressive symptoms: The mediating role of rumination. *Personality and Individual Differences*, 44 (2008), 1, S. 150 – 60.

Hendrickx, H., McEwen, van der Ouderaa: Metabolism, mood, and cognition in aging: The importance of lifestyle and dietary intervention. *Neurobiology of Aging*, 26 (2005), Suppl. 1, S. 1 – 5.

Hölzel, B.K., Ott, Gard, Hempel, Weygandt, Morgen, Vaitl: Investigation of mindfulness meditation practitioners with voxel-based morphometry. *Social Cognitive and Affective Neuroscience*, 3 (2008), 1, S. 55 – 61.

Kabat-Zinn, J.: An outpatient program in behavioral medicine for chronic pain patients based on the practice of mindfulness meditation: Theoretical considerations and preliminary results. *General Hospital Psychiatry*, 4 (1982), 1, S. 33 – 47.

Kumar, S., Feldman, Jayes: Changes in mindfulness and emotion regulation in an exposure-based cognitive therapy for depression. *Cognitive Therapy and Research*, 32 (2008), 6, S. 734 – 44.

Ludwig, D.S., Kabat-Zinn: Mindfulness in Medicine. *Journal of the American Medical Association*, 300 (2008), 11, S. 1350 – 52.

Lyubomirsky, S., Nolen-Hoeksema: Effects of self-focussed rumination on negative thinking and interpersonal problem solving. *Journal of Personality and Social Psychology*, 69 (1995), 1, S. 176 – 90.

Lyubomirsky, S., Sheldon, Schkade: Pursuing happiness: The architecture of sustainable change. *Review of General Psychology*, 9 (2005), 2, S. 111 – 31.

McCullough, M.E., Bellah, Kilpatrick, Johnson: Vengefulness: Relationships with forgiveness, rumination, well-being, and the big five. *Personality and Social Psychology Bulletin*, 27 (2001), 5, S. 601 – 10.

Mickelson, K.D., Kessler, Shaver: Adult attachment in a nationally representative sample. *Journal of Personality and Social Psychology*, 73 (1997), 5, S. 1092 – 1106.

Mikulincer, M., Florian: The association between parental reports of attachment style and family dynamics, and offspring's reports of adult attachment style. *Family Process*, 38 (1999), 2, S. 243 – 57.

Mikulincer, M., Shaver, Gillath, Nitzberg: Attachment, caregiving, and altruism: Boosting attachment security increases compassion and helping. *Journal of Personality and Social Psychology*, 89 (2005), 5, S. 817 – 39.

Milner, B., Squire, Kandel. Cognitive neuroscience and the study of memory. *Neuron*, 20 (1998), 3, S. 445 – 68.

Nolen-Hoeksema, S.: The role of rumination in depressive disorders and mixed anxiety/depressive symptoms. *Journal of Abnormal Psychology*, 109 (2000), 3, S. 504 – 11.

Nolen-Hoeksema, S., Larson, Grayson: Explaining the gender difference in depressive symptoms. *Journal of Personality and Social Psychology*, 77 (1999), 5, S. 1061 – 72.

Schore, A.N.: The effects of a secure attachment relationship on right brain development, affect regulation, and infant mental health. *Infant Mental Health Journal*, 22 (2001), S. 7 – 66.

Shaver, P.R., Mikulincer: Adult attachment and cognitive and affective reactions to positive and negative events. *Social and Personality Psychology Compass*, 2 (2008), 5, S. 1844 – 65.

Siegel, D.J.: Toward an interpersonal neurobiology of the developing mind: Attachment relationships, „mindsight", and neural integration. *Infant Mental Health Journal*, 22 (2001), 1 – 2, S. 67 – 94.

Siegel, D.J., Hartzell, M.: *Parenting from the inside out: How a Deeper Self-Understanding Can Help You Raise Children Who Thrive*, New York, 2003

Speca, M., Carlson, Goodey, Angen: A randomized, wait-list controlled clinical trial: The effect of a mindfulness meditation-based stress reduction program on mood and symptoms of stress in cancer outpatients. *Psychosomatic Medicine*, 62 (2000), 5, S. 613 – 22.

Taylor, S.E., Brown: Positive illusions and well-being revisited: Separating fact from fiction. *Psychological Bulletin*, 116 (1994), 1, S. 21 – 27.

Taylor, S.E., Kemeny, Reed, Bower, Gruenewald: Psychological resources, positive illusions, and health. *American Psychologist*, 55 (2000), 1, S. 99 – 109.

Teasdale, J.D., Segal, Williams, Ridgeway, Soulsby, Lau: Prevention of relapse/recurrence in major depression by mindfulness-based cognitive therapy. *Journal of Consulting and Clinical Psychology*, 68 (2000), 4, S. 615 – 23.

Thanissaro Bhikku (Übers.): Samyutta Nikāya, Chiggala Sutta 56: S. 48 *www.assesstoinsight.org/tipitaka/sn/sn56/sn56.048.than.html* (26. 5. 2009)

Treynor, W., Gonzalez, Nolen-Hoeksema: Rumination reconsidered: A psychometric analysis. *Cognitive Therapy and Research*, 27 (2003), 3, S. 247 – 59.

Vassilopoulos, S.P.: Social anxiety and ruminative self-focus. *Journal of Anxiety Disorders*, 22 (2008), 5, S. 860 – 67.

Vitetta, L., Anton, Cortizo, Sali: Mind-body medicine: Stress and its impact on overall health and longevity. *Annals of the New York Academy of Sciences*, 1057 (2005), S. 492 – 505.

Walshe, M. (Übers.): *Thus Have I Heard: The Long Discourses of the Buddha*, London 1987. (Deutsch: *Die Reden des Buddha. Gruppierte Sammlung*. Beyerlein/Steinschulte 1997)

Waters, E., Merrick, Treboux, Crowell, Albersheim: Attachment security in infancy and early adulthood: A twenty-year longitudinal study. *Child Development*, 71 (2000), 3, S. 684 – 89.

Wegner, D.M., Schneider, Carter III, White: Paradoxical effects of thought suppression. *Journal of Personality and Social Psychology*, 53 (1987), 1, S. 5 – 13.

Wei, M., Heppner, Mallinckrodt: Perceived coping as a mediator between attachment and psychological distress: A structural equation modeling approach. *Journal of Counselling Psychology*, 50 (2003), 4, S. 438 – 47.

Autor

Dr. Sameet M. Kumar ist buddhistischer Psychotherapeut, der am Memorial Cancer Institute des Memorial Healthcare System in Broward County, Florida arbeitet. Seine Fachbereiche umfassen achsamkeitsbasierte Therapieverfahren, Palliativpflege, Spiritualität in der Psychotherapie, Stressbewältigung sowie Trauer- und Verlustarbeit. Er hat bei zahlreichen führenden hinduistischen und tibetisch-buddhistischen Lehrern gelernt und ausgedehnte Reisen in Indien, China und Tibet unternommen. (Folgen Sie seinem Blog auf sameetkumar.blogspot.com und informieren Sie sich regelmäßig über Neues auf twitter.com/sameetkumar.)

Danksagungen

Ich möchte allen meinen spirituellen Lehrern danken, insbesondere Seiner Heiligkeit dem Vierzehnten Dalai Lama von Tibet, dass sie den Pfad zur Freiheit erleuchten. Ich möchte ebenfalls Shri Das Gupta als meinem ersten Meditationslehrer danken sowie Swami Nityananda, Swami Muktananda, Shree Shastriji (Guruji), Lama Norla Rinpoche, Jamgön Kongrul Lodro, Chögyam Trungpa Rinpoche und Glenn Mullin für die Weisheit, die sie mir entweder in Person oder aus der Ferne vermittelt haben.

Dieses Buch wäre nicht möglich gewesen ohne meine beste Freundin, Lehrerin und Lektorin – meine Frau Christina. Ohne deine Geduld und Unterstützung wäre nichts davon zustande gekommen. Ich danke unseren beiden strahlenden Lichtchen, Javier Amrit und Miguel Anand, dass sie die niedlichsten, klügsten und liebevollsten kleinen Jungen sind, die es gibt und die mir den Schreibprozess durch dringend benötigte Spielpausen versüßt haben.

Ich möchte Christinas und meiner Familie dafür danken, dass sie mich in den Stunden des Forschens, Schreibens und Überarbeitens durch ihre Hilfe beim Babysitting, durch leckere Mahlzeiten und durch willkommene Abwechslungen unterstützt haben.

Ich möchte ebenfalls meinen Kollegen am Mount Sinai Comprehensive Cancer Center dafür danken, dass sie mir geschickte Mittel und Mitgefühl beigebracht haben und dass sie mich an den vielen Tagen, an denen ich an diesem Buch geschrieben habe, in der Klinik vertreten haben.

Besondere Anerkennung gebührt den Musikern, die mir Stunden der Inspiration und Motivation geschenkt haben. Insbesondere haben Künstler wie Birds of Avalon, Grateful Dead, Doors, Pink Floyd, Fela Anikulapo Kuti and the Africa 70, Thievery Corporation, Tool und Black Sabbath den Schreibfluss in schwierigen Momenten unterstützt. Auch „Starbucks Coffee" hat bei vielen Kapiteln für die richtige Umgebung, für Energie und Durchhaltevermögen gesorgt.

Ich danke den Organisatoren des „World Gathering on Bereavement"* in Vancouver, British Columbia, dafür, dass sie es ermöglicht haben, dass sich die Kraft der liebevollen Güte in einer Weise zeigen konnte, die ich nie für möglich gehalten hätte. Ebenfalls danken möchte ich MAPS für deren fortdauernde Unterstützung und ihren Einsatz für kreative Lösungen zur Heilung der menschlichen Psyche.

Schließlich möchte ich der Belegschaft von New Harbinger Publications dafür Dank sagen, dass sie mir einmal mehr vertrauensvoll die Gelegenheit gegeben hat, Hoffnung und Weisheit an andere weitergeben zu dürfen.

* weltweite Versammlung von Menschen, die einen Angehörigen durch gewaltsame Umstände verloren haben; A. d. Ü.

Weitere Literatur aus dem Arbor Verlag

Andreas Knuf

Ruhe da oben!

Der Weg zu einem gelassenen Geist

Manchmal führt unser Geist sein eigenes Leben.
Unendlich vielfältig schwirren uns dann die Gedanken durch den Kopf, ziehen uns in ihren Bann und begeistern uns für neue Welten. Doch dann finden sie mal wieder kein Ende und es wird des Guten zu viel. Wenn nachts um vier unser rastloser Geist seine eigenen Wege geht, können wir erleben, wie uns unsere Gedanken und Gefühle fest im Griff haben. Wie eingefroren wird es uns dann unmöglich, diesen Augenblick zu genießen.

Ruhe da oben! ist ein Buch für alle, die ihrem umherirrenden Geist auf die Schliche kommen möchten und bereit sind, sich von der Energie des einfachen Seins anstecken zu lassen.

ISBN 978-3-86781-032-6

Christopher Germer

Der achtsame Weg zur Selbstliebe

Wie man sich von destruktiven Gedanken und Gefühlen befreit

Das Leben ist hart, vieles kann enorm schieflaufen.
Oft schämen wir uns dann und werden selbstkritisch. Wir fragen uns: „Warum schaffe ich es nicht?" oder „Warum ich?". Vielleicht setzen wir auch alles daran, uns selbst wieder „in Ordnung zu bringen", und machen damit alles nur noch schlimmer.
Doch wir können lernen, mit Kummer und Leid auf eine andere, gesündere Art und Weise umzugehen. Anstatt schwierigen Gefühlen mit erbittertem Widerstand zu begegnen, können wir unseren Schmerz anschauen, beobachten und mit Freundlichkeit und Verständnis darauf reagieren. Das ist Selbstliebe: Wenn wir uns voller Mitgefühl so um uns selbst kümmern, wie wir es bei einem geliebten Menschen tun würden.
Bereits ein Augenblick, in dem wir mitfühlend und liebevoll mit uns selbst umgehen, kann unseren Tag verändern und viele solcher Momente können unserem Leben eine ganz neue Richtung geben. Die Befreiung aus der Falle destruktiver Gedanken und Gefühle durch mitfühlende Selbstliebe kann unsere Selbstachtung von innen heraus stärken und sogar Depressionen und Ängste vertreiben.
Erfahren Sie, wie Sie sich dieses Mitgefühl und diese Liebe entgegenbringen können, wenn Sie sie am dringendsten brauchen: Wenn Sie vor Scham fast vergehen, wenn Sie vor Wut oder Angst die Fäuste ballen oder sich zu verletzlich fühlen, um ein weiteres Familientreffen zu überstehen.

„In diesem wichtigen Buch erhellt Christopher Germer die unendliche Vielzahl von Synergien, die zwischen Achtsamkeit und Mitgefühl bestehen. Er zeigt effektive Wege auf, wie wir auf geschickte Weise sicherstellen können, dass wir uns selbst einladen, im liebevollen Herzen des Gewahrseins selbst zu verweilen."

Jon Kabat-Zinn

Steve Flowers

Der achtsame Weg durch die Schüchternheit

Schüchternheit kann uns vor den Urteilen und den Feindseligkeiten anderer schützen. Doch wenn wir uns zu sehr mit ihr identifizieren, passiert es leicht, dass wir in einen Teufelskreis aus Befangenheit, Hemmung und Selbstanklage geraten.
Sind Sie bereit, den eisernen Griff der Schüchternheit zu lockern und den Kreislauf des Vermeidens sozialer Interaktionen zu durchbrechen?

Der achtsame Weg durch die Schüchternheit zeigt Ihnen wie das geht.
Methoden der Achtsamkeitsbasierten Stressbewältigung (MBSR) und der Kognitiven Verhaltenstherapie machen es möglich, unseren gewohnten Gedankenmustern klarer zu begegnen, sodass wir mit der Zeit fähig werden, die „Trancen der Angst und Unzulänglichkeit“ zu durchbrechen und mitfühlender uns selbst gegenüber zu handeln.
Wir können lernen, das direkt anzugehen, was uns wirklich wichtig ist – trotz und inmitten unserer Schüchternheit.

Mit Hilfe dieses Buches können Sie entdecken, ob Achtsamkeit dazu beitragen kann, Ihr Leben glücklicher und erfüllter zu machen, und ich empfehle Ihnen, es griffbereit zu halten. Genießen Sie die Lektüre und arbeiten Sie damit.

Jeffrey Brantley

ISBN 978-3-86781-043-2

Jeffrey Brantley

Der Angst den Schrecken nehmen

Achtsamkeit als Weg zur Befreiung von Ängsten

„Der Angst den Schrecken nehmen" lädt uns ein, innezuhalten und aufmerksamer zu sein: uns selbst und dem eigenen Leben gegenüber.
Die Praxis der Achtsamkeit und die Hinwendung zum Leben, Moment für Moment, mindert innere Unruhe und Stress und erlaubt Ihnen, zu Frieden und Gelassenheit zurückzufinden.
Wissenschaftliche Begleitforschung belegt, dass „Mindfulness-Based Stress Reduction" (MBSR) effektiv helfen kann, stress-induzierte Symptome abzubauen. Lernen Sie die Prinzipien der Achtsamkeitspraxis kennen, um Angst, Panik und geistige Unruhe zu lindern.

„Angst nimmt in unserer Zeit überhand. Sie ist wie eine Art kosmische Hintergrundstrahlung, die ständig auf unsere individuelle und kollektive Psyche einwirkt und im Körper eine tiefe, zunehmende Anspannung aufbaut. Hinter den unbedeutendsten Dingen, die wir in der Arbeit, zu Hause und in unserem Innenleben tun wollen oder erst gar nicht versuchen, kann eine Flut der Angst stecken.
Die große Malerin Georgia O'Keefe sagte einmal: ‚Ich habe jeden Augenblick meines Lebens schreckliche Angst gehabt, und ich habe ihr nie gestattet, mich von irgendetwas abzuhalten, was ich tun wollte.' Wenn wir bereit sind, unseren Geist, unseren eigenen geistigen Aufruhr, unsere ureigenen Ängste, unser Zaudern, unsere Gedanken der Verzweiflung und unsere körperlichen Reaktionen auf diese Gedanken geduldig und liebevoll zu beobachten, werden wir erkennen, um wie viel größer wir sind als sie."

Jon Kabat-Zinn

ISBN 978-3-867810-19-7

Sue Patton Thoele

Das Abenteuer, du selbst zu sein

Ein sanfter Weg für Frauen zu Gelassenheit, innerem Frieden und einem offenen Herzen

Rund um Sie herum tobt das Chaos?
Kein Problem!
Auch dann ist es möglich, einen klaren Kopf zu bewahren und gelassen mit beiden Beinen fest im Leben zu stehen. Selbst den vielgefragtesten Frauen unter uns ist es möglich, Achtsamkeit im Alltag zu praktizieren und in den Genuss ihrer Vorzüge zu kommen.
„Das Abenteuer, du selbst zu sein“ zeigt, wie Frauen „die Kraft der weichen Macht“ in ihr geschäftiges, dynamisches Alltagsleben integrieren können.
In mehr als 60 einfachen und wirkungsvollen praktischen Anleitungen begleitet uns Sue Patton Thoeles neuestes Buch sanft, einfühlsam und mit viel Humor auf jenem Weg, der uns wie von selbst zu einem offenen Herzen, zu innerem Frieden und zu größerer Lebensfreude führt.

ISBN 978-3-86781-007-4

Online.

Umfangreiche Informationen zu unseren Themen, ausführliche Leseproben aller unserer Bücher, einen versandkostenfreien Bestellservice und unseren kostenlosen Newsletter. All das und mehr finden Sie auf unserer Website.

www.arbor-verlag.de

Mehr zu Sameet Kumar:

www.arbor-verlag.de/sameet-kumar